·上集·

梦回千古 少奇永在

漫忆父亲刘少奇
与新中国

刘源 著

人民出版社

在 1962 年初扩大的中央工作会议上

毛泽东、刘少奇、周恩来、朱德在一起

刘少奇同毛泽东在中南海

刘少奇同周恩来在一起

刘少奇同朱德在一起

刘少奇同邓小平在一起

刘少奇同陈云在一起

本书作者刘源儿时与父亲刘少奇在家中

本书作者刘源和母亲在陈云家中交谈

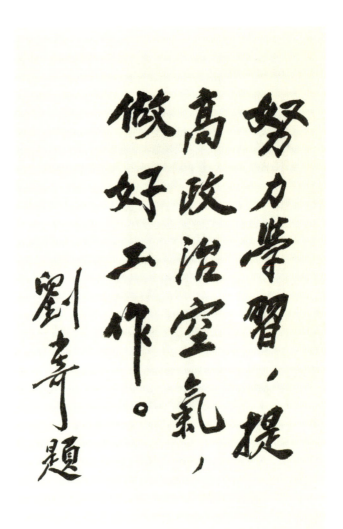

努力學習，提高政治空氣，做好工作。

劉少奇題

刘少奇为中共中央办公厅工作人员题词（一九五二年四月）

初心易得，始终难守。以史为鉴，可以知兴替。我们要用历史映照现实、远观未来，从中国共产党的百年奋斗中看清楚过去我们为什么能够成功、弄明白未来我们怎样才能继续成功，从而在新的征程上更加坚定、更加自觉地牢记初心使命、开创美好未来。

——习近平：《在庆祝中国共产党成立100周年大会上的讲话》（2021年7月1日）

刘少奇同志是伟大的马克思主义者，伟大的无产阶级革命家、政治家、理论家，党和国家主要领导人之一，中华人民共和国开国元勋，是党的第一代中央领导集体的重要成员。

刘少奇同志的英名，同中国人民、中国共产党、中华人民共和国波澜壮阔的奋斗历史紧密相连。他为中国革命和建设事业殚精竭虑、呕心沥血，在经济、政治、军事、文化、教育、外交和党的建设等领域都建立了卓著功勋，受到全党全军全国各族人民衷心爱戴。

……

刘少奇同志数十年如一日的不懈奋斗，在我们党的历史上、在中华民族走向伟大复兴的历史上占有重要地位。刘少奇同志的崇高品德和高尚情操，无论过去、现在、将来都是中国共产党人和中国人民学习的光辉榜样。

……

历史的接力棒已经交到了我们手中。我们在新的历史起点上进行伟大斗争、建设伟大工程、推进伟大事业、实现伟大梦想，就是刘少奇同志等老一辈革命家一生奋斗的伟大事业的继承和发展。

——习近平:《在纪念刘少奇同志诞辰 120 周年座谈会上的讲话》(2018 年 11 月 23 日)

序　言

　　少奇同志是伟大的马克思主义者，伟大的无产阶级革命家、政治家、理论家，党和国家主要领导人之一。少奇同志把毕生精力奉献给中国革命和建设的伟大事业，建立了不朽功勋。我在延安时期曾聆听过他讲课；新中国成立后，又在他领导下工作过，因此受其教育和影响颇深，一生受用。

　　1935 年冬，我在北平参加了"一二·九"学生抗日救亡运动。少奇同志领导的地下党组织，高举抗日民族统一战线旗帜，纠正了党内关门主义错误，掀起抗日救国新高潮。我同其他青年学生到国民党二十九军丰台营地宣传抗日，教唱《大刀进行曲》，学习基本军事技能。"七七事变"后，少奇同志领导的北方局党组织发出"脱下长袍，到敌人后方去"的号召，我又同其他青年学生一道走上了抗战前线，壮大抗日武装力量，受到了老百姓的热情支持。

　　1939 年 7 月，我在马列学院工作时，少奇同志到马列学院讲课令我难忘。当时，少奇同志从竹沟中原局返回延安参加中央召开的会议，就住在张闻天同志隔壁。我奉张闻天同志之命请少奇同志到学院讲课，他欣然应允。少奇同志充满深厚理论功底和丰富党内生活经验的演讲，引起学员们的热烈反响。前来听课的人很多，课堂只好从小礼堂搬到了大操场，前面放一张桌子，少奇同志就站在桌上讲。学员们听后意犹未尽，互相传抄笔记，我也记了厚厚一大本。此后，少奇同志应张闻天同志和学员们的请求，百忙中整理了部分讲稿，予以发表，这就是著名的《论共产党员的修养》。这部党建理论著作，丰富了党的理论宝库，对于指导我们今天党的建设新的伟大工程仍然具有重要的现实意义。

刘源同志的这本书，记叙了父亲少奇同志革命生涯许多感人故事，读来令人感受到党领导人民所走过的光辉历程来之不易，更加值得珍惜。正如习近平总书记所指出的："一切向前走，都不能忘记走过的路；走得再远、走到再光辉的未来，也不能忘记走过的过去，不能忘记为什么出发。"重温少奇同志辉煌历程，领悟一名坚定的老共产党员的高尚品质和革命精神，对于中国特色社会主义新时代的人们工作学习会有启迪教益。

书前的话

1.世间太精彩！社会多复杂！本书以散漫文体、独特视角，钩沉史海、融会家国，回忆父亲刘少奇为新中国的诞生与建设，艰辛探索、坚韧奋斗，并最终献身的历程。作者力求公正，言之有据，秉笔直书，祈盼公允。但对历史感悟和是非评判，任谁都不能超脱个人局限。热心读者，不妨顺着叙述的逻辑思路，自然而然读进，先设身处地、体会当年，再掩卷深思、观照后世。本人独家掌握的史料和补白新解，或可对读者、专家回望"庐山真面目"，增加点新内容。

2.作为子女讲述父亲和先辈的怀念文章，称呼上实难把握，本不应直以名讳相称，谨随文或以尊称，多沿用写史惯例，直呼父名。对老一辈革命家叔伯，称呼更难周全，既多处用昵称，按叙史惯例不避名讳，或依文句以姓简代。情之所至，叙事所需，称呼变换实属无奈。请读者及尊者家人谅解。

3.为便于理解，史实外加了些背景介绍、意义概述和简单评价，少不了融入些子女的感情回顾及延伸点评。笔者尽量把握党史上的分寸，间或阐发独见，或许可对研究历史，提出个新视角？谨与读者、学者共同思考。请慨允。

4.为了再现老一辈的鲜明个性，增强故事鲜活性、可读性，笔者力图在叙述上轻松点、通俗点，以新针脚缝合旧貂裘、改旧诗词附会新文意，意在推陈出新，或恐贻笑大方。文字上作点新试、大胆破点规矩，佶屈聱牙之处，祈望读者海涵。

5.对重要的人与事，本应逐一加注解，为免阅读起来过于烦琐，故仅注释史实出处、部分专用名词和个别人、事简介。本书主角是笔者父亲，虽力求精练浓缩地讲述，仍是难免粗疏冗长，故简略了许多人的作为与功绩。敬请鉴谅。

敢竭其诚，姑妄言之，横看成岭侧成峰，远近高低各不同。讲述予众，共享与众，评判于众，我自负责。

刘源

目　录

上　集

引　言

提笔展卷，梦回千古。

陈云叔叔手书，笔力苍劲，寄予晚辈，无限期许：

桐花万里丹山路

雏凤清于老凤声

定睛"清于老凤声"，笔者愧对厚望；

漫忆"万里丹山路"，令人壮怀激烈！

实现中华民族的伟大复兴，推进社会主义的伟大事业，无论说起来有多么复杂，实践起来有多么曲折，为人民服务，为多数人服务，始终是共产党人不变的初心，是共产党夺取政权、执掌政权的唯一目的。

时居庙堂，不愧忠智之士；或处江湖，常怀赤子之情。居朝在野，为官为民，共产党员坚持马克思主义基本原理，坚持从中国实际出发探索社会主

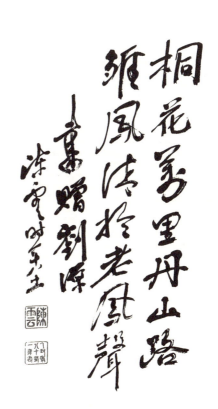

义道路，一脉相传，矢志不移！刘少奇说："实践的结果是真理的唯一标准"❶，旨哉斯言。脚踏实地、坚持真理。

回忆父亲与新中国，不免心事浩茫，感慨万端！为此，愿把近年来不成熟的思考，作为引言，稍叙依据，略陈来由。"论"，惶恐然不敢当。姑以三"问"，信笔写来，谈天说地，总可以的。

一、战问

进入北平时的刘少奇

万不可忘，洎于近代，作为闻名于世的古国，曾被列强瓜分，沦入落后挨打的境地，中华民族被贬称"东亚病夫"。这才激发出石破天惊的呐喊：卫我炎黄，保我中华！❷

中国共产党团结起中国人民，打败帝国主义的野蛮侵略，推翻蒋家王朝的独裁统治，用枪杆子打出了新中国！

回眸中国历史，有几个朝代不是打出来的呢？附会书馆史话，"马上得天下"多矣。

因此，先陈"战问"。❸

❶ 中共中央文献研究室编：《刘少奇年谱（1898—1969）》下卷，中央文献出版社 1996 年版，第 633 页。

❷ 见刘源：《梦回万里　卫黄保华》，人民出版社 2018 年版（2018 年 8 月第 1 版第 9 次印刷）。

❸ 笔者在军事科学院任政委时，为张木生著《改造我们的文化历史观》（军事科学出版社 2011 年 4 月第 1 版）作序。此文有移来笔墨。

十多年前，一家电视台评论魏巍名著《谁是最可爱的人》。大腕主持人和名嘴嘉宾一唱一和，贬斥我志愿军残杀美国"少爷"兵，言外之意是说中国人太野蛮。怪诞的是，满阵地中国英烈遗体，难道不是文明的美国"少爷"残杀的？飞机大炮狂轰滥炸不是残杀？以劣势装备死抗强敌，手刃牙咬就叫野蛮？显然是立场作怪，逻辑混乱！这话符合"反动派"的所谓"普世价值"：凡沾上"共党"，都归为"恐怖"。

此节目引起国内非主流舆论大哗。主流媒体，倒挺沉得住气，饮恨吞声，不动如山。

现时，太多自封的"和平主义者"反对战争（反共、反恐除外）；连带着，也就贬斥武力，诋毁武士。

要说反对人类自相残杀，恐怕没有人不赞同。

特别在中国，先进的真超前，落后的够邪性：笔者曾在河南当副省长管工业，建起多座现代化屠宰场。其中之一引进国际化——"人道先兵"❶，猪牛羊先"执行电刑""安乐死"，再"过刀"放血。如此"非暴力"，总给人虚头巴脑的感觉；虽不敢苟同，又能说什么呢？然而，再

清末反映列强侵略中国形势的《时局图》（作者佚名）。图中熊代表沙俄，虎代表英国，蛇代表德国，蛤蟆代表法国，太阳代表日本，鹰代表美国

---

❶ 《孙子》。此处的"兵"，兵器之意。

从长甸河口渡过鸭绿江的志愿军部队

跨过鸭绿江,踏上朝鲜国土的志愿军部队向前线开进

铁一师官兵跨过鸭绿江大桥奔向抗美援朝战场

志愿军跨过鸭绿江

"人道""畜道"的地方，或常会深陷"你死我活"的阶级斗争潜意识，不能自拔；最"反战""反暴"的人，或也为衣食住行抢配偶，打得昏天黑地、鼻青脸肿？

战争来自人的欲望，人欲不灭，消灭不了战争！

谁都怕战争、恨战争；可是，却都逃不脱、躲不开战争。

由此，结晶出人类最古老、最重要的智慧——战争文化。我无意指责那些以游戏的形式来调侃战争者，既然是大文化嘛，就笃定包罗万象、色彩斑斓。

笔者只想说，战争中驱驰之人，太沉痛、太厚重！为正义冲杀的人，太辉煌、太伟大！不容我们所有人不尊重。作为足够成熟的人，需怀有虔敬之心，应秉持膜拜之礼。

对此，不谙世故，很无奈；不知善恶，很可怕；知恶向善，很不易、很可敬。

许多人总不明白：

"养兵即为战"，天经地义！但兵活着，绝非仅为战。

军队，专司暴力的武装集团；但不意味着军人都崇尚暴力。恰恰相反，人类求生恶死是本能，人命就一条，人心肉长的，面对血腥残杀，兵的内心，最反暴力。全世界的军人不约而同，都自称"崇尚和平"。而中国，自古更有"善士不武""乐杀不祥"的哲理，"全胜无斗，大兵无创"的"非战"兵法，享誉全球。❶

孙子曰："兵以利动"；克劳塞维茨说："战争是政治的继续"。很简明，战争求利从政，看似低一个层次的"手段"。但由此想当然认定，

---

❶ 笔者曾兼任中国孙子兵法研究会会长，深感中国兵法对战争理解阐述之精辟深奥，深知中国古今兵学在世界上的影响。

军队是低俗"工具",则大谬。

战争,这个最大的恶魔怪物,凶残强暴,杀人盈野,万事避让。当人的生命、民族存亡、国家兴衰系于旦夕,甚至人类毁灭在即,政治、经济、文化、伦理等等人造的一切,还有什么意义?

兵者,死生之地,存亡之道,国之干城,民之长缨。

战争,亡国兴邦,唯此为大。一旦开打,吞噬一切,万端环绕,自身变为中心,绝非一般"手段"!

军队,强族灭种,生民所系。一朝动武,生杀予夺,铁血统治,永远是征服者写历史!岂可视为"工具"?

征服,亦即驯化。文明的核心是人对人的驯化,没开始驯化动植物,就已驯化人,从娃娃抓起。人类社会走父系这条路,和打仗有关,与战争有不解之缘,在这点上,什么人种都一样。北京古猿人、尼安德特人, ❶ 都从血与火中走来。

关于战争,似知而又非知的"点"可不少。随意拈来:

杀生,不能说好,一些人反对得厉害,但谁离得开杀生?包括"打了左脸伸右脸"的大主教、持戒吃斋的大和尚,全得治病吃药,杀菌灭毒打虫子;都需吃穿住行,果蔬蚕裘不算生?不杀生,人活不到现在。

杀人,当然更不好;可多数人认为,杀坏人尚可。

战争,是有组织的大规模谋杀,是变着法儿地蓄意杀人。不管科技多发达,武器多智能化,战争中敌对的还是人,打杀的还是人。

认为"敌"不是"人","杀敌"不算"杀人",西方有人最爱矫情:在阿富汗、伊拉克,自己死几百,不得了,杀掉人家几十万,不算数;朝鲜、越南人死了几百万,老美眼睛都不眨;而成千万、数以亿计的印

---

❶ 欧洲古人种。

战斗中的斯巴达人

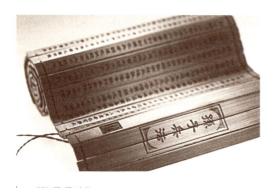

《孙子兵法》

第安人与黑人，被驱逐屠戮，被贩卖虐杀，"黄尘足今古，白骨乱蓬蒿"，谁统计？谁心疼？有些炫耀人道、慈善的人，何曾有半点恻隐之心！

据说，富兰克林·罗斯福描述尼加拉瓜独裁者索摩萨时有句名言："也许他是狗娘养的，但他是咱们的狗娘养的。"看今朝，其后代一刻不停，满世界打呀杀，在他人国家，宁可错炸一千小民，也不放过一个武夫；又说"藏独""疆独""台港独""一边一国"不算恐，明里暗中挑唆我同胞打呀杀！翻脸满世界招摇"人权"，谴责他国依法判决暴恐分子死刑。

"榜样的力量无穷"！终于逼出现代版"同态复仇"：

以对称、打你的非对称，用全接触、打你的非接触，拿不值钱的命换你值钱的命，以命抵命！不再费劲刺王公，就叫妇幼炸平民，血刃割头成网红，滥杀无辜争出彩。飞机撞大楼、路边人肉弹，同样不拿杀敌当杀人，玩儿的就是这心跳；打得"新鬼烦冤旧鬼哭"，此恨汹汹无绝期！

如果谁还看不明白，美国参议院通过法案，支持香港、新疆暴恐烧杀，就再明白不过。全世界最著名的黑衣反人类罪行，都是打出人权民主、最高道德顶峰的流氓国家之杰作。

这里，注解一个常识：军队、军事、战争，离不开政治、善恶、阶级性。但科学不讲政治、善恶和阶级性。一加一等于二，政治再对立也承认；苹果掉下砸头上，不分善恶和哪个阶级。军事科学，前俩字有属性，科学只说胜败得失。如德军的闪击战，日军偷袭珍珠港，是战法创新、精彩战例。这不等同欣赏法西斯、赞成侵略者，更非善恶颠倒，千万甭搞混了。探索科学、坚持真理、实事求是、倍加艰辛，刘少奇说：需要"最大的革命勇敢"！ ❶ 我们千万别在常识上误解，给科学探索评价扣帽子。

不可理喻，千古胜负如赌博；无论善恶，名帅痞子难掂量。见利忘义、避战毁国，图利忘危、求荣得辱；拿破仑也铩羽败北，本·拉登却得意高歌，谁也别笑话谁。❷

自古至今：兵法无国界，兵家有祖国。大家都承认，兵凶战危，侵略如火。宋襄公的战场"仁义"，早被毛主席嘲骂为"蠢猪" ❸ ！

道德极差劲、兵法最厉害：用间、暗杀，兵之正法；劫持、收买，战时常例。"战阵之间，不厌诈伪"！ ❹

目的极高尚、手段最卑劣：核弹、化武、生物战……坑、蒙、拐、骗、谋、诈、抢，军队作战，无所不用其极，是对生命的大摧残，是对文明的大破坏。

---

❶ 《刘少奇选集》上卷，人民出版社 1981 年版，第 132 页。

❷ 美军将本·拉登遗体送至航母正规海葬，可获正规军人战士的肯定。毕竟，军人不同于无良政客。

❸ 毛泽东斥宋襄公制止"半渡而击"，为"蠢猪式的仁义"。见《论持久战》，《毛泽东选集》第二卷，人民出版社 1991 年版，第 492 页。

❹ 《韩非子·难一》。

兵 ❶ 最实在，不骗自己，才不厌诈，乃以诈立！

很多人或许没注意到，人类文明史，往往由最残酷、最惨烈，甚至最卑劣肮脏的战争来划定阶段。❷

国家是强力机器，正由暴力铸就；历史写满杀戮血祭，新文明、新文化，往往以战争为产婆。

向死而生，寓生于死，生死相依。很难解释，尽人皆知的残暴"手段"、世人诅咒的杀戮"继续"，怎么会屡屡荣膺历史、文明、文化中划时代的圣杯？

统一中国的力量，来自无休止的征战。世人皆知其所害，不知其为利之大。战争造就"大一统"❸。

不战，哪来的"大一统"？不武，怎会有民族大融合、血统大融合、文化大融合、南北大融合？

大了强了发达了，血缘文化交融了。文明痼疾，腐朽自大，高度强盛富有，带来高度腐败，引得周边觊觎。"抚我则后，虐我则仇"❹，造反有理，以暴易暴！

毛主席说过，中国的改朝换代，要感谢农民起义。❺ 而中国的"大一统"，还要感谢古史所谓的东夷、西戎、北狄、南蛮，没有这些"邻居"的压力，没有应付"五方之民"的能力，没有战与和的最终融入，就没有今日之中华民族。

应对游牧部落"胡未灭"的挑战，镇压境内"烧不尽"的野火，平

---

❶ 此"兵"，无论指战，指人，指器，都必须求实！

❷ 中国近代史的起端，就是由罪恶的鸦片战争划定。两次世界大战，也是划时代的。

❸ 大一统的"大"，作为名词、动词（向往、崇尚）解释，都不离战。

❹ 《尚书·周书·泰誓下》。

❺ 《毛泽东选集》第二卷，人民出版社 1991 年版，第 623 页。

息庙堂"吹又生"的廷变，侵略、劫掠、革命、暴乱、反叛、起义，无休无止；蛮族大入侵、农民大起义，古今征战几时休？

历史——血流成河、泪流成河，不废江河万古流：中华民族，乃是冲进来、打出去、成一体，各民族融合而生！中华文明，乃是生于斯、长于斯、盛于斯，各阶层共同创造而兴。打断骨头连着筋，造就今我泱泱大中国！

文武融合，还融出中国的"和文化"：从"慎战""不战""全胜"，到以战促和、和而不同、知和而和……充分反映出战争与和平的辩证规律，创造出独具中国特色的战争理论，举世赞赏。

老子曰："夫乐杀人，不可以得志于天下矣"❶。对我们今天提倡的"和谐""和睦""和平"，有老外吵吵不理解、"不透明"。而对任何中国人来说，"以和为贵"，于脑于心、实实在在，早就融于血液和神髓，成为中华文明之基因。

当之无愧！战争，荣为历史、文明、文化的里程碑！

新中国无战事几十年。坦诚说，即使今日军人，对战争血泪也几无感悟，对嘈杂贯耳的荒诞谬论，多听之任之。倒是百姓，更念之忧之。

令笔者惊异钦佩的是，许多不是军人的贤达之士❷，却把战争蕴含的真谛，放在人类发展长河中考辩评说，鸿篇卓著，箴言大论。不苛求句句精当、字字珠玑，端赖于大事无误、大理公正。"文采风流今尚存"，实乃真军人也！

史上真军人，未必曾是兵。国内外著名的军队统帅、战法兵学大家、军事战略大师，没当过兵、没统过军的，所在多矣，何尝鲜见？

---

❶ 《老子·道经》三十一。

❷ 如张木生、李零、王小强、杨松林等。

最典型的不用追远，新中国成立前后的"五大领袖"，除朱德总司令外，毛泽东、刘少奇、周恩来、任弼时，四位都几乎没当过兵。❶ 但哪一位不是文武双全、运筹帷幄、决胜千里、叱咤风云的伟大军人！

我们曾有个经典定义：迄今一切人类文明史，都是阶级斗争的历史。时下，"阶级斗争"不愿再提了，说历史是人类斗争史，没错。古籍连牍，青史满篇，与天斗，与地斗，与人斗。笔者琢磨，称之为人类的对立统一史，或称斗争团结史，更时髦确切些？

对立统一也罢，斗争团结也好，最高最极端的表现形式就是战争！

战争，"国之大事"，与文明史，与民族史，密不可分。

兵者，"生死之地，存亡之道"，稍有淡漠恍惚，都意味着巨大代价，"不可不察"。❷

很遗憾，不打仗，就没有人类的今天。

有"大V"公然谴责：中共革命不合法！某"公知"大声疾呼：革命战争太残酷！

大危无知，实在惊人："革"的不就是"法"的"命"吗？"战争"不就是人与人"生死存亡"的相"残、酷"杀吗？真的无知，已有大错；无知无耻，欺世盗名，可是害国害民哦！

君不见，高举"自由、平等、博爱"大旗之恐袭武装，几十年一刻不停地打炸杀人，来自帝国主义DNA。常战恶战，实在好战。

我们高举"革命、建设、共享"红旗，倡导人类命运共同体，几十年没打过任何一场战争。能战方能不战，善战方能止战。

众所周知，实至名归：中国共产党领导的军队——红军、八路军、

---

❶　毛泽东早年当过不到半年兵，刘少奇早年考入湖南讲武堂也不足一年。

❷　《孙子·始计第一》。

新四军、人民解放军，从小到大，由弱变强，打胜所有的战争，是闻名于世、当之无愧的威武之师！

这支军队来自老百姓，亲民爱民为民，英勇赴汤蹈火。凡"违犯群众纪律"者全部清除，甚至立有战功者都当众枪毙，军委副主席都不惜公开判刑，以正军纪，取信于民。古今中外，当是绝无仅有的文明之师！

而老一辈打出新中国，为我们创造出几十年的和平环境，在伟大中国，对中华民族，还能找出比这更"合法"、更"人道"的吗？

今天，真该热爱我们的人民军队！

我们，真该珍惜今天的和平中国！

二、史问

本书命题：《梦回千古……》，直抒胸臆自问。

毛泽东手不释卷、引经据典，精通历史；而他也写出千古名句："数风流人物，还看今朝。"

多年前看回忆录：戴高乐爱看史书，关注无数悲剧，深感无限悲伤。读史喜怒哀乐，常会振奋自豪、伤感悲愤，也会油然生出抱怨遗憾，很正常！

我们常听到：要是没发生"文化大革命""十年浩劫"，该会多好哇！无论当年的老前辈，还是历任的领导人，在纪念刘少奇的文章或讲话中不约而同，都将父亲的言行，联系到改革开放后的现实，加以评价。而更多的普通民众、百姓朋友说的，则直白、简捷、朴实得多：若是按你爸当年那套干到现在，中国会多发达、多厉害！回顾历史，继承优良

| 1946 年，毛泽东在延安枣园窑洞中工作

的，摈弃丑陋的，总结经验，汲取教训，很正确。

任继愈老先生曾讲过：历史本身不会有什么错误，世界上发生的事情，是客观事实，不可改变的，更不会以后人的意志来转移。人在历史中处理问题，对历史采取的措施，会发生错误。"这个错误不是历史本身造成的"❶。

逻辑学上，必有假设；文艺创作，允许假设；政治决策，必要假设……但是，讲述历史，可绝不允许假设。

举前面一段话为例："中国共产党团结起中国人民，打败帝国主义的野蛮侵略，推翻蒋家王朝的暴戾统治，打出新中国！"这是真历史。若假设"没有中国人民，就没有新中国"？挺别扭，简直是废话；再假

---

❶ 参见《中华五千年的历史经验：任继愈讲演集》，人民日报出版社 2010 年版。

设"没有帝国主义的罪恶侵略，没有蒋介石的暴戾独裁，就没有新中国"？岂不成了浑话，近乎反动了吗？

讲评历史，必须遵循：历史不容假设！

几乎每个孩子都问过父母：我是怎么来的？不知哪位父母能妥当真实地解释作答。那么，人又是怎么来的？只好依托考古证据推断了。中国泥河湾古人类遗址的发现，动摇了人类非洲起源说。更复杂得多，中国古文化的传承，似是而非处，比比皆是。

我们常满怀深情地说、唱："祖国啊祖国，亲爱的母亲！"这可能是最常见的赞美词了。但仔细追索，从字义词源上说并非没毛病：祖国的"祖"，来自男性崇拜，专指男性长辈；祖、先，各指我们的男、女来源。严格讲，"祖国啊祖国，亲爱的父亲！"才名实相符。

此例，绝不影响我们的文化历史观，却能以小喻大。

有史学大家通查细考，说马克思从没阐发过"五种社会形态"❶的学说，只是引述过黑格尔《历史哲学》中的"三段式"；❷是列宁激辩"一国首先进行社会主义革命"时提出，在斯大林时期将此作为马克思唯物史观中的递进定式——世界历史发展的普遍模式。如今，史学界也不套用老定式了，并融合西方史学理论。但我上中学、大学时，都绝对按"五种社会形态"教学，政治固化，不容置疑。

说到毛泽东、刘少奇那一代人，师从列宁、斯大林的苏联，马克思列宁主义是他们坚定的信仰。历史唯物主义中的"普遍模式"，既是他们遵循的理论基础，又使他们常常受到本国历史和现实的困扰。由此，"将普遍真

扫一扫 看视频

---

❶ 原始—奴隶—封建—资本主义—（社会主义）共产主义，五种社会形态递进。

❷ 李零：《重读马克思（上）》，《读书》2019 年第 4 期。

毛泽东在中共七大所作报告《论联合政府》单行本的各种版本

理与中国实际相结合”，创造出独具中国特色的新民主主义，并以此统一思想，成功地领导了革命、建国和建设。❶

刘少奇明确指出，毛泽东思想，乃是新民主主义的革命建国理论，并正式由中共七大通过。毛泽东一语概括，“七大”《党章》中，“新民主主义就是总纲”❷。

因此，“史问”中大段复述并质疑，就是想请读者，进入毛泽东、刘少奇等老一辈中共领导者的思想中，回到当年的理论与实际中，置身于真实的历史中。

中国史观，近几十年最大的问题，或许莫过于按苏联的唯物史观“五种社会形态说”的中间一段：所谓“奴隶社会少奴隶”（奴隶制度占主体证据不足）、“封建社会不封建”（分封建邑制度不为主）。

中国历史的一大特色，是国家“大一统”。

西周封建和秦并天下，是中国最早的两次大一统。

商朝，看不到、考不清典型的奴隶制，甚至没有类似美国的普遍黑

---

❶ 毛泽东思想的主要内容，结晶于“雄文四卷”中，全部都是新民主主义革命时期的著作。另一部分，在“文化大革命”时被毛泽东本人定名为“无产阶级专政下继续革命”理论，主要凝结在《毛泽东选集》第五卷中。毛泽东思想中的社会主义部分，只保留《论十大关系》《关于正确处理人民内部矛盾的问题》。

❷ 见刘少奇：《论党》；毛泽东：《论联合政府》。

奴制记载。❶西周是典型的"分封建制"大一统，我们的正统通史却讲，社会形态"跨奴隶社会"❷。

西周封建是一次人口大重组、大融合，有天下共主；与欧洲封建的小国寡民无共主不同。中国传统的民族政策是柔远能弥，四海一家，子夏曰"四海之内皆兄弟"，孔子叫"兴灭国，继绝世，举逸民"。蛮夷戎狄，中原和亲，亲戚套亲戚，可以连成一大片。

春秋礼崩乐坏，僭越滥封，乱世割据，始变贵族传统，平民可凭战功取爵。

秦始皇的大一统和西周封建相反，不是靠热乎乎的血缘纽带和亲戚关系，而是靠冷冰冰的法律制度和统一标准。

秦始皇，收周秦千秋之功，罢"封建"，创"一统"：废井田，开阡陌，废诸侯，设郡县，统一文字，统一法律，统一度量衡，统一车轨，用庞大的文官队伍执政，秦驰道是高等级的国家公路，秦直道是战备高

孔子画像

秦始皇画像

汉武帝画像

❶ 殷墟商王墓大规模人殉、"五奴匹马束丝"的记载，远不足论证奴隶制生产方式占主体。农奴制，则更是封建社会的产物。

❷ 认定中国有奴隶社会的理论，多把封建社会分期划在西周、春秋、秦汉、魏晋。故称（西周的社会形态）"跨奴隶社会"。

速路，如此大功绩，谁也抹不掉，开历史先河。可叹，秦始皇也有砸锅崴泥的地儿，他搞学术大一统（焚书），想收拢知识分子的人心（坑儒），被骂翻天，很不成功。

张木生讲，汉承秦制，骨子里是秦始皇，但阳儒阴法，笼络涣散的人心。知识分子交孔夫子管，尊儒尊孔是虚拟领导，代替活不长的真实领导，效果甚好；兴立祠畤，老百姓交各种祠堂宗族管，拜祖、愚民、抬死人、压活人，鬼得很。

"大一统"的帝国。"大"是国土大，疆域大。"一统"是制度统一，政令统一，文化统一。这种局面，一直维持了2200年，在世界上独一无二。❶

王小强曾集中概述了中国古代发达的货币、汇兑、纸币、商品交换和资本经济……是回归重要史实的大手笔。他把秦汉以后两千多年的经济制度，概括为"小农经济加市场"，认为这绝不同于西方的领主庄园式"自给自足大农经济"，并远先进于欧洲的封建。不论怎么评价，他的理论创新，是对中国文化历史观的重大探索！笔者以为然也。

无论按欧洲标准还是中国史论，秦汉相当于法国"太阳王"时期的中央集权专制民族国家，该属于前资本主义阶段。基辛格也说：中国的统一领先欧洲两千多年。这以后，虽然魏晋南北朝复辟了一段，但中国社会中的"封建"已趋式微，"大一统"终成定局——"编户齐民的天下国家"。❷

原本是"分封建制"（封建制度）的"礼崩乐坏"大解体大崩溃，然而，

---

❶ 亦有观点认为大一统的"大"是动词，大一统即"崇尚一统"之意。但两千年的中央集权、皇权官僚专制体制及文化，即使是崇尚，亦是主体主流。

❷ 许倬云称为"编户齐民的天下国家"。"经过春秋战国的蜕变，古代的封建社会转变"，"封建制度崩坏后，人民不再属于诸侯领主，而是进入国家组织"。见许倬云：《历史大脉络》，广西师范大学出版社2009年版，第31、32页。

按课堂官方正统的"社会形态说"，秦汉、隋唐、宋元、明清却叫"成熟的封建社会"，岂不成了"封建社会不封建"？

原本是"王侯将相，宁有种乎"的"罢封建"大一统，倒叫成了"封建大一统"，岂不荒唐？

中国历史的另一大特色，就是西北对东南、游牧对农耕的攻伐融合。原来西北有个以骑马民族为背景的"寒流""高压槽"，总是从西北横扫东南。司马迁说："或曰：'东方物所始生，西方物之成孰'。夫作事者必于东南，收功实者常于西北。"

中国古代，独特地理位置产生独特的大国。国家是多民族的统一国家，汉族是多民族融合产生。夷夏杂处，如大旋涡，内外之辨，不在种族，而在文化，于农于牧，你中有我，我中有你。陈寅恪说："汉人与胡人之分别"，"文化较血统尤为重要"，凡汉化即为汉人，胡化即为胡人，"其血统如何，在所不论"。❶

正可谓，一统之世，民族胡越一家；多元之体，文化水乳交融。这种融合还在进行中。

中国从没有统一的宗教，老百姓只要不造反，各信各的教，各有各的庙。没有宗教战争，对外侵略性肯定比西方小。中国文字一脉相传，绵延数千年，没有失落的文明，全世界又是独一无二。

西方从古典至今，固执认为：西方民主，东方专制，这是偏见。西方历史，古代四分五裂，近代才有统一民族国家。他们聚少散多，我们聚多散少；他们的合是合中有分，联是邦联，我们的分，有"天下共主"，有文化道统"一贯制"；他们的蛮族南下、被蛮化，我们的蛮族南

---

❶ 参见陈寅恪：《隋唐制度渊源略论稿　唐代政治史述论稿》，生活·读书·新知三联书店2004年版。

下、被汉化，万里长城永不倒。封建制下，欧洲的领土和人民是领主封君的私产；我们自汉以降两千多年，"四海江山""国"与"民"，"公器"也，"民贵君轻"被奉为圣训圭臬。中国传统和现代文明最接近，国家一元化、宗教多元化，比近代美国多民族统一国家还"现代化"。

中国的封建社会，所谓封建主义、封建迷信、半封建半殖民地的"封建"，与西方概念不同，与咱老祖宗的"分封建邑"原意，早已风马牛不相及。常称其名、不逮其意，名不副实；多用其词、生发歧义，词不达意。所以，确需换换。当然，公众约定俗成，认同传统词汇，将就亦无不可。

实际上，中国有专制可反，很早就没有封建可反。

更百思不解，今日之"民主"，早已没有与"君主"对立的那个原词的原味儿了。西方公认：英国和泰国这样的君主国，是"完全民主国家"；更荒唐的是，日本保住天皇，在"两千多年一统"的君主制下，建出"完全民主国家"。而推翻皇帝的人民共和国，却算"非民主国家"。实在太过离谱。

实际上，西方有民主可举，却居然还有君主可举。

更怪诞的是：就连视民主为"专利"的美国，对"民主"都没个准确的定义。时髦说，叫"广场三原则"❶；咱们说，那叫"为民选主子"！所以，亟须澄清。这恐怕难以约定俗成，非确定不可。

"封建"，如此重要的政治、历史概念，竟这般莫名其意、无所适从；"民主"，如此常用的历史、政治词汇，都这样离题万里，含混不清！

我们，包括你和我，都"反封建""举民主"，总要有个明确一致的坐标、共识吧？

假作真时真亦假，无为有处有还无。时下，如此这般的扑朔迷离之

---

❶ 简言之，在中心广场上选举、游行、言论自由。

事，所在多矣。

正是，"真源了无取，妄迹世所逐"。

我们不该认真检讨，仔细审视？返回原点、澄清定义？

中国史上，既然可以"奴隶社会少奴隶"，"封建社会不封建"，"领先欧美一两千年，进入统一民族国家"。为什么没经过资本主义，就不可以建社会主义呢？溯本追源，中国特色的"新民主主义"应运而生，刘少奇称之为"社会主义的准备阶段"。

改革开放后，我们又提出"社会主义初级阶段"。

我们不该追寻学习老一辈的开天辟地，探索创新？

三、路问

父亲曾对家人回忆：

1920 年，作为中国社会主义青年团员，刘少奇在"上海外国语学社"学习，❶ 认真研读《共产主义 ABC》。看俄文版《共产党宣言》对照翻译，现在中文版扉页上的"全世界无产者联合起来！"初稿直译"全世界流浪汉联合起来！"师生边学边争，说中文"流浪汉"有贬义，应"中国化"，意译为"四海之内皆兄弟！"激辩中，首创了"无产者"和"无产阶级"这两个词。

1921 年 7 月 9 日，父亲等一批学生，渡海跨洲跋涉万里，到莫斯科。负责接待安置他们的瞿秋白，告诉刘少奇：中国要成立共产党，请

---

❶ 中国共产党成立前，由陈独秀、毛泽东、贺民范成立的青年团、留俄班。中共中央党史和文献研究院编：《刘少奇年谱（增订本）》第一卷，中央文献出版社 2018 年版，第 18 页。

中国 20 世纪 20 年代出版的《共产党宣言》

示列宁，说我们要学苏俄，为共产主义奋斗，建立社会主义国家。列宁摇头，回答简单而又深刻：想在中国建社会主义国家？我们想建，还建不成呢！你们应帮助中国的资产阶级先完成民主革命，待资本主义发展，生产力发达到一定高度，才能建立社会主义。为共产主义奋斗嘛，什么国家，什么人都可以。我们当然支持！

不久，传来中国共产党成立的消息。中共一大，达成了一项"约定"（估计不好称"决定"）：由于各地共产主义与社会主义组织称呼多样、性质相同，党团员、组织成员只要自愿，不需"考察期"就可以直接转为共产党员。当时可认定自愿转党的人，即为党员。因此，才有了十三位同志"代表五十七名党员"，召开"第一次代表大会"，通过"必须与无产阶级一起……承认无产阶级专政"的《党纲》，宣布中国共产党成立。

对于中国共产党来说，父亲的这段话，补白了重要史料，解释了关键谜题，证实了多项传闻，化解了重要误会。

鲜有谁解释：党还没成立，怎么会有 57 名党员推出 13 位党代表？1921 年"一大"召开，中国共产党成立。而毛泽东、董必武曾填写过自己是 1920 年入党，是什么道理？这段补白，或许也讲清，为什么 1941 年确定 1921 年 7 月 1 日为"党的生日"？也可以终结 7 月 23 日或 31 日建党的争论。❶ 同时，第一次将"无产阶级"一词写

---

❶ 1921 年 7 月 23—31 日，中共一大在上海和浙江嘉兴南湖召开。最后一天会议，通过《党纲》。

入《党纲》。

上述不成文的"约定"，好像还延续了多年。最初原指建党前的"团员、组员转党员"，但以后的肯定也有。何时截止？我没考证，似乎1928年党的六大以后，就少下来，逐渐没有了。同样是1920年入团的父亲曾说："入党时间，还是应写在党成立之后。"这话说明，确实有同志"转党"后，填写了入团或参加"共产主义小组"的时间。

请注意：父亲这批留俄学生可都是青年团员，只要自愿，即可转为党员。但当时，刘少奇很慎重：反复理解德国人（马克思、恩格斯）写的《共产党宣言》俄文版，深刻思考俄国人（列宁）说的"资产阶级民主革命"，奋斗目标遥远，准备出生入死，沧桑正道难寻，深知备受磨难……1921年入冬，刘少奇转为中国共产党党员。❶ 坚定奉献终生，生死无怨无悔！

回念百年，伟人早已作古。选准正路，今人仍需慎思？

近年，仍常有人从国外搬个什么"主义"新名儿忽悠，甚至连理论内容和实际业绩都懒得介绍，就捧为完美理想的唯一范例，并神秘地说：从没经过中国化"变味儿"。

对人多、地大、古老、事稠的发展中国家，不论是学习超强大国的"终极经验"，还是套用寡民小国的"顶峰实践"，不变味儿，肯定说不通。即使是口头推荐，也得先翻译成中国话，将"流浪汉"创新成"无产者"呀！

人有许多病都治不好，更不要说绝症。病笃乱投医，西医不灵找中医，中医傻眼找巫医，病人总是在三者间转磨。

我们走的路，可没少折腾。书刊媒体推介过：苏联、美国、日本制

---

❶ 中共中央文献研究室编：《刘少奇年谱（1898—1969）》上卷，中央文献出版社1996年版，第18、19页。

1917 年 4 月，列宁返回彼得格勒。图为列宁回国后在一个群众集会上发表演说

度，生吞活剥、全套照搬；南斯拉夫、新加坡、匈牙利模式，当作佛脚灵丹、又抱又啃；"休克疗法""颜色革命"、解体易帜，炒成乌龟王八大补汤，全推介过。效法老祖宗神农尝百草，自嗑到上吐下泻的地步。

　　文化史观上也如此：传统不灵求现代化，资本主义没门儿投社会主义，社会主义撞墙再寻回传统，也是转磨。释、儒、道、法、阴阳术……甚至医学、红学、养生学都来凑热闹，如同江湖术士信誓旦旦：不仅救中国，还能救世界？

　　1840 年之后，面对资本主义文明，中国落后了。西方列强瓜分豆剖，蛋糕太大切着吃，小日本大野心，要一口鲸吞中国，狼性不足蛇吞象，败得最惨。

　　历史选择了中国共产党，中华民族的伟大复兴，尽管屡战屡败，却屡踬屡起。频回首、从头越，与其邯郸学步，借他山之石以攻玉，我们何不名正言顺、理直气壮地，从土生土长、屡试不爽的，中国共产党人毛泽东最初提出、刘少奇最久实践的新民主主义之中，寻求启迪？立于中国现实，发展今之新论！

新中国成立前后，刘少奇论断出最简括的标志性定义：

> 我们要在相当长时期内和资产阶级合作，所以中国不能够建立无产阶级专政而只是人民民主专政……❶

> 中国共产党的最终目的，是要在中国实现共产主义制度。它现在为巩固新民主主义制度而斗争……新民主主义革命一般地不破坏私有财产的制度，但社会主义就首先要在工业中然后要在农业中破坏私有制……一切党员必须具有为党的这些目的而坚持奋斗的决心。❷

结合前二十多年（1956—1978 年）社会主义建设的经验教训，我国大步走上改革开放之路。政权性质，从无产阶级专政回归为人民民主专政；经济改革，自然而然顺应新民主主义路数，❸ 探索出"社会主义初级阶段"，历四十多年，艰辛奋力猛进，创造出世界奇迹。中国的改革和现代化建设，要用经过实践验证为正确的、我们自己的理论创造——"中国特色社会主义"理论体系来指导。

今天的官产学媒、主流非主流，共识是：反对权贵资本主义、解决中国的两极分化和贪污腐败。在突飞猛进而又积累了巨大矛盾的中国，

---

❶ 刘少奇：《在东北局干部会议上的讲话》（1949 年 8 月 28 日），见中共中央党史和文献研究院编：《刘少奇年谱（增订本）》第二卷，中央文献出版社 2018 年版，第 418 页。

❷ 《刘少奇选集》下卷，人民出版社 1985 年版，第 62 页。

❸ "新民主主义"的经济基础，是国有经济为领导、多种经济都发展（见《刘少奇选集》上卷，人民出版社 1981 年版，第 426—427 页）；我们现在的经济体制，表述为国有经济为主体、多种经济竞相发展、多种分配方式并存。关于此，读者或存疑，序言不展开。后文将多次重复解析。

我们必须严防"文革"与"愤青"合流的极左大破坏，又须警惕狭隘自大的"民族"加"民粹"造势的极右大爆发！

"文化大革命"之鉴，德、意法西斯之鉴，❶ 后人必要鉴之。历史是一面镜子，既照着今天，又照出明天。

说史，应是过去的真实描述，然而绝不可能完全真实。

笔者闷头默忖：历史上能够弥合"左右"求得的"最大公约数"，可能非"新民主主义"莫属了。当下中国，能涵盖"主流非主流"合成的"公倍数"，形成最大共识，理当是"新时代中国特色社会主义"。

这不是我们回望历史、创新时代的一个基本结论吗？

笔者老友、大学者李零名言："当今，没有共识就是唯一的共识。"他泛指各个文化领域而非政治。

我信仰马克思主义，也深知马克思的信徒学子，理解分歧、争议激烈，为强求共识，甚至闹到残酷斗争、无情打击，终生对立、投敌叛逃的地步，绝不比"没有共识"者小。

世界上，不可能千人一面；事实上，双胞胎都有差异。人脑子里想的，更会千差万别；人嘴上喊出的，谁知是真是假？经自己的胃消化，用自己的脑思考，以自己的话说出……是与非，正与邪，在大主流上达成一致，才最好。下笔全抄领导文句，张嘴都说领袖话语，真假实在靠不住。正如毛主席斥责林彪谄媚吹拍、要权谋私，"四个伟大讨嫌"！

我们需要，又有统一意志又有生动活泼的局面，"百花齐放，百家争鸣"。

相比起来，没有共识就是共识，有歧见无大害，未尝不是好事。今

---

❶ 极端反共的希特勒和墨索里尼，以国家社会主义工人党为名，推行极右法西斯主义。迎合"民意"，选出祸国殃民的"元首""领袖"。

天，政治氛围宽松，民主、自由、开放多了，几乎没人"打棍子、扣帽子、揪辫子"。

多种思潮、碰撞激荡，多极政见、融会贯通，多元文化、互鉴融合。加上阶级界限淡化，人际关系繁复，差别交错重叠，虽有新的矛盾凸显激化，倒也并非你死我活。

笔者拥护，"艰辛的探索"❶。既然是"探索"，必然也就敞开探索的大门。我们应该欢呼，"探索"词义高明，绝不禁止对"探索"来探索！而且，历史的定论，确凿明摆着，那是全党、全国、全体伟大的人民，付出极其惨痛的牺牲代价，经反复实验的完整历史。

列宁激愤警告：忘记过去就意味着背叛！不容翻云覆雨。

否则，后人哀之而不鉴之，亦使后人而复哀后人也！

按说，官场、民间的容忍度都已高些，该告别"不争论"的时代了。然而，也是今天，海量信息淹没你，网络浑水冲击你，权钱食色诱惑你……坚持真理，修正错误，还真难。坚守执中、左右开弓，确实可能两面不认同、两端得罪人、两头不落好。能超越左右，兼容主流非主流，何其不易！

眼前，不是没路，而是多歧路：大街小巷，曲径岔道，阡陌纵横，眼花缭乱。说得再好，走不了、行不通，瞎掰；看着再靓，走太慢、行路难，边儿靠！

路，是要人行走的；选路，令人挠头犯难。唯一的标准就是实践的结果，又好又快，科学发展。

伤怀吊古，只有兴亡满目。不敢高攀毛泽东、附会戴高乐，笔者也

---

❶ 此"艰辛探索"，指中共中央党史研究室著《中国共产党历史》第二卷（1949—1978）上册第二编 1956—1966 年的标题。对中学课本挪用到"文化大革命"又改回"内乱"，亦适用。

爱看史书。作为后人，汲取失败的教训，恐怕比牢记成功的经验，更有益、更可贵。

习近平总书记引述刘少奇的话：

> 我们党从来就不害怕指出与批评自己的缺点或错误。过去的一切缺点与错误，都将成为我们今后争取胜利的教训。❶

我爱共产党。爱之深，情之切，才特别关注教训。历史上，从毛泽东、刘少奇、周恩来、朱德那一代建党建军至今，我们党经的挫折，大了去了；犯的错误，海了去了；付出的牺牲和代价，惨了去了！❷ 由此，毛泽东才强调，"错误和挫折教训了我们，使我们比较地聪明起来了"❸。

唯其如此，共产党才更显伟大！更显光荣正确！

正因为无私为民，坚持党内民主，大量忠诚的党员善于反思，才能一次再次纠错，找准历史的方位；探索完善"无产阶级解放条件的学说"，回归正确的路线；从失败的地方爬起，重温信仰的初衷，正视脚下的实地，从而反败为胜，不断走向辉煌的胜利。

坚持真理，修正错误。前仆后继，九死无悔。山高水长，嵯峨浩荡！

笔者翻阅历史，胆子愈来愈小，心却愈来愈大。

胆小：看教训悲伤，恐怕犯错误，听公说公有理，觉婆说婆有理，常缺乏定力。

心大：革命的初衷，始终如一：为了和平，为人的解放奋斗！我们

---

❶ 习近平：《在纪念刘少奇同志诞辰 120 周年座谈会上的讲话》，人民出版社 2018 年版，第 10 页。

❷ 国家民政部统计，新民主主义革命时期，牺牲了 300 万中共党员，2000 万（含党员）人民群众，其中，只有 700 万烈士留名，绝大多数无名。

❸ 《毛泽东选集》第四卷，人民出版社 1991 年版，第 1480 页。

1962 年 1 月 11 日至 2 月 7 日，中共中央召开扩大的工作会议 (即"七千人大会")。图为会议期间毛泽东、刘少奇、周恩来、朱德、陈云、邓小平在一起

建设的目的，始终没变：强国富民，为了多数人服务！笃信真理必经实践检验。

盛世兴发之中，逆境困顿之时，总有志士仁人：

鼓咙疾呼，直谏不忌触讳；忧时著书，位卑不忘国民。

笔者坚信，只要我们遵循《党章》和《宪法》，坚持实事求是，坚持执政为民，坚持民主集中制，中国共产党就一定胜利！中国梦就一定实现！

历史已经记载，每到关键之时，总会凸显这样一批：

独立不倚、卓尔不群、"究天人之际，通古今之变"的共产党人！

第一章　信仰的来源

一

中国的历史，今天已经进入新时代。

回眸逝去的 20 世纪，中国人民走过的是一条不凡之路。百年沧桑，告诉我们一个真理：只有共产党，才能领导中国人民，从三座大山的压迫下解放出来；才能领导中国实现民族振兴和国家富强，开辟自己的幸福生活和美好未来。

岁月悠悠，征途漫漫，世纪伟人们的奋斗和探索，谱写了往日之奇迹，托起了今世之辉煌。永载于青史。

对许多人来说，刘少奇的形象，有如雾中的山峰，扑朔迷离。然而，踏上改革开放道路的中国人，似乎在不经意间，又似乎是不约而同地发

1951 年 12 月，刘少奇在江苏太湖

现：今天我们讲的不少话，曾经有一个人说过；今天我们做的不少事，曾经有一个人干过；今天我们所走的路，曾经有一个人用他的理论和实践探索过，甚至是以血肉之躯铺垫过。人们蓦然感到：这个生前不显山不露水、永远被简单而亲切地称为"同志"的国家主席，他的思想之光，正穿过岁月的风尘，愈来愈璀璨，愈来愈夺目。

扫一扫 看视频

习近平总书记评价：

> 刘少奇同志积极探索适合我国国情的社会主义建设道路，强调我们应该根据中国特点采取适合中国情况的方法来进行建设……他的远见卓识，也为党的十一届三中全会以后经济体制改革提供了有益借鉴。

> 刘少奇同志是坚持真理、实事求是的光辉榜样。刘少奇同志说："真理是最可靠的"。他还说："必须把树立实事求是的作风，作为加强党性的第一个标准。"……他一生为真理而奋斗，凡符合实际的，符合人民利益的，他就坚持；凡经过实践检验不符合实际的，他就勇于在工作中加以改正。

> 刘少奇同志善于向书本学习，善于向实践学习，更善于把这两方面的学习结合起来……表现出一个马克思主义理论家的可贵品格。❶

对于一种理论学说，人们可能仁者见仁，智者见智。但对于研究刘少奇的言行，有益于今天的改革开放，有益于中国的社会发展，人们的观点却惊人一致。

重新发现父亲的"坚持真理、实事求是"的品格，必先感悟他"善

---

❶ 习近平：《在纪念刘少奇同志诞辰 120 周年座谈会上的讲话》，人民出版社 2018 年版，第 7、8、10—11、13、14 页。

扫一扫 看视频

于进行理论思考和实践创造的精神"。

江泽民同志曾说:

他注重把马克思主义基本原理同中国革命和建设的具体实际相结合,善于在马克思主义指导下对问题进行具体分析,大胆探索,提出自己的见解。他善于把丰富的实践经验提到理论高度,作出新的理论概括,用来指导实践的发展。❶

因此,我们先从"马列主义基本原理"说起。

马克思、恩格斯的鸿篇巨制,由德、英、法文原著或俄文版,直译意译音译翻过来,上千万字!❷ 别说深透理解,能通读一遍者,未知凡几。何况在出生入死、戎马倥偬的战争年代,置身于艰苦卓绝的革命斗争,人们不禁要问:毛泽东、刘少奇、周恩来、朱德那一代,是如何得来的真正信仰?又怎样熔铸出坚定信念?

毛主席有名言:

十月革命一声炮响,给我们送来了马克思列宁主义。❸

显然,是十月革命送来,师从列宁斯大林,受苏联启蒙。

1913 年,为纪念马克思逝世 30 周年,列宁撰写了《马克思主义的三个来源和三个组成部分》,言简意约。据此,笔者以尽量简捷通俗的文字,概括马克思主义。误读浅薄之处,敬请海涵。

马克思主义的三个来源,是德国古典哲学、英国古典政治经济学和法国空想社会主义。❹

---

❶ 江泽民:《在刘少奇同志诞辰一百周年纪念大会上的讲话》,人民出版社 1998 年版,第 11 页。

❷ 《马克思恩格斯全集》第一版译自俄文(1959—1975 年),共 50 卷。

❸ 《毛泽东选集》第四卷,人民出版社 1991 年版,第 1471 页。

❹ 列宁:《马克思主义的三个来源和三个组成部分》,人民出版社 1967 年版。

德国古典哲学的集大成者黑格尔，把对世界万物的认识规律概括为辩证法。曾作为"青年黑格尔派"的马克思、恩格斯，结合费尔巴哈的唯物主义，认为辩证法就是客观世界万物存在与发展的规律，否定黑格尔的"绝对精神（神的意志）"，将"倒立"的辩证法，从主观唯心论"顺立"过来，成为辩证唯物主义。有不少专家认为，这只是马克思、恩格斯对黑格尔的批判理解，不能算首创发明。而笔者讲述历史，必须按当年主人公们的理解来说明。直到改革开放后多年，我们仍将"对立统一、质量互变、否定之否定"，作为唯物辩证法的金科玉律来遵循，并在各大学、中学讲授。

马克思、恩格斯批判黑格尔的历史哲学，认为决定历史的不是上帝的"绝对精神"，而是人的劳动和生产力。劳动使人变成人！人的脑力、体力劳动，使生产力不断发展。生产力决定了人们的生产关系；适应生产力的生产关系，总合起来就是社会的经济基础，这又决定了上层建筑（社会结构、意识形态、文化政治等）；被决定的生产关系和上层建筑，必然"反作用于"生产力和经济基础。这决定了社会历史的现状和发展。马克思彻底否定了以往的历史观，创立了历史唯物主义。

辩证唯物主义和历史唯物主义，是马克思主义的第一个"组成部分"。

由于生产力不断提升进步，生产关系必然随之相适应，经济基础的发展导致上层建筑的进步。后来，在马克思主义的信仰者中，根据历史的逐渐演进，归结为"生产力的发展推动社会的进步"，继而又推导出"原始社会、奴隶社会、封建社会、资本主义社会、社会主义社会"，"五种社会形态"递进，最后必定进入共产主义社会。这在列宁、斯大林时期被定式为历史发展的普遍规律。

第二个"来源"，英国的古典政治经济学，其代表人物亚当·斯密和大卫·李嘉图的著作观点，此处省略不讲了。马克思伟大的发现是"剩余价值"学说，并由此推导出的一系列经济、社会、政治等规律，贡献出揭示资本主义生产奥秘和彻底批判剥削的《资本论》。这成为马克思主义第二个组成部分。

第三个"来源"，法国的空想社会主义，以及圣西门、傅立叶和欧文的学说，笔者就同样省略了。马克思从"剩余价值"学说，科学地推导出资本主义最根本的社会矛盾，是"社会化大生产与生产资料的私人占有"，这必将导致无产阶级的革命，通过无产阶级专政，建立公有制的社会主义国家。从而以社会所有制，适应社会化大生产，解放生产力！这就使社会主义由空想发展为科学。

《共产党宣言》横空出世，标志着科学社会主义形成。这成为马克思主义第三个组成部分。

马克思、恩格斯，揭示人类社会发展趋势，粗略描绘未来社会图景：资本主义发达国家，为雇佣廉价劳力，掠夺低价原料，剥得超额利润，必然将产业向落后国家转移，导致全世界生产力水平逐渐拉平。全世界无产阶级，必然联合起来，以上层建筑的"革命"，"反作用于"生产关系，摧毁私人占有制，变为社会所有制，以适应社会化大生产，解放生产力。

马克思和恩格斯没有、也不可能，对社会主义和共产主义制度做详尽描述，只以严谨的逻辑朦胧推导：社会主义公有制下，人人"各尽所能，按劳取酬"；发展到"物质极大丰富"，进入共产主义社会，人人"各尽所能，按需分配"。国与家，皆消亡；人人为我，我为人人，个人拥有全世界。人实现自由而全面的发展，获得最大解放！

马克思主义的主体，由哲学（辩证唯物主义、历史唯物主义）、政治经济学、科学社会主义构成。

近些年，对列宁的《马克思主义的三个来源和三个组成部分》，争论非议颇多。但从中国共产党初创，直至"文化大革命"时期，这篇著作都被誉为"经典中的经典"。

这里再次声明，以上对马克思列宁主义及其著作，简而又简地叙述，只是为了说明第一代中国共产党人的信仰之源。其中文句、概括和理解的粗疏错谬之处，完全由笔者负责，绝非马恩列斯和毛刘周朱等先辈的错！

二

1921 年 7 月 9 日，刘少奇抵达莫斯科，作为社会主义青年团员，参加共产国际三大；会后，入莫斯科东方劳动者共产主义大学。那时，中国共产党还没成立，父亲在大会礼堂耳濡目染、直接受教于"伟大导师"列宁。此学历，即使几十年后，在苏联主要领导人中，如赫鲁晓夫、勃列日涅夫、米高扬等，都钦敬不已、自叹弗如。

中国共产党早期，就师于列宁、斯大林；中国人民革命和建设，得到苏联的无私援助和极大支持！这是历史事实，千真万确，绝不能忘！

因此，我们必须简介"列宁主义"最后几年的实践。

1917 年 3 月，俄国发生"二月革命"。这场资产阶级民主革命，打倒了帝俄沙皇、废除了所有贵族，结束了封建领主制（马克思称"亚细亚生产方式"），宣布解放农奴，推出资本主义一系列制度。

4 月，被沙皇放逐流亡的无产阶级革命家列宁，从西欧回到彼得格勒，发表《四月提纲》，提出从资产阶级民主革命，过渡到无产阶级革命的任务。

第一次世界大战，已打得疲惫不堪、惨痛不已。"二月革命"导致前帝俄军队崩溃，士兵四散；地方政府散摊儿，内乱四起；俄国要求退出战争，德皇军政漫天要价……列宁领导的布尔什维克（社会民主工党多数派）高呼"和平、土地和面包"，是当时所有人都拥护和无法拒绝的；同时，列宁提出立即举行"无产阶级革命"，夺取政权，建立"无产阶级专政"。孟什维克（社会民主工党少数派）反对，认为过早发起"无产阶级革命"，超越了俄国社会发展阶段，应当支持资产阶级民主革命，即列宁 1905 年提的"工农民主专政"。

为此，列宁说出一句名言：当婴儿已经临产，难道还要到资产阶级那里去领出生证吗？

1917 年 11 月 6 日夜，以阿芙乐尔号巡洋舰一声炮响为号，列宁领导下的起义打响。到 7 日晨，工人赤卫队和革命士兵水兵，迅速占领了彼得格勒的主要桥梁、火车站、邮电局、国家银行和政府机关等要地；7 日上午 9 时，占领通往冬宫临时政府所在地的要道，政府自然也作鸟兽散。

11 月 7 日深夜，全俄工兵苏维埃第二次代表大会召开，列宁宣布建立"无产阶级专政"！11 月 8 日，通过和公布了列宁起草的《和平法令》和《土地法令》，会议宣告全部政权归苏维埃，选举成立了工农人民委员会（政府）。11 月 7 日到 16 日，苏维埃政权成立；到 1918 年 3 月，首先从城市，然后到乡村，在全国各地建立起来。

"十月革命"成功！

新政权立即宣布退出战争，与德国签订了屈辱的"布列斯特条约"。1918 年的世界大战，苟延残喘僵持中，又突然暴发空前的大流感，前线后方千百万人倒毙。德国也继俄国发生革命和起义，1919 年与英法签订不平等的"凡尔赛条约"。 德皇早先与苏俄签订的条约也就不了了之。列宁提出的口号，"和平"几乎兑现，但"面包"却实在难以实现！

长话短说，因帝国主义组织十六国"反共"干涉，苏俄国内战事再

| 十月革命

———————

❶ "布列斯特条约"和"凡尔赛条约"均为习惯史称，非正式名称。

扫一扫 看视频

扫一扫 看视频

度蜂起。苏俄实行"战时共产主义",列宁带领人民艰苦奋斗,渡过"苦难的历程"❶,不断探索,推出新政。

既然在生产力相对落后的俄国首发革命,"一国建立社会主义"先声夺人,已经是对马克思主义的大胆创新。必然地,后面也将是一路探索,不断创新!

列宁指出:世界历史的发展,是按总的一般规律进行的,但是"不仅丝毫不排斥个别发展阶段在发展的形式或顺序上表现出特殊性",也恰恰通过这样的变例,为自身发展开辟道路。各个国家国情不同,向社会主义过渡的起点不同,"势必表现出某些特殊性,这些特殊性固然并不越出世界发展的共同路线",但显然有别于马克思按西欧各国革命为背景的设想,"而且在转向东方国家时这些特殊性又会带有某些局部的新东西"。❷

列宁还说:

(类似俄国这样的小农经济占优势的国家)开始伟大的无产阶级革命是比较容易的,但是把它继续到获得最后胜利,即完全建成社会主义社会,就比较困难了。❸

列宁在批判"左派共产主义者"乱叫什么"完全打倒""彻底粉碎""最坚决的社会化"的"胡说八道"时,阐述道:

在国有化问题和没收问题上,可以有坚决的或者是不坚决的态度。关键却在于:要由国有化和没收过渡到社会化,即使有世界上最大的"坚决性",也是不够的。❹

---

❶ 苏联作家阿·托尔斯泰著名小说《苦难的历程》。
❷ 《列宁选集》第4卷,人民出版社1972年版,第690页。
❸ 《列宁选集》第3卷,人民出版社1972年版,第812页。
❹ 《列宁选集》第3卷,人民出版社1972年版,第538页。

列宁认为，既然革命是发生在如此落后的一个国家，要继续完成由于资本主义落后而没有完成的任务，为资本主义发展不足补课。革命的无产阶级，就不得不去做某些本来应该是由资产阶级去做的事情，完成某些应该是由资产阶级去完成的任务，包括消灭小生产。这样，就不得不允许某些可以称之为资本主义的东西存在和发展。

列宁针对当时俄国的具体情况，提出了在"新经济政策"下，允许农民上缴粮食税之后从事自由贸易，发展国家资本主义的租让制、租借制，提倡共办合营企业，利用小业主的合作制，促进工农之间的经济流转。他说：

> 为了使"我们"能顺利地解决我国直接向社会主义过渡的任务，就必须懂得，需要经过哪些中间的途径、方法、手段和补助办法，才能将资本主义以前的各种关系过渡到社会主义去。全部关键就在这里。[1]

列宁认为，在无产阶级掌握了国家政权和经济命脉的条件下，害怕资本主义的某些有限度的发展是"可笑的"。在一个小农国家里，"小经济的发展就是小资产阶级的发展，也就是资本主义的发展"；在贸易自由基础上，即使只是地方性的；也会"使小资产阶级和资本主义复活"。租让制的"承租者就是资本家"；而国家资本主义在无产阶级政权下，和人们通常说的相反，它是"给以一定限制的资本主义"：[2]

> 试图完全禁止、堵塞一切私人的非国营的交换的发展，即商业的发展，即资本主义的发展，而这种发展在有千百万小生产存在的条件下是不可避免的。一个政党要是试行这样的政策，那它就是愚蠢，就是自杀。[3]

全部问题，无论是理论上的或实践上的问题，在于找出正确的

---

[1] 《列宁选集》第 4 卷，人民出版社 1972 年版，第 524 页。

[2] 《列宁选集》第 4 卷，人民出版社 1972 年版，第 518、627 页。

[3] 《列宁选集》第 4 卷，人民出版社 1972 年版，第 519 页。

方法，即应当怎样把不可避免的（在一定程度上和在一定期限内不可避免的）资本主义的发展引导到国家资本主义轨道上去。 **①**

列宁还告诫我们：只有国家资本主义是社会主义的真正"入口处"。国家资本主义的成功发展可以加强大生产来反对小生产，加强先进生产来反对落后生产。而小业主的合作社实施的成功，"却能包括更广大的居民群众"，"就会使我们把小经济发展起来，并使小经济易于在相当期间内，在自愿结合的基础上过渡到大生产。" **②**

国家资本主义作为前资本主义占优势的国家，必须经过的"同一条道路"和"同一个中间站"，"即所谓'对产品的生产和分配实行全民计算和监督'"得以建立的"中间环节"，是任何一个落后国家也不能跳过的发展阶段。**③** 我们只有这样做，才能找到"私人利益、私人买卖的利益与国家对这种利益的检查监督相结合的尺度，找到了使私人利益服从共同利益的尺度"**④**。

列宁还超前、尖锐地指出新政权的劣根：幻想出任何坚决社会化的模式，臆造出任何公有制共同体，以一种国营经济成分简单取代多种经济成分，其结果只能使"官僚主义在苏维埃制度内部""复活起来"。在经济落后、无产阶级已经夺取政权的国家所产生的官僚主义，其经济根源在于：小生产者的贫困、不开化，交通闭塞，文盲现象的存在，工农业间的缺乏流转，缺乏联系和协作的隔绝状态。这里的官僚主义是"小生产者散漫性和萎靡状态的上层建筑"。**⑤**

列宁既观察到资本主义经由前资本主义，到自由资本主义，到垄断

---

① 《列宁选集》第 4 卷，人民出版社 1972 年版，第 519 页。
② 《列宁选集》第 4 卷，人民出版社 1972 年版，第 523 页。
③ 《列宁选集》第 4 卷，人民出版社 1972 年版，第 509 页。
④ 《列宁选集》第 4 卷，人民出版社 1972 年版，第 682 页。
⑤ 《列宁选集》第 4 卷，人民出版社 1972 年版，第 526—527 页。

资本主义的一般发展道路，也看到了在帝国主义条件下的新特点：在俄国社会中的不平衡的、多线条的发展中，国家资本主义加快融合资本主义和小生产的过程，并指出融合过程和中介形式。正因为如此，落后国家才具备了在无产阶级专政条件下向社会主义逐步地、缓慢地过渡的经济前提。列宁认为：

> 落后国家取得政权的无产阶级，必须警惕在这个国家将会出现的主要危险，是小资产阶级的社会主义思想不断地表现出来，并一再造成反动。❶

以往，我们学习理解列宁主义，更多关注列宁十月革命前后关于"无产阶级革命"和"无产阶级专政"的论述。而在无产阶级革命和"工农民主专政"下完成民主革命、在"无产阶级专政"下"补资本主义之课"的列宁主义，我们极少研究，甚至鲜有提及。这恰恰是，列宁最光辉的革命实践，是"列宁主义"最重要理论结晶！❷

1921 年，刘少奇同一批中国学员到莫斯科学习。那时，苏俄内战始定，城乡破败，经济凋敝，国家由"战时共产主义"，转向"新经济政策"。学员享受红军士兵的供给标准，按说是比较高的。父亲回忆过，红军士兵有军队的小生产自给和"战场外快"，市民家庭有家私底垫和"小自由串换"，而这批中国学员集体干啃食堂和宿舍，实际生活"比士兵市民还差"。❸ 他把配给的糖块攒下，到街边与市民大妈换土豆。

扫一扫 看视频

---

❶ 参见列宁的《论中国的民粹派和民主派》《两种乌托邦》。
❷ 张木生和王小强，在这方面做了很多先导开创性工作。见张木生：《改造我们的文化历史观》，军事科学出版社 2010 年版。
❸ 笔者插队农村第一年就感到，虽然口粮标准比农民最低保障高一倍，但实际却比农民家庭生活质量差。第二、三年就好多了。

开始还挨了几句批，后来学员们都这么办，交换的花样也多些，"肚子问题好多了"。几个月学习生活，特别是"战时共产主义"和"新经济政策"，给刘少奇的印象和收获，恐怕不比学习"马列主义"本本，得来的少。

扫一扫 看视频

列宁逝世后，苏联完成社会主义制度的建立，废除一些过渡制度办法，实行无产阶级专政。1930—1931年，父亲再度到莫斯科，在"职工国际"任专职执行委员，一边干工作，一边挨批判。他亲身感受到斯大林时期苏联的巨变和不足：重工业发展，使国家强大，苏联迅速跻身强国之列，以至后来"能抵抗并战胜德意日法西斯"！而普通民众的生活，吃穿不愁，简单无忧；同一单调，平均无争。特别是计划经济缺少竞争，农业落后，轻工业滞后。当然，还有无产阶级专政下，逐渐扩大化的"肃反"。

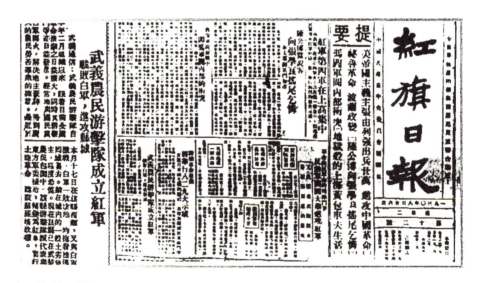

| 《红旗日报》

在赤色职工国际第五次代表大会上，刘少奇当选为职工国际执行
局委员。会后，留在赤色职工国际工作。图为莫斯科工会大厦

父亲终生不忘师恩，也对严师棒下的遍体鳞伤深有感触。❶ 记得不
少学员或付出代价、或照猫画虎，甚至背叛当逃兵。特别让他刻骨铭心
的是，必须将"放之四海而皆准的普遍真理"，与"中国的实际相结合"！

十年中，两度在莫斯科的学习工作，对刘少奇的成长和思想形成影
响很大。我想，这对父亲的后几十年，投身救国救民事业，领导国家建
设，提出一系列独具特色的政治经济思想，作出若干大政方针决策，力
挽困难时期危局，尤其是高度重视党的建设、党的教育和经济建设，是
大有裨益的！

---

❶ 早在 1936 年苏联大"肃反"之前，中共在苏联的党员就有"失踪"的。作为苏共党员
的蒋经国都遭到过流放，更不要说受纪律处分、被批判戴帽者，更是很多。

三

1922 年，父亲带领第一批留苏学员"海归"。党中央分配他在劳动组合书记部（书记张国焘）工作。5 月，中央急调他这位老青年团员，比照苏俄样式，新组建中国共产党领导下的社会主义青年团，安排会务、准备文件。第一次全国团代会成功落幕，中共中央局书记陈独秀又派刘少奇，接着比照苏俄做法，循规参与筹备中共二大。[1]

1922 年 7 月，中国共产党第二次全国代表大会召开。遵循列宁的理论指导[2]发表《宣言》，分析国际形势和中国社会半殖民地半封建现状，确定了当前是民主主义革命；革命的动力是无产阶级、农民和其他小资产阶级，民族资产阶级也是革命的力量之一；革命的对象是帝国主义和封建军阀；革命的前途是向社会主义革命转变。《宣言》实际上制定了中国共产党的最低纲领和最高纲领。

中共二大最伟大的历史功绩，是阐明中国革命的性质、动力和对象，制定了党的民主革命纲领，在中国革命史上破天荒，第一次明确提出反帝反封建的民主革命，指出这是按中国的国情，走向社会主义不可超越的一个阶段。

父亲自始至终，参与并服务于"二大"。中国共产党的纲领，自然了然于胸，成为他心中为之奋斗的目标。

陈独秀很欣赏刘少奇的才干，会后即任命他为中共湘（湖南）区执委会执行委员，带"二大"文件传达会

扫一扫 看视频

---

[1]　中共中央文献研究室编：《刘少奇传（1898—1969）》上，中央文献出版社 2008 年版，第 37 页。

[2]　上文父亲回忆瞿秋白的转述，中国共产党应争取民主革命成功。

议精神。

由此，毛泽东、刘少奇开始在一起工作，结下终生之缘。

一个多月后，“中央来了紧急信”，执委会书记毛泽东委派父亲到安源。种种机遇加上非同寻常的努力，安源大罢工成为中共领导工人运动中，第一次成功的范例。12 月，刘少奇与李立三，在亚洲最大的工矿联合企业领导建立汉冶萍总工会。自此，李立三、刘少奇成为中国最著名的工人领袖。[1]

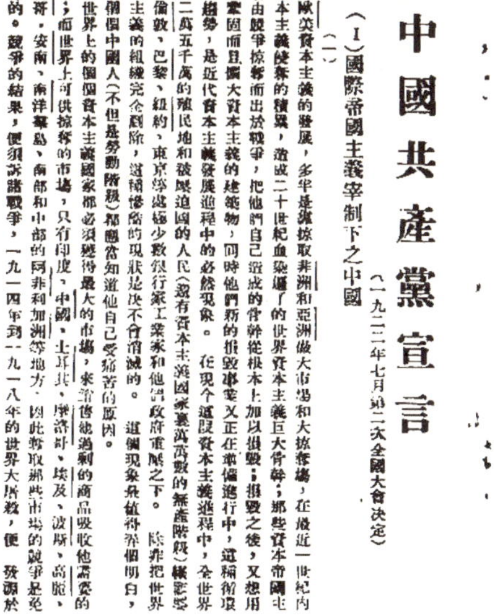

中國共產黨宣言

（一九二二年七月第二次全國大會決定）

（I）國際帝國主義宰制下之中國

（一）

歐美資本主義的發展，多半是靠掠取非洲和亞洲做大市場和大掠奪場，在最近一世紀內，資本主義侵奪的積累，造成二十世紀血染遍了的世界資本主義巨大骨幹；那些資本帝國主義者由競爭掠奪而出於戰爭，把他們自己造成的骨幹從根本上加以摧毀；摧毀之後，又想用壓扶鞏固而且擴大資本主義的建築物，同時他們新的摧毀事業又正在準備進行中，這種循環似的趨勢，是近代資本主義發展過程中的必然現象。在現今這段資本主義進程中，全世界有十二萬五千萬的殖民地和被壓迫國的人民（還有資本主義國家裏萬萬數的無產階級）橫臥於倫敦、巴黎、紐約、東京等處極少數銀行家工業家和他們政府重壓之下。除非把世界資本主義的組織完全剷除，這種慘酷的現狀是決不會消滅的。這個現象是值得弄個明白，因為個個中國人（不但是勞動階級）都應當知道他自己受痛苦的原因。

世界上的個個資本主義國家都必須覓得最大的市場，來銷售他過剩的商品吸收他需要的原料；而世界上可供掠奪的市場，只有印度、中國、土耳其、摩洛哥、埃及、波斯、高麗、墨西哥、安南、南洋群島、南部和中部的阿非利加洲等地方。因此奪取那些市場的競爭是免不掉的。競爭的結果，便須訴諸戰爭，一九一四年到一九一八年的世界大屠殺，便發源於

中共二大通过的《中国共产党宣言》

中共二大以后，共产国际特使越飞面见孙中山，共同签署了《孙文越飞联合宣言》。李大钊代表中共，到上海孙中山家中，一见如故，晤谈多日。由此，实际形成了“联俄、联共、扶助农工”，李大钊第一个以个人身份加入国民党。在共产党的帮助下，孙中山开始了整顿、重建国民党。

之后，大批共产党员以个人名义“跨党”，加入国民党，开展工作。毛泽东是国民党湖南区负责人，刘少奇在安源兼任国民党长沙地区负责人。[2] 1924 年 1 月，国民党第一次代表大会召开，毛泽东被选举为国

[1] 中共中央文献研究室编：《刘少奇传（1898—1969）》（上），中央文献出版社 2008 年版，第 36—57 页。

[2] 中共中央党史和文献研究院编：《刘少奇年谱（增订本）》第一卷，中央文献出版社 2018 年版，第 33 页。

民党中央候补执行委员，1925 年 9 月任中央宣传部代理部长。刘少奇兼（代）任过一段时间的国民党湖南区负责人。❶

这里重复强调一句：是依靠共产党，才重建国民党！

1925 年春，父亲告别安源赴广东，代表汉冶萍总工会，与中华铁路总工会和海员工联总会，召集全国第二次劳动大会。刘少奇与廖仲恺等为大会主席，刘少奇仍是负责会务和文件。大会宣布成立中华全国总工会，选举海员工联的林伟民为执行委员会委员长、刘少奇和铁总的刘文松为副委员长。

会后，上海、青岛工运告急，同时，"五卅运动"风起云涌，刘少奇紧急奔波往返。李立三时任上海总工会委员长，刘少奇任总务主任

---

❶ 父亲曾说过，他兼或代任过一段时间湖南党的领导人。具体时间多久不详。

| 1924 年 1 月，中国国民党第一次全国代表大会会场

（秘书长），负责日常工作，其紧张劳累可想而知，遂至积劳成疾。

1925 年秋冬，父亲与何宝珍妈妈回到长沙养病。❶

父亲对母亲和我叙述：他堂而皇之，公开以广州国民革命政府时期全国总工会副（并代理）委员长，国民党湖南区、长沙地区负责人身份，请假"回乡养病"。

广州的国民革命军公布，"北伐"的第一目标就是湖南！在湖南当政的赵恒惕，遵从北洋政府直系军阀吴佩孚，拒绝北伐军入湘。是时湖南工运学运如火如荼，拥护国民革命大势所趋。得知刘少奇回乡，赵恒惕自然多疑。父

扫一扫 看视频

---

❶ 中共中央文献研究室编：《刘少奇传（1898—1969）》（上），中央文献出版社 2008 年版，第 58—72 页。

亲后来回忆说：赵狡黠善变、首鼠两端。拘捕扣押刘，与其说是抓共产党，毋宁说是扣国民党。赵固然担心刘到湖南搞工运，但是多家公开报道，明知刘是回乡养病，不顾舆论汹汹，执意扣押，激起民运更烈，岂非得不偿失？ ❶ 为何踟蹰，仍不放人？待广州国民党第二次全国代表大会、国民党主席汪精卫、副主席谭延闿等公开致电后，才奉赠四书五经，特告"礼送出境"。出乎意料挺滑稽——父亲说，赵嘱咐一言：我是同盟会老会员，辛亥革命老功臣，国民革命老军人，告诉广州，我赵恒惕是你刘先生（国民党湖南、长沙负责人）的国民党秘密党员。❷

当年内情之微妙，今天绝难想象；后世蓄意之构陷，今人倍感讽刺——老军阀老政客赵恒惕，自称是国民党的"秘密党员"，看起来倒像秘密工作老领袖刘少奇，在军阀中安插赵恒惕做了卧底"内奸"似的！附带说句，抗日战争时期，赵还是颇有民族气节的。

扫一扫 看视频

父亲回广州后，仍代理全国总工会委员长。

1927年1月5日，刘少奇在武汉，领导30万工人市民示威，冲进汉口英租界，驱逐巡捕，接手治安，收回治权！这是中国第一次收回租借领地，是极具历史意义的大功绩！

---

❶ 全国各大工会学联公团纷纷致电，酝酿全面罢工、罢课、罢市。

❷ 至于杨剑雄，父亲根本没印象。新中国成立初镇压反革命时，湖南宁乡县法院询问（限15天回复）：杨是恶霸有血债，为了减刑他自报曾营救过刘少奇。当年，他是赵恒惕的财务官，赵交代他买一套四书五经，释放刘时，他捧书奉赠。刘少奇回忆，当年营救自己的多人中，没有此人。王光美即速回话，宁乡县执行死刑。此事并不保密，平信往来。戚本禹在中央办公厅见过信件。"文化大革命"戚"小爬虫"（毛泽东语）揭发诬告"刘少奇、王光美杀人灭口"。1968年，仅就此唯一的控告线索，定刘少奇为"内奸"。戚本禹是著名的"文化大革命""造反派"，1968年毛泽东点名关押；"两案"审判后，由北京市区级法院判"反革命罪"服有期徒刑，并"剥夺政治权利"。

6月28日，陈独秀召开党中央紧急会议，周恩来报告中央军事部和湖北军事部决定：将武汉总工会纠察队调走，加入国民革命军第四军，"率性公开宣布解散武汉工人纠察队"❶。陈赓作为总队长，秘密分批带三千纠察队精锐到南昌。

南昌起义前，中央前敌军委书记聂荣臻，受命上庐山通告刘少奇。1980年，聂帅对母亲和我说：

> 在那个时候，我们党认为工人是最可靠的，武汉纠察队在军队中是最受信赖的。而这些工人最听少奇的，少奇了解他们，在他们中间有威信。因此，周恩来同志一定要我来征求他的意见，如可能，动员他参加起义。少奇很兴奋，同意下山。但因当时没定起义日期，少奇又病得厉害，故暂留庐山继续隐蔽。后来，起义提前，未及通知，少奇没赶上。但那部分工人的确是最勇敢的……最坚定的战士早早拼光了。

母亲忆述：

> 我看着这位老元帅，那目光、语气，与"文化大革命"中少奇回忆的表情，那么相像，同样情深。❷

1930年7月，父亲第二度留苏工作一年多，我形容为"人间平地亦崎岖"，梦断国破山河在……中共中央急需人手，特别是"有丰富经验的老干部"。1931年"九一八事变"前，刘少奇顶戴职工国际的"右倾"帽子❸，回到上海，任中央"首席部门"的职工部部长，兼全国总工会党团书记。❹

---

❶ 中共中央党史和文献研究院编：《刘少奇年谱（增订本）》第一卷，中央文献出版社2018年版，第33、63—64、75—76页。

❷ 王光美：《与君同舟 风雨无悔》，见《永恒的纪念》，金盾出版社2005年版，第51—52页。

❸ 《杨尚昆回忆录》，中央文献出版社2001年版，第39—41、54页。

❹ 中共中央党史和文献研究院编：《刘少奇年谱（增订本）》第一卷，中央文献出版社2018年版，第63—64、75—76、120、123页。

扫一扫 看视频

甫一回国，父亲就立即投入激烈的革命斗争，并陷入今天看来荒诞"幼稚"（刘少奇语）的党内斗争中。

1932 年 1 月 28 日，日本海军炮轰、登陆上海。刘少奇和杨尚昆，立即投入"一·二八"抗日战斗，组织领导"上海义勇军"冲向战场阵地，成为支持十九路军的重要力量……戴着自家的"右倾"帽子拼命，"冒着敌人的炮火前进"！在中共党员骤减的几年中，"一·二八"抗日运动，大大扩充了党的组织和成员。例如，与父亲同龄又同乡的田汉和年轻 14 岁的聂耳，正是于此时投身上海义勇军，田汉即加入中共，次年发展聂耳入党。1936 年，奏响民族解放最强音的《义勇军进行曲》，在"一二·九运动"中响彻神州。追溯今之国歌，从源头（"一·二八"义勇军）到最初的唱响传世（"一二·九运动"），竟都是产生在刘少奇领导的波澜壮阔的抗日运动中。

国难当头，使命所系，这本是中国共产党发动起社会各界参与救亡，并发展了自己的空前大运动！然而，共产国际却指示中共临时中央，套用俄国的"二月革命"，为"保卫苏联"举行"大规模总同盟武装暴动"。

"狂飙风中自往来"，父亲仍坚持领导抗日，坚决反对盲目暴动。3 月，本来就戴着"国际右倾帽子"的他，被"国际老师"斥责："不能担任领导职务"，给予撤职处分，并号召全党"坚决无情的打溃……有害的机会主义路线"。❶

不久，没有一支枪的"大规模总同盟武装暴动"，只动员出二十名

---

❶ 中共中央文献研究室编：《刘少奇传（1898—1969）》（上），中央文献出版社 2008 年版，第 162—167 页。

党员和一些群众，不满百人上街"示威"。直接后果可想而知：参加的同志全部死伤被抓！还背负上"在抗日官兵背后捅刀"的污名，失掉大众的同情支持。❶

完全靠拍脑瓜、脱离实际的空幻想、瞎指挥，必然要自吞实际的、脱离脑瓜的恶果：敌人追捕指挥者，"国际"教师爷没影儿了，临时中央常委、总工会委员长卢福坦被捕叛变了，中共各级机关人员慌乱，紧急撤离疏散。

1932 年底，刚接任卢福坦为全国总工会委员长的刘少奇，收到紧急通知，立即到中央苏区任江西省委书记。❷ 1933 年 1 月 17 日，中共临时中央负责同志博古、陈云，最后撤离上海。❸

中共中央与"白区"各地各级组织，几近全部失联，"白区几乎损失百分之百"。成败已判定党内的是非！

1933 年初，父亲到中央苏区，任苏区中央局总工会委员长。1934 年春夏，派他到中共福建省委工作并任省委书记。9 月他任红九军团中央代表，打"松毛岭战役"；开始长征后，他又到红八军团任中央代表，打"湘江战役"，真九死一生！

追先烈、觅英魂，今不见，山川满目泪沾衣。

1935 年 1 月，刘少奇作为红五军团中央代表，参加遵义会议，坚决支持毛泽东。之后，他刚被任命为红军学校政治部主任几天，就又调任红三军团政治部主任。

扫一扫 看视频

---

❶ 《杨尚昆回忆录》，中央文献出版社 2001 年版，第 59、68—70 页。

❷ 刘少奇：《同朱理治的谈话》，1964 年 10 月 4 日；刘源：《梦回万里 卫黄保华》，人民出版社 2018 年版，第 46—53、56—57 页。

❸ 中共中央文献研究室编：《陈云年谱（1905—1995）》上卷，中央文献出版社 2000 年版，第 117 页。

1935 年 1 月，刘少奇出席在贵州遵义召开的中共中央政治局扩大会议即遵义会议，在会上支持毛泽东的正确意见。图为遵义会议旧址

翻雪山后，过草地前，再任命刘少奇为中央筹粮委员会主任。

可怜无数山，多少征人泪！

10 月到陕北，三军过后尽开颜！ [1]

前面，尽量简略地依中共党史大脉络，追述父亲革命生涯和思想形成的几处关键点，是本书题中应有之义。

而不避冗繁，简介马恩列斯的理论要义，就为了做铺垫，讲出重中之重：

马克思列宁主义的普遍真理与中国革命的具体实际相结合，产生中

---

[1] 见刘源：《梦回万里　卫黄保华》，人民出版社 2018 年版，第 58—76 页。

国的真理！这才蹚出革命、建设的"丹山路"。

毛主席的一大名言：

> 领导我们事业的核心力量是中国共产党，指导我们思想的理论
> 基础是马克思列宁主义。

根据中国的历史和现实，结合中共的革命与实践，在对与错、成与
败的艰辛探索和比较中，在马克思列宁主义基础上，必将产生切合实际
的正确指导思想。1945 年，中国共产党第七次代表大会，正式确立毛
泽东思想。

在中共七大上，刘少奇作《关于修改党章的报告》（《论党》），第一
次对毛泽东思想作出完整、准确、堪称经典的界定，并由大会通过。

"文化大革命"，这一定义曾被拉黑。林彪搞了个"世界几百年、中
国几千年最大天才""最高最高""四个伟大"的怪异定义，曾几何时，

中国共产党第七次全国代表大会会址——延安杨家岭中央大礼堂

彻底废掉！ ❶

至今，我们仍基本沿用刘少奇概括的原定义。

"毛泽东思想"，是专用名词，为特定概念，有独立的内涵，不等同于毛泽东的思想。

毛泽东的思想很宽泛，包括毛泽东所有的思想遗产、言论实践。其中固然充满了独步群伦的真知灼见，坦白说，作为人也难免偏颇之处。话语中，有对有错、有是有非、有笑话有谩骂、有正言有戏言、有自相矛盾、有自我批判，有今是昨非、有昨是今非，可以说，人皆有之。毛泽东也是人，何况还是极富创见、极有个性的大革命家。

"毛泽东思想"，是以毛泽东命名的中国共产党人的理论创造，是集体智慧的结晶，是久经实践检验为正确的科学理论！是中国共产党的指导思想。

---

❶ 1969 年 4 月中共九大通过，1971 年林彪 "九一三事件" 后作废。

第二章　新民主主义

一

　　毛泽东思想，以毛泽东命名，包含了毛泽东大部分思想精华，是"集体智慧的结晶"。其中，核心内容凝结在"雄文四卷"中，全部为新民主主义革命时期的著作。❶ 刘少奇在《论党》中概括，毛泽东思想乃是中国人民完整的、新民主主义革命建国理论。

　　而新民主主义，同样也是由集体创造，在实践中提炼出来，又经实践检验为科学理论。

　　回述前面简介的，列宁曾发自内心说，苏俄正在补资本主义之课，中国共产党，应先帮助资产阶级进行民主革命。中共二大，确定了中国共产党的最高纲领和最低纲领。

　　之后，按共产国际的指挥棒，陈独秀成了"右倾投降主义"，大失败。李立三成了"左"倾冒险主义，更失败。向忠发成了最大的叛徒，叛变加失败。"王明等人"靠"党的纪律所不能容许的小组织的派别斗争"把持中央，撤了刘少奇，"白区损失百分之百"。又排斥毛泽东，红

---

❶　请注意，"雄文四卷"指《毛泽东选集》，内容全部是新中国建立之前的著作。

区第五次反"围剿",李德、博古先是"左"倾冒险主义硬拼,后是"右倾逃跑主义"长奔,"红区损失百分之九十"。"以至使党使革命受到空前的损失"！❶

遵义会议后,毛泽东开始回到中央领导岗位,逐渐拨正船头,找准正确路线,挽救红军挽救党。

1935 年秋,中央负总责的张闻天征求刘少奇的意见,希望他重返"几乎损失百分之百"的"白区",担起重担。父亲回答"不入虎穴,焉得虎子"！❷1936 年初,刘少奇任中共中央驻北方代表,投身"虎穴",指挥领导,恢复重建,派员联系全国"白区"的各级组织,发起空前的群众性抗日爱国运动,轰轰烈烈遍全国。

1936 年初,刘少奇到北方局时,能联系上的党员只剩 30 多名,没剩一个完整的组织;1937 年初,党员发展到 5000 多名,恢复建立起全国各地的党组织;1937 年中,党员 4 万多名;1938 年党员 17 万名。❸两年多,中共党员数量增长几千倍！

扫一扫 看视频

1937 年 5—6 月,在延安召开中共党史上唯此一次的白区工作会议。刘少奇作报告,总结惨痛的教训,揭露错误的传统,转变工作的思路。会议热烈讨论、激烈辩论、猛烈争论,甚至有领导当场悲愤气死过去。对刘少奇,指责之声再起,维护之声日盛。为此,中央政治

---

❶ 1943 年 9 月 21 日,刘少奇在阅读陈绍禹(王明)的《为中共更加布尔什维克化而斗争》小册子后写阅后感。见中共中央党史和文献研究院编:《刘少奇年谱(增订本)》第二卷,中央文献出版社 2018 年版,第 26 页。

❷ 中共中央文献研究室编:《刘少奇传(1898—1969)》(上),中央文献出版社 2008 年版,第 189—190 页。

❸ 刘少奇、林枫、杨尚昆回忆;仅是北方局党员的统计数,不包括全国恢复重建党组织的党员数。《杨尚昆回忆录》,中央文献出版社 2001 年版,第 189 页。

局专会决策。开始，张闻天坚持认为共产国际和党中央一贯正确，并和几位领导批判刘"有路线错误"。刘少奇反驳，激愤之下甚至"辞职不干了"。❶几天后，毛泽东发言："我们党中存在着错误传统"，要"来一个彻底的转变"，并高度肯定刘少奇"一生在实际工作中领导群众斗争和处理党内关系，都是基本上正确的"，在华北的领导也是一样。他一生很少失败，今天党内工作像他这样有经验的人是不多的，"他懂得实际工作的辩证法。他系统地指出党过去在这个问题上所害过的病症，他是一针见血的医生"，并强调，过去"对少奇问题的处理态度是完全不对的"，"今天应该作出正确的结论"。在"白区工作会议"上，张闻天以总书记名义代表党中央，对刘少奇在"白区的工作"，予以肯定。

刘少奇后来说：这次会议"结果是不好的，困难不独没有减少，反而增加了……留下的恶劣影响，是很久以后还没有消除的"❷。但毛泽东的重磅讲话和张闻天的正确总结，标志着对"白区工作"，开始以实践的结果，作为检验真理的标准。这可是天大的转变！

邓小平同志郑重评价：

> （刘少奇）关于白区工作的经验总结，却受到了全党的重视，并且在抗日战争和解放战争的白区工作中起了重要的作用。❸

中共党史上唯此一次的白区工作会议刚结束，"七七事变"爆发，由此将中国的抗日战争推向新的起点。党史上所谓"白区工作十年"，亦称"敌后秘密工作十年"。从 1927 年"四一二""七一五""国共分裂"

---

❶ 刘少奇：《同朱理治的谈话》，1964 年 10 月 4 日。

❷ 刘少奇：《六年敌后工作经验的报告》，1943 年 3 月；刘源：《梦回万里 卫黄保华》，人民出版社 2018 年版，第 104—108 页。

❸ 邓小平：《在刘少奇同志追悼大会上的悼词（1980 年 5 月 17 日）》，《人民日报》1980 年 5 月 18 日。

后的"八七会议"开始，到1937年"白区会议"后的"卢沟桥事变"，再度确立"国共合作"时结束。但习惯性的回忆或讲话，仍将以后在"敌占区""国统区"的中共地下秘密活动，亦即社会部、城市工作部的工作，称为"白区工作"。我想，大家应可理解。

上面简述了长征后，刘少奇重回"白区"领导。这里再回述"红区"（抗日根据地）：

1935年，中央红军到陕北，自卫站稳，休养生息。稍后，红二、四方面军也陆续到达，"损失百分之九十"的红区得到喘息再生的机遇，但陕北地广人稀，偏远贫瘠。红军的"抗日东征"，又被阎锡山堵路挡了回来……而"几乎损失百分之百"的白区，此时正好取得千百倍的发展，如雨后春笋、星火燎原般地遍及全国。

如何打通"红""白"？成了生存发展之关键。

1936年，刘少奇、林枫领导，组织"民先学兵队"，到东北军宣传抗日。宋平叔叔，对笔者回忆在二十九军的一幕幕，[1] 栩栩如生。许多学兵队员，后加入东北

1937年7月7日，抗日战争全面爆发。8月初，刘少奇根据中共中央的指示，在太原组建北方局新的领导机关。刘少奇任书记，杨尚昆任副书记。图为刘少奇在抗日前线同彭德怀（中）、杨尚昆（左）合影

---

[1] 著名的《松花江上》《大刀进行曲》，诞生于此时。

军，颇受器重。

89 岁生日那天，张学良念念追忆："一二·九"周年，西安学生上街纪念，高唱《义勇军进行曲》，蒋介石下令开枪镇压。这把我气火了，话都到嘴皮子没说出，"你这个老头子，我要教训你"！三天后"捉蒋"，行动骨干中，多有"民族解放先锋队"的人。

"双十二事变"，开创联合抗战的历史新纪元。

"七七事变"，国共再度合作，顺势而为正当时！ 1937 年 7 月底 8 月初，刘少奇马不停蹄赶到太原，重建中共中央北方局，刘亲任书记、杨尚昆任副书记。❶

8 月 22—25 日，中共中央在洛川召开会议，通过毛泽东"放手发动独立自主的山地游击战争"的报告和"持久战"方针。25 日，红军改编为八路军。❷9 月 5 日周恩来到太原，与阎锡山、卫立煌共商协调；稍后，朱德、彭德怀、任弼时、贺龙、关向应等率八路军总部到太原，一一五、一二〇、一二九师前出山西地域，接敌作战。

9 月 21 日，在太原的各路领军大员，汇聚中共中央北方局（与八路军办事处同驻），联会共商。刘少奇坚决支持毛泽东在"洛川会议"确定的方针，提出国民党实在靠不住，几十万国军必败，我们配合国民党打运动战，绝不会有作为。"今天华北人民的中心任务是广大地组织与发展抗日游击战争"。❸"在华北的中国人"，面临着"打""逃""降"三条路，必须"特别告诉群众说：游击战争不能完全依靠正规军队来打，而要由人民自己武装起来，组织游击队来打"……八路军和地方党组织全力以赴，依托"白区"发展起来的华北抗日群众运动，短时期内发展

❶ 《杨尚昆回忆录》，中央文献出版社 2001 年版，第 174 页。
❷ 10 月 12 日，南方八省红军和游击队改编为新四军。
❸ 刘源：《梦回万里 卫黄保华》，人民出版社 2018 年版，第 108—113 页。

扫一扫 看视频

"数十万人枪的集团军"和人民武装！ ❶ 当时，多数人质疑，甚至有人认为是痴人说梦！

如刘少奇所述，"卢沟桥事变"三个月，北平、天津、青岛、河北全境、晋绥部分地域沦陷敌手，几十万国民党军队兵败如山倒，日寇如入无人之境。沦陷区出现政权的真空。

机不可失、稍纵即逝，抓紧行动为至要！早先谋划的"红白联手"一设想，瞬间骤变为"军地一体"大行动！这次会后，感天动地的大"扩红"，改天换地建"红区"，惊天动地的游击战争，上演连台好戏、书写宏伟史篇！ ❷ 自此，八路军总部与北方局，一直同驻地，多年同进退。

"百年抵寇败，磅礴几时通？毕竟还我万夫雄"！

宋平叔叔多次向我讲，"七七事变"后，他从清华大学直奔山西，发动群众潮起，激情振奋"抗日"，英勇奔向战场——百岁未忘情，壮心仍不已！

1937 年 11 月，离国六年的王明，代表共产国际回延安，俨然成了天上掉下来的"太上皇"！他提出"一切经过统一战线，一切服从抗日"。从他自己过去极左的"打倒一切，一切不合作，老子天下第一，一切斗争到底"（刘少奇语），猛然转到右倾机会主义。接着，召开中共中央"十二月会议"。 ❸ 会上，这位"口含天宪"的"钦差大臣"，主要就是针对毛泽东和刘少奇，横加指责批判！市中可信有虎，毛刘一同挨

---

❶ 《刘少奇选集》上卷，人民出版社 1981 年版，第 255—257 页。

❷ 见刘源：《梦回万里　卫黄保华》，人民出版社 2018 年版，第 108—120 页。

❸ 中共中央党史和文献研究院编：《刘少奇年谱（增订本）》第一卷，中央文献出版社 2018 年版，第 224—226 页。

批，胸中自信有为，他们同守战壕。尽管"处境异常困难"（毛泽东语），毛泽东和刘少奇，激烈地抗辩抵制，使会议没能形成错误决定。❶

历史往往谕示：真理之初，常常掌握在少数人手里。

"十二月会议"后，南京沦陷。极其自负的王明（中央书记处书记兼统战部长）带团到武汉见蒋介石。出于对苏联援华抗日需求，老蒋还算重视王明，听多了夸夸其谈，出乎意料，根本不买什么"共产国际书记"或"中共原代理总书记"的账，倒是照顾周恩来的面子。当时，王明是"党外处处投降，党内处处独立"。❷ 大力推行"两个一切服从"右倾路线，跟定国民党，不许建立独立自主的政权等。王明认为，他这里的中央常委多，没把延安放在眼里，持对抗立场，严重违背组织原则，拒不遵守组织纪律……后来，批判王明"另立中央""分散主义""武汉中央化"（周恩来语），就指这半年多。

"十二月会议"后，父亲急返山西，指挥中共中央北方局，发展华北游击战争，建起抗日根据地，策划"冀东大起义"……1937年9月进入华北的两万多八路军，到1938年10月真的扩军二十万！加山西新军、地方武装、游击队、自卫队，真正是实现了"数十万人枪"的人民武装。❸

"千古凭高，漫嗟荣辱"！

这期间，父亲往来于陕北、山西。其中，有几个月时间在延安，多与张闻天、毛泽东处理党中央的事务。笔者认为，其中最为重要的，就是协助毛泽东创立新民主主义。同时，刘少奇仍领导指挥北方局。

---

❶ 中共中央文献研究室第二编研部编著：《刘少奇军事画传》，贵州出版集团2009年版，第97—100页。

❷ 周恩来：《在中央政治局整风会议上的讲话（1943年11月27日）》，见《胡乔木回忆毛泽东（增订本）》，人民出版社2014年版，第298页。

❸《刘少奇选集》上卷，人民出版社1981年版，第259页。

二

满眼风波多闪烁，看山恰似走来迎。

伟大的实践呼唤伟大的理论。此时，最需要的就是，符合中国革命实际的、中国共产党自己的正确指导思想。新民主主义，由此发轫。

众所周知，这一伟大理论的最主要创建者是毛泽东。

而"集体智慧"中有几位，我想不应遗忘。

刘少奇，具有很高的理论素养和丰富的实践经验，既了解苏联——列宁、斯大林、共产国际，又备受错误路线的打击和折腾，倍感中国的革命实践之急需——正确的指导理论！

张闻天

张闻天，早年参加"五四运动"，留学日、美，1925 年加入中共送到苏联，入中山大学、红色教授学院学习、授课。张熟知马列主义，特别是列宁的理论，深得"国际"认可，有超强的记忆力、理解力，有公认的好人品、自律严。同志们中，尊称"红色教授"；在中央负总责。父亲对我说：他们之间虽然有许多意见分歧，但长于包容接纳，毛伯伯称闻天叔叔"开明君主"，也就不足为奇了。

任弼时

任弼时，1921 年与刘少奇同赴莫斯科，在苏联学习工作多年。有扎实的理论和文字功底，了解苏联的发展和现状，对中国革命的成败与发展，有独特正确的见解。

王稼祥，起到关键作用，亦是功不可没。据考，他是最早提出"毛泽东的思想""毛泽东主义"者之一。

陈云，有贡献。思维深邃、敏锐谨慎、经验丰富，在许多重大历史关头，提出鲜明关键的意见。

当然，以朱德、周恩来为代表，大批领导的集体智慧和竭力推举，不待多言，功在春秋。

至于陈伯达和康生，他俩都自吹自擂，特别是"文化大革命"中，自我标榜得厉害。而毛泽东却没点过头，仅此就可排除二人。陈是刘少奇从北方局带回延安，1939 年由张闻天（时任马列学院院长）介绍给毛泽东当秘书。或许，在理论考据解析和文字修饰推敲上有点帮助，其他乏善可陈。康生嘛，基本是政治流氓、文字玩家，根本不沾边。陈伯达是"两案"主犯，被判处"剥夺政治权利"；中共中央有明文：康生与林彪、"四人帮"朋奸同罪。❶

| 王稼祥

| 陈云

胡乔木，1940 年底到毛泽东身边当文字秘书。新民主主义理论形成前期，他没参与，应该在形成中后期，发挥过作用。未见毛、刘、周、朱、任等人对他此时贡献的评价。当然，对毛泽东思想的研究，他是权威。

新民主主义，追溯初创，最早提出，应在 1938 年。其后，进行深邃思考，汇集全党智慧，由毛泽东系统理论化。作为"集体智慧"中的贡献者，在历史上探索概括，实际践行时间长久的，应是刘少奇。

当年的创建集体中，"左"边的一批人，经过"文化大革命"，所剩

---

❶ 1980 年 10 月中共中央宣布开除康生党籍，撤销对其的《悼词》。1981 年 1 月，最高人民法院特别法庭确认其为"林彪、江青反革命集团案"的主犯。见中共中央文献研究室：《毛泽东年谱（1949—1976）》第六卷，中央文献出版社 2013 年版，第 7 页注①。

无几；右侧的一排人，历劫磨难，死去活来，成为改革开放的领路人。

这里，以笔者浅薄的理解，以尽量通俗的非标准语言，简而又简地概括"新民主主义"要义：

中国共产党，必须团结起全体人民，推倒帝国主义、封建主义、官僚资本主义"三座大山"，帮助软弱动摇的民族资产阶级，完成民主主义革命和社会建设，向社会主义过渡。

民主主义是舶来词义，与俄美欧的定义几近。在中国，就是孙中山的三民主义，与国民党蒋介石公开宣称的"一个主义"名义上一致；我党称作"新三民主义"。毛泽东说："中国共产党人是革命三民主义的最忠诚最彻底的实现者" ❶；新民主主义"将实现孙中山先生的三民主义，林肯的民有民治民享公平的原则与罗斯福的四大自由。它将保证国家的独立、团结、统一及与各民主强国的合作"。1944 年，他与美国外交官谢伟思谈话讲："即使最保守的美国商人，也不会在我们的纲领中发现可持异议的东西。"

所谓的"新"与"旧"，不同有三：以共产党为领导，以工农联盟为基础，以社会主义为前途和共产主义为奋斗目标。

这个理论，符合中共"最低纲领"，既弥合了各同盟者的矛盾，团结了最大多数人民；又领异标新，对抗了蒋介石"一个主义"；最重要的是，符合中共"最高纲领"的远大理想，以社会主义为前途，为实现共产主义而奋斗！无可置疑地确保属于马克思列宁主义范畴，而且是中国化的马克思主义，是中国共产党的独创。

谨引述几段，已被绝大多数老年人淡忘的，几乎所有中青年人不知的，毛泽东的概括性经典之言，并简析说明。

---

❶ 《毛泽东选集》第三卷，人民出版社 1991 年版，第 1061 页。

早在 1937 年，白区工作会议结束后"七七事变"。刘少奇即赶赴山西重组中共中央北方局。这时期，毛泽东的《实践论》诞生，针对党内教条主义和经验主义者，提出著名的论断：

> 马克思主义者认为，只有人们的社会实践，才是人们对于外界认识的真理性的标准……真理的标准只能是社会实践。实践的观点是辩证唯物论的认识论之第一的和基本的观点。❶

1938 年 10 月，在中共中央六届六中全会上，毛泽东所作的政治报告（亦名《论新阶段》）提出："彻底的民主革命阶段后"，中国是"新民主主义社会阶段"。新民主主义革命、新民主主义社会、社会主义社会，是三阶段论。

同时，尖锐地提出：

> 马克思、恩格斯、列宁、斯大林的理论，是"放之四海而皆准"的理论。不应当把他们的理论当作教条看待；而应当把它看作行动的指南……马克思主义必须和我国的具体特点相结合并通过一定的民族形式才能实现。

1939 年，毛泽东在《五四运动》纪念文中讲：

> 若问一个共产主义者为什么要首先为了实现资产阶级民主主义的社会制度而奋斗，然后再去实现社会主义的社会制度，那答复是，走历史必由之路。❷

1939 年在《中国革命和中国共产党》中，毛泽东提出：

> 中国今天的民族革命任务，主要地是反对侵入国土的日本帝国主义，而民主革命任务，又是为了争取胜利所必须完成的，两个革

---

❶ 《毛泽东选集》第一卷，人民出版社 1991 年版，第 284 页。
❷ 《毛泽东选集》第二卷，人民出版社 1991 年版，第 533—534、559 页。

1938 年 9 月 29 日至 11 月 6 日，中共中央在延安召开扩大的六届六中全会。会议批判了王明的右倾错误，决定撤销长江局，设立中原局和南方局。刘少奇任中原局书记。这是全会主席团成员的合影。前排左起：康生、毛泽东、王稼祥、朱德、项英、王明。后排左起：陈云、博古、彭德怀、刘少奇、周恩来、张闻天

命任务已经联系在一起了。那种把民族革命和民主革命分为截然不同的两个革命阶段的观点，是不正确的。

在中国的民族资产阶级，主要的是中等资产阶级……至今仍然是我们的较好的同盟者……这些小资产阶级是革命的动力之一，是无产阶级可靠的同盟者。❶

1940 年 1 月，毛泽东作出科学、系统、全面的讲演，并于 2 月出版《新民主主义论》。这成为中国共产党在民主革命中的基本理论。毛泽东开篇就鲜明提出：

---

❶ 《毛泽东选集》第二卷，人民出版社 1991 年版，第 637、640—641 页。

科学的态度是"实事求是"……真理只有一个，而究竟谁发现了真理，不依靠主观的夸张，而依靠客观的实践。只有千百万人的革命实践，才是检验真理的尺度。

讲到中国的革命时，毛泽东指出：

中国革命的历史进程，必须分两步，其第一步是民主主义的革命，其第二步是社会主义的革命，这是性质不同两个革命过程……已不是旧民主主义，而是新范畴的民主主义，而是新民主主义。 ❶

这个时期，国民党汪精卫卖国投敌，在日本豢养下"反共睦邻""曲线救国"！中共党内张国焘"叛党而去"，"投入国民党的怀抱"！ ❷ 蒋介石暗示"宁亡于日，勿亡于共"，发起第一次"反共高潮"：1939 年 6 月，在湖南制造了"平江惨案"；11 月，爆发突袭中共中央中原局的"确山惨案"；12 月，制造对山西新军外攻内战的"晋西事变"，达到登峰造极！

毛泽东坚决亮明立场：

我们共产党人对于一切革命的人们，是决不排斥的，我们将和所有愿意抗日到底的阶级、阶层、政党、政团以及个人，坚持统一战线，实行长期合作。但人家要排斥共产党，那是不行的；人家要分裂统一战线，那是不行的。中国必须抗战下去，团结下去，进步下去；谁要投降，要分裂，要倒退，我们是不能容忍的。

在驳斥中共党内"左"倾空谈主义时，毛泽东说：

不走资产阶级专政的资本主义的路，是否就可以走无产阶级专政的社会主义的路呢？也不可能……中国现在的革命任务是反帝反封建的任务，这个任务没有完成以前，社会主义是谈不到的。中国

---

❶ 《毛泽东选集》第二卷，人民出版社 1991 年版，第 663、665 页。

❷ 《毛泽东选集》第二卷，人民出版社 1991 年版，第 531、637、640、641、683 页。

革命不能不做两步走，第一步是新民主主义，第二步才是社会主义。而且第一步的时间是相当地长，决不是一朝一夕所能成就的。我们不是空想家，我们不能离开当前的实际条件。❶

接着，毛泽东批评驳斥"一次革命论"和"毕其功于一役"的观点想法。请读者关注，很有意思：

如果说，民主革命没有自己的一定任务，没有自己的一定时间，而可以把只能在另一时间去完成的另一任务，例如社会主义的任务，合并在民主主义任务上面去完成，这个叫做"毕其功于一役"，那就是空想，而为真正的革命者所不取的。

新民主主义"第一步的时间"，毛泽东预言几十年到一百年甚至更长，只要西方资本主义发达地区不发生根本变化，这个东西就要坚持下去。而第一目标，就是建立新民主主义共和国，制定新民主主义宪政。

1940 年 2 月，毛泽东的《新民主主义的宪政》指出：

我们现在要的民主政治……是新民主主义的政治，是新民主主义的宪政。它不是旧的、过了时的、欧美式的、资产阶级专政的所谓民主政治，同时，也还不是苏联式的、无产阶级专政的民主政治。❷

文中阐述："几个民主阶级联盟的新民主主义的国家形态和政权形态"得长期存在，这才是实现了新民主主义的中国。"完全正确的新民主主义的政治原则"，"一定要不是少数人所得而私的国家"，一定要是"为一般平民所共有的新民主主义的国家"，"国家构成与政权构成的基本部分"，是"中国无产阶级、农民、知识分子与其他小资产阶级，其中还包括有民族资产阶级和开明绅士"。这是一个"变农村人口为城市

❶ 《毛泽东选集》第二卷，人民出版社 1991 年版，第 683—684、685 页。
❷ 《毛泽东选集》第二卷，人民出版社 1991 年版，第 732、733 页。

人的长过程"。

拿现在的话，这或许可称之为，殖民地半殖民地落后国家走上现代化的"第三条道路"，既是国家，又是社会形态，又是历史时期，又是一个很长时间的过渡阶段。

在以后长时期，毛泽东、刘少奇、周恩来、张闻天等对新民主主义建设时期的长度，都说过一百年。1943 年，毛泽东在边区劳模会讲话中说："在未来的长时间内，中国必然是农业占优势。""新民主主义建设时期，要一百年"。

1945 年 5 月，毛泽东在《论联合政府》中强调：

> 在中国，为民主主义奋斗的时间还是长期的。没有一个新民主主义的联合统一的国家……没有几万万人民的个性的解放和个性的发展，一句话，没有一个共产党领导的新式的资产阶级性质的彻底的民主革命，要想在殖民地半殖民地半封建的废墟上建立起社会主义社会来，那只是完全的空想。
>
> 中国在整个新民主主义制度期间，不可能因此就应该是一个阶级专政与一党独占政府机构的制度……中国的历史将形成中国的制度，在一个长时期中，将产生一个对于我们是完全必要与完全合理同时又区别于俄国制度的特殊形态，即几个民主阶级联盟的新民主主义的国家形态与政权形态……在几十年中我们的新民主主义纲领是不变的。❶

1945 年，中共七大上毛泽东的口头报告中还讲：

> 民主革命后，经历一个广泛发展私人资本主义历史时期。❷

---

❶ 《毛泽东选集》第三卷，人民出版社 1991 年版，第 1060、1062 页。
❷ 《毛泽东文集》第三卷，人民出版社 1996 年版，第 320 页。

| 1938 年 5 月，毛泽东在鲁迅艺术学院演讲

毛泽东深信"真正普遍平等的选举制度"，共产党一定能成为最后的多数党，代表大多数。民选的人民代表大会有监督政府与罢免政府之权力，它将领导抗战胜利后的全国人民，将中国建设成一个独立、自由、民主、统一与富强的新国家。这些，绝对有聚拢人心的强烈感召力，如果完全按原设想坚持下来，就成为具有西方民主形式，而又超越西方民主，真正"为人民服务"的国体、政体。❶

扫一扫 看视频

据说，美国总统罗斯福看到毛泽东的"新民主主义"话语，对中国共产党的好感倍增！而杜鲁门看到那段让

---

❶ 1945 年 9 月，毛泽东答贝尔逊：新民主主义可以包容林肯的民有、民治、民享和罗斯福的四大自由；后多次讲，新民主主义虽然有美国民主的形式，但它将超越美国，为大多数人民服务。

封建制度下"几万万人民的个性的解放和个性的发展"，听到"林肯的民有民治民享公平的原则与罗斯福的四大自由"之时，也不得不对中国共产党刮目相看！

毛泽东在《论联合政府》中讲：

> 拿资本主义的某种发展去代替帝国主义和本国封建主义的压迫，不但是个进步，而且是一个不可避免的过程。它不但有利于资产阶级，同时也有利于无产阶级，或者说更有利于无产阶级。❶

关于新民主主义，毛泽东还有很多精彩阐发，笔者在后文中还会多次引述，这里就不更多胪列了。

新民主主义形成的时间节点：1938 年，毛泽东提出新民主主义，开始初创期；1940 年，毛泽东的《新民主主义论》出版，应是成熟期；1945 年，中共七大政治报告《论联合政府》，是毛泽东思想精髓——被确立为党的指导思想！

扫一扫 看视频

再再声明，引述原文时，以尽量通俗易懂的文字说明。如果理解表达有误，纯属我的责任，与老一辈无关。

笔者力求适身合体于今人，"以新针脚缝合旧貂裘"。叙事架构及文字风格，多有造作乖谬之处，尚祈读者体谅！

三

1938 年 9—11 月，党的六届六中（扩大）全会上，毛泽东在政治

---

❶ 《毛泽东选集》第三卷，人民出版社 1991 年版，第 1060 页。

报告中提出"新民主主义"，开始统一全党的指导思想。

父亲叙述了一件大事：1938 年 9 月 15—26 日，为准备六届六中（扩大）全会，在中央政治局会上，他首先提出民主集中制原则。❶ 毛泽东支持，政治局决定，刘少奇以党的六大选举出的中央审查委员会书记（主席）身份主持，❷ 康生和王明两位时任中央书记处书记参与，领导"中央工作规则起草委员会"，负责起草我党的第一份"党法党规党纪"的报告和决定。六届六中全会，通过了"民主集中制的基本原则：个人服从组织，少数服从多数，下级服从上级，一切领导集中于中央"重要原则，以及三项重要决议。❸

就是在这次极其重要的全会上，毛泽东作政治报告，代表中央政治局正式作出结论，肯定了刘少奇坚持华北独立自主进行游击战争是正确的。同

1938 年 11 月，中共六届六中全会会议记录

❶ 刘少奇在中共中央政治局会议上的报告记录，1938 年 9 月 15、26 日；毛泽东在中共中央政治局会议上发言记录，1938 年 9 月 27 日。

❷ "民主集中制"从苏联舶来，刘少奇提出其"原则"。1928 年底，中央审查委员会选举刘少奇为书记（我见过原始记录复印件，记忆中好像是主席）。刘少奇忆述：1938 年，中央审查委员多已不在，毛泽东说：刘少奇这个书记还是算数的，他该管这个事！

❸ 中共中央党史和文献研究院编：《刘少奇年谱（增订本）》第一卷，中央文献出版社 2018年版，第 262—263 页。

时，对"左"倾宗派主义错批错整的同志予以平反，按今天的口头语叫"一风吹"。总结时，毛泽东又进一步确认："少奇同志历来是正确的，过去的帽子（1932年在中央职工部）、打击（1929年在满洲省委）、批评（1928年在顺直省委）等等是不对的"。对刘少奇十年来的工作，充分肯定。张闻天在总结报告中称赞，北方局"创造了模范的经验"。❶

此时，武汉沦陷于日军之手。中原大地，遍地是枪，到处是匪，国民党军与日军犬牙交错，就是没有共产党的军队和地盘。之前，王明等在武汉，与蒋介石统战，风光了半年多，推行"党内处处独立，党外处处投降"（周恩来语）❷ 的路线，实践的结果，再次作出结论！

毛泽东在会上指出："华北的轰轰烈烈与华中的冷冷清清"形成鲜明对照！会议决定："巩固华北，发展华中"。华北的形势很好，必须巩固，全党发展的重点放在华中。

"四塞忽闻狼烟起，问儒士，谁人敢去定风波"？

记不清多少次了，父亲再"深入虎穴"任书记，新建中共中央中原局。杨尚昆，接任刘少奇的北方局书记。

以毛泽东、刘少奇为代表的多数同志，打胜"决定中国之命运"（毛泽东语）的大翻身仗。急流勇进，迎难而上！

刘少奇在北方局时，恢复建立了河南省委，派朱理治为书记，调陈少敏为组织部长，彭雪枫为军事部长。在豫东（彭雪枫）、豫南（王国华）迅速建立武装，开辟根据地。中共六届六中全会，将河南划入中原局，成为开创基地。

---

❶ 中共中央文献研究室第二编研部编著：《刘少奇军事画传》，贵州出版集团2009年版，第118—120页。

❷ 《胡乔木回忆毛泽东（增订本）》，人民出版社2014年版，第298页。

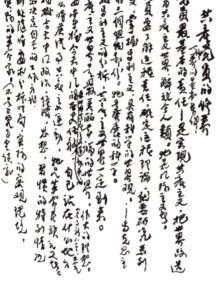

1938 年底，刘少奇起草的《论共产党员的修养》提纲手稿

1939 年，刘少奇在延安杨家岭窑洞撰写《论共产党员的修养》演讲稿

1938 年 11 月，刘少奇即赴河南，在确山竹沟，组建中共中央中原局。在犬牙交错之间，虎狼蠹蝎之地，厉兵秣马，训练干部，指派官兵，辐射四方，小竹沟一鸣惊人，一时有"小延安"之誉！

注重加一句，父亲此时，向中央要来正在延安接受"审查"的、红四方面军回延安的李先念叔叔，带到竹沟后，派往鄂豫皖老家"打天下"！

不久，父亲又被紧急召回延安，在中央工作，仍负责领导中原局。特别是周恩来意外摔伤赴苏就医后，可谓到处、多方、诸事需要刘少奇，完成党中央托付他的许多方面任务。其中，最为重要的，应是协助毛泽东，确立新民主主义的理论方略！同时，他演讲《论共产党员的修养》，并将主要内容以文字发表。

无论是毛泽东的《论新阶段》《新民主主义论》，还是刘少奇的《论共产党员的修养》，皆为时事所造，心力所至，神来之笔！萌生于乱世山野，言近旨远；勃发后盛世传今，历久弥新！

1938—1939 年，初创新民主主义时期，刘少奇、张闻天竭尽全力支持毛泽东，在理论创造和完善上，他俩的突出贡献，不应被抹杀。

1939 年 10 月，刘少奇返回中原局"挺进敌后"。他又向中央要来原(红四方面军）红 25 军(后红 15 军团）的徐海东、刘瑞龙、戴季英等，带到竹沟，在中原"打天下"！占据皖东，"东进，东进，不到海边绝不应停止"；打下苏北，联通山东的八路军……"皖南事变"的惨痛损失，证明王明、项英是"赔了夫人又折兵"。刘少奇说：

> 这条路线如果在全中国贯彻实行起来，那在全国各地都要发生"皖南事变"，我们要亡党亡国亡头。❷

到 1942 年，父亲领导开辟了整个中原、华中、华东（东南局与中原局合并为中共中央华中局）、山东（中共中央分局划归华中局领导）蓬勃抗战的大局面，八路军、新四军二十多万人，包括地方部队、游击队、自卫队，人民武装数十万！建立起大块根据地，遍布多省。军政结合、统一指挥，军民共举、协同作战，政通人和、呼应一体。

更主要的是，打通八路军和新四军的连接，华北华中联成中共抗战和发展的大格局，成掎角之势相互支撑！

---

❶　见刘源：《梦回万里　卫黄保华（纪念版）》，人民出版社 2019 年版，第 136—142 页。

❷　刘少奇：《关于党史问题的讲话》，1943 年 10 月 24 日。指"赔了"华中的发展又"折了"皖南新四军军部。

刘少奇（左）、陈毅（右）和在新四军工作的奥地利医生罗生特，在苏北盐城的合影

实力再清楚不过，全党皆肉眼识真：

少奇同志到华中发展新四军和开辟根据地的工作成绩卓著，与项英领导的皖南形成了鲜明对照的两种局面。❶

1941 年中共中央政治局扩大会议（"九月会议"）上，对中共"白区工作"和刘少奇的是非曲直，中央领导层已取得共识，与会同志提出刘少奇是白区工作中正确路线的代表。陈云、任弼时、王稼祥等同志共举，陈云同志说：

扫一扫 看视频

过去十年白区工作中的主观主义在刘少奇同志……到白区工作才开始转变。刘少奇同志批评过去十年的白区工作路线是错误的，现在检查起来，刘少奇同志是代表了过去十年来的白区工作的正确路线……有些干部位

---

❶ 《胡乔木回忆毛泽东（增订本）》，人民出版社 2014 年版，第 275 页。

置摆得不适当，要正位，如刘少奇同志将来的位置要提高。❶

康生也检讨自己的错误，承认刘少奇是正确的。

会后，毛泽东连续发电给没能参会的刘少奇，催促他仍作为华中局书记、新四军政委，速回延安。

同期，毛泽东评价：

> 刘少奇同志的见解之所以是真理，不但当时的直接事实为之证明，整个"左"倾机会主义路线执行时期的全部结果也为之证明了。❷

1942年3月，父亲从中共中央华中局、新四军军部出发，披星戴月、沐雨栉风，沿途工作，解决问题，化解矛盾，穿过103道封锁线，跋涉历时九个月，终于在12月30日，完成"小长征"抵达延安。1943年1月1日，中共中央在延安大礼堂开欢迎大会。

此时的刘少奇可谓：平生塞北江南，一腔浩然气；归来华发苍颜，千里快哉风!

1943年3月20日，中共中央政治局组建新的书记处，毛泽东是政治局和书记处主席，刘少奇和任弼时是书记处书记。中央军委改选，刘少奇任副主席之一。同时，中央机构大改组，组成两个委员会：中央宣传委员会，毛泽东为书记；中央组织委员会，刘少奇为书记。任弼时为中央秘书长。这可以说是我们党第一代中央领导集体的雏形。❸

---

❶ 中共中央党史和文献研究院编：《刘少奇年谱（增订本）》第一卷，中央文献出版社2018年版，第410页。

❷ 《胡乔木回忆毛泽东（增订本）》，人民出版社2014年版，第275页。

❸ 中共中央文献研究室编：《刘少奇传（1898—1969）》（上），中央文献出版社2008年版，第447—449页。

新的书记处，工作千头万绪。百忙中，刘少奇按大家的要求，汇报开辟华北、华中大局面的经验。《六年敌后工作经验的报告》，极精彩而又深刻，思想价值和历史价值都极高。遗憾的是，收入《刘少奇选集》的只是其中一部分。

笔者仅引述一段，融"战""史""路"为一体，并具普遍意义的精彩论述：

人类社会的历史在客观上总是循着曲折的道路前进的。这是由于历史在社会矛盾的斗争中发展的这种情形所决定的。虽然人们在主观上常常想推动历史依照客观上的可能的直线道路前进，然而客观的历史行程总还是走着弯曲的道路……有一种时候历史走的很快，是飞跃的前进，在几星期或几个月之内，就能走过平常时期几年几十年的路程；但在另外一种时候，历史又走的很慢的，甚至使人们感觉不到历史是在前进，或者似乎还是在后退。

因此，我们——蓄意要推动历史前进的人们，革命的指导者，就要把握历史发展的这种规律性，必须使自己的工作，使革命阶级的行动路线、斗争形式、组织形式等，适用这种规律性。就是：当着历史走的很快的时候，当着运动的来潮与革命的高潮之时期，我们就应放胆地鼓励群众朝着一定的目标大踏步前进，就应善于根据群众的觉悟程度提出前进的革命的口号，采取大刀阔斧的工作方式、斗争方式、组织方式，去尽快解决在革命过程中业已成熟的各种任务，就应占领尽可能多的阵地，发展尽可能大的力量，把历史推到尽可能前进的程度；而不要落到历史发展的后面，阻碍历史的前进，拖住历史的火车头。但是当着历史发展很慢的时候，当着运动的退潮与革命的低潮之时期，我们就不要犯急性病，就要善于巩固与保存自己的阵地，甚至要善于实行巧妙的退却，采取隐秘的方式，保存与积集自己的力量，以便懈怠敌人，等待有利的时机，再能有阵地的大踏步前进。这就是说，我们在革命中的行动路线，是走着曲折的路线。❶

华北华中以及皖南实践的经验，这样明确地证明了一个真理：抗战以来，应该说是遵义会议以来，党中央的路线和方针是完全正确的。谁个违背了它，谁就不能胜利。❷

这就是把马列主义的普遍原理，应用于中国的具体实践！

4月至5月，出于苏联的卫国战争和复杂的国际关系之需，斯大林当机立断：突然宣布共产国际解散！各国共产党都倍感意外，备受冲击，出现不少亲痛仇快的思想情绪和反共大事件。此事回过头看，无论对国际共产主义运动的利弊得失如何，对中国共产党，则不啻历史性的大解脱、大激励、大飞跃。

"大鹏一日同风起"，翻动扶摇羊角，翱翔海阔天空！

此时此境下，中国共产党更迫切地感到，我们必须要有自己成熟的指导思想！

1943年7月，刘少奇发表纪念建党的文章：

二十二年来我们党的斗争经验是极丰富的……在各种经验中最重要的一个经验，就是关于什么是真正的马克思主义者……这个问题。

马克思主义与马克思主义者，是有真假之分的。这种真假之分，并不以各人的主观自命为标准，而是有其客观标准的……这种经验应该是我们党的各种痛苦经验中最痛苦的一个经验。

---

❶ 刘少奇：《六年敌后工作经验的报告》，1943年4月28日。

❷ 《刘少奇选集》上卷，人民出版社1981年版，第280页。

现在应该是时候了，应该从思想上、政治上、工作上彻底清算……应该很好总结党的历史经验，特别是两条路线斗争的经验，并用这些经验来教育我们的干部和党员。只有这样，才能惩前毖后、治病救人……才能保证我们党经常的正确的领导，才能在今后领导中国革命到达胜利。❶

毛泽东、刘少奇、任弼时等领导同志，都十分清楚：

马克思列宁主义的普遍真理一经和中国革命的具体实践相结合，就使中国革命的面目为之一新，产生了新民主主义的整个历史阶段。❷

1943年"九月会议"紧张开了几十天，中共中央和各地在延安的所有高级干部以及相当多中级干部，都参加了大学习、大讨论、大整风。统一思想，总结历史；解放思想，实事求是；在全党，达成了很多共识。

会议决定，由任弼时主持起草"若干历史问题的决议"。1945年4月20日，中共六届七中全会原则通过；七届一中全会再次修改通过。确立毛泽东是中国共产党正确路线的代表；刘少奇是党的正确路线在白区工作中的代表。

请读者谅解，加一段这个时间节点上的小故事。与本章内容不沾边，但对后世发生的一桩大是大非，却是关键史证。正好，在满篇理论叙述中，也调剂一下读者的神经，松弛松弛。

"文化大革命"中所谓的"叛徒集团"，成为轰动全国的"大罪"。一次，江青、康生、陈伯达等接见造反派，周总理也参加了。江青大骂"六十一人叛徒集团"，说是刘少奇背着毛主席，只透露给张闻天，

❶《刘少奇选集》上卷，人民出版社1981年版，第292、299页。
❷《毛泽东选集》第三卷，人民出版社1991年版，第1093页。

私下暗中搞阴谋，并让周恩来证明。总理不吭声。江青又强调，毛主席始终都不知道，当场再让总理证实。总理仍没说话。那场合，周恩来确实没法作答，说主席知道不行，说不知道更不对！❶ 场面尴尬，康生、陈伯达添油加醋嚷了一通，下面喊了一通口号，就算糊弄过去了。❷

笔者回家，叙述这一场景，询问父亲，毛主席究竟知道不知道？他肯定地讲：1936 年，张闻天是总书记，和毛主席、周恩来一起决定的。缓缓道来一往事：

中共七大前，考察酝酿七大中央委员等人事，拟推荐陈赓（太岳纵队司令）、薄一波（太岳纵队政委）为中央候补委员。陈赓叔叔，曾是武汉工人纠察队的总队长，带三千工人武装参加南昌起义，与父亲早就熟识。他有意见憋不住，风风火火找来，说薄一波是"从狗洞里爬出来的"，怎么能跟我一样"进中委"？刘正忙于七大报告，说你去向彭真（中央组织部部长、七大代表资格审查委员会主任）同志反映。陈说：我不找他……就找你。刘放下书笔，反驳陈：怎么能说"从狗洞里爬出来的"？你说薄，你自己不也成了"从狗洞里爬出来的"？陈冒火：我是从蒋介石的军事法庭越狱出来的！一向严肃的刘不说话，看着陈一个劲默笑，笑得陈更冒火，把水杯往桌上一顿，茶水四溅：我找毛主席说去！刘说：可以。陈匆匆拐出去没几步，又冲回来说：

---

❶ 1966 年 9 月，康生向毛泽东写信诬告薄一波、安子文"六十一人案件"，污蔑刘少奇"反共叛党合法化"。11 月，周恩来回复造反组织：1936 年履行自首手续出狱，是经过中央批准的。报毛泽东时专加了句："七大八大均已审查过，故中央必须承认此事"。11 月 24 日，毛泽东批准"照办"。见《周恩来选集》下卷，人民出版社 1984 年版，第 452 页注。

❷ 1980—1981 年，最高法院"两案"审判，查实陈伯达、江青、张春桥被国民党抓捕，都曾变节；康生更是出卖叛变过。确凿地证明"文化大革命"，完全是一场颠倒黑白、被反革命阴谋集团所利用的大"内乱"。

我跟主席说，是你让我找他的！刘说：可以。主席怎么表态，你可得告诉我。

毛主席静静听完，对陈赓说：哦？你说薄不能当中央候补委员？就听你的，不当！当中央委员好了。陈赓蹦起来……

"七大"上，薄一波当选为最年轻的中央委员。后来在薄老的回忆录里，也记录了这段重要的趣事。❶

父亲讲得活灵活现，接着回答我的问题：

毛主席、周总理，怎么会不知道呢？陈赓同志把这段佳话，当作他办的好事同很多人讲：兵遇秀才，没理靠猜！

扫一扫 看视频

这里，让我们还是回到中共七大上来。

1945年4月23日，中国共产党第七次全国代表大会召开。

群贤毕至，纵论千古风流；英雄咸集，远瞩万里江山！

关于"七大"在党史上的地位与贡献，关于"团结的大会，胜利的大会"，大家耳熟能详。只强调，刘少奇是最早提出"毛泽东思想"的倡导者之一，"首先提出'毛泽东思想'的概念"（邓小平语）。为将其确立为我党的指导思想，他多年来所起的作用，无人堪与比肩。

中共七大上，刘少奇将毛泽东思想定义为"马克思列宁主义的理论与中国革命的实践之统一的思想"，全面准确地概括了思想要义，确立理论必与实际结合，真理必经实践检验，并提炼出毛泽东思想的精髓——实事求是！作为党的根本思想路线。

---

❶ 1967年春，刘少奇回答南海卫东造反队质问，也简单说到这事。

1945 年 4 月 23 日至 6 月 11 日，中国共产党第七次全国代表大会在延安杨家岭大礼堂举行。5 月 14 日，刘少奇在"七大"上作《关于修改党章的报告》。在这次代表大会上，刘少奇当选为中共中央委员；在 6 月 19 日举行的中共七届一中全会上，当选为中共中央政治局委员、中央书记处书记

众所周知的，不多重复，谨再引述经典：

马克思在《资本论》开篇就讲：

一个社会即使探索到了本身运动的自然规律……它还是既不能跳过也不能用法令取消自然的发展阶段。❶

列宁早就说过：

俄国革命……不仅不会摧毁资本主义，反而会第一次为资本主义的广阔、迅速的发展……真正扫清基地，第一次使资产阶级……

---

❶ 《马克思恩格斯选集》第 2 卷，人民出版社 1995 年版，第 101 页。

的统治成为可能。

这两句名言，无疑属于"马列主义的普遍真理"之中。

毛泽东在"七大"上斩钉截铁地宣告：

> 只有经过民主主义，才能到达社会主义，这是马克思主义的天经地义。❷

毛泽东思想，在中国共产党第七次全国代表大会上确立！至今，我们仍沿用刘少奇对毛泽东思想的概括定义。

只提请关注，至关重要却被忽略的两句话之意味：

毛泽东在中共七大开幕第二天（4月24日）的口头政治报告中明确肯定："新民主主义就是我们的总纲"❸。

之后，刘少奇作"七大"修改党章的报告（《论党》），讲《党章》"总纲"的第二部分"党的指导思想"。笔者不揣冒昧将三千来字斗胆浓缩为："毛泽东思想，就是……党章及其总纲的基础"，❹乃是新民主主义的"革命建国理论"。

这里注解一概念：新民主主义含"革命论"和"社会论"两部分。如建党建军、土地革命、农村包围城市、战争战略战术等等思想理论，在"革命论"中；"建国"及新中国建设，被含在"社会论"中。此即"革命建国理论"。

回顾当年：以"新民主主义"为要义的"毛泽东思想"，曾像暗夜

扫一扫 看视频

---

❶ 《列宁选集》第1卷，人民出版社1972年版，第539页。

❷ 《毛泽东选集》第三卷，人民出版社1991年版，第1060页。

❸ 《毛泽东文集》第三卷，人民出版社1996年版，第321页。

❹ 《刘少奇选集》上卷，人民出版社1981年版，第332—337页。其中，第337页"毛泽东思想，就是……党章及其总纲的基础"；第335页概括理论、著作、文献段"毛泽东思想……乃是中国人民完整的革命建国理论"。

| 中共七大会场

灯塔，指引我党的革命航船，从迷雾中走向胜利。

　　已肯定是真理！

　　环视眼前：两位先驱者定位的新民主主义的基本原理，仍然在闪烁着真理的光辉，不是已为我国改革开放和社会主义现代化建设的实践所证实吗？等同毛泽东思想的直白之言，正默然自觉地引导我国，从几十年冷落中，又走向不断的更大辉煌。

　　当仍旧是真理？❶

　　毛泽东思想、新民主主义，就是我们的理论自信！

---

❶ 指新民主主义的许多内容，可否仍然适用？许多论述，是否仍旧透彻？特别是重温《关于建国以来若干历史问题的决议》和邓小平南方谈话后，我们思考改革开放这四十多年。毛泽东思想，仍然是真理。——参见王占阳：《毛泽东的建国方略与当代中国的改革开放》，吉林人民出版社1993年版，第82—83页。

第三章　土地大革命

一

黄帝画野，始分都邑；大禹治水，初奠山川。

中华大地上，一直是各种文明融汇于农耕文明的大过程。几千年勤劳智慧的中国人民，创造出强盛的国力、灿烂的文化，开拓出热闹的市场、辉煌的商路，以及堪称繁荣发达的商品经济……而这一切都离不开一个基础：土地！

天再大，神再高，也必须立地！一代天骄成吉思汗，壮志凌云，弯弓射雕；然其驰骋亚欧，目的还是攻城略地。

辛亥革命后，孙中山发动资产阶级革命，推翻封建皇帝，叫响的也是"耕者有其田"。而"口口声声假托孙先生"的蒋介石、汪精卫国民党之流，却什么也不做。反而叱骂躬行实干的共产党人为"土共"，要赶尽杀绝！

中国共产党是工人阶级政党，以从事"无产阶级革命"为己任。在半封建半殖民地的中国，必须要解决农民问题。新民主主义革命时期，中共最拿手、最强大的利器，闹出最成功的革命，正是土地大革命！

在帝国主义、封建主义、官僚资本主义这三座大山压迫的夹缝中，中国的民族资产阶级太弱小，因软弱而不得不摇摆。工人阶级，包含了与民族工商企业共生的工人，更有帝国主义、封建主义和官僚买办资本主义强大得多的企业造就出来的无产阶级。因此，远比民族资产阶级强大得多、坚强得多。然而，在中国总人口中，占比却很小。1925年，毛泽东在《中国社会各阶级的分析》中说："现代工业无产阶级约二百万人。" ❶ 而在农村的人口，统称农民的是四万万多！

扫一扫 看视频

1922年夏，毛泽东是中共湘区执行委员会书记，刘少奇、李立三是执行委员，还有易礼容、毛泽民等，他们都搞工人运动，成立工学商联合会、土木工会，配合粤汉铁路罢工等。❷ 之后，李立三、刘少奇接踵去安源，举行罢工取得胜利后，易礼容、毛泽民也到安源；继而成立起亚洲最大的工矿铁路水运联合企业——汉冶萍总工会。他们都成为全国著名的工运领袖。

1925年，毛泽东到广州国民政府任代理宣传部长，开办农民运动讲习所；1926年底，北伐军打下武汉前后，毛泽东、易礼容深入农村开展农民运动；他们和广东的彭湃成为全国著名的农运领袖。之后，毛泽东领导举行"秋收起义上井冈"，与"南昌起义"的革命部队"朱毛会师"……到1931年，建起湘赣边大块"中央苏区"。

此时期，全国工人运动基本都失败了，进入低潮；各地工农兵起义暴动也基本失败了，但还是打出鄂豫皖、湘鄂西、陕北等多块"苏区"根据地。

苏区为什么能站住？甚至能抵抗几十万国民党正规军的大举进攻和

---

❶ 《毛泽东选集》第一卷，人民出版社1991年版，第7页。

❷ 中共中央党史和文献研究院编：《刘少奇年谱（增订本）》第一卷，中央文献出版社2018年版，第21—22页。

"围剿"封锁？原因固然很多，其中极其重要的基础或说最主要的动力，就来自土地革命。这些地区多处省域交界，穷困落后，荒蛮人稀，交通闭塞。"大体来说，土地的百分之六十以上在地主手里，百分之四十以下在农民手里"，还有的更集中，百分之七十、八十是地主的。群众革命的最大动力就是"分田"！须知，这可是所有农民的命根子呀，土地改革是名副其实的大"革命"啊！

东北农村的贫苦农民在自己分得的土地上插标牌

"红旗卷起农奴戟，黑手高悬霸主鞭"！

简单概括，红军时期基本实行"男女老少，一律平分"，后改"劳动的比不能劳动的多分一倍"。❶对当年的"土地革命"，论述回忆很多，但让今人理解体会，又确实很难！谈点历史常识，不期作为共识。

---

❶《毛泽东选集》第一卷，人民出版社1991年版，第68、71页。

首先，这是几千年来围绕土地的一场根本性大革命！革命，必然有暴烈、冲突、犹豫、彷徨、过头、不足……有革命和反革命，有剥夺和被剥夺，有反抗者和镇压，有造反者和打杀，特别是混杂着残酷战争、积聚世代矛盾的族群恩怨，难以把控的群众运动，肯定会伴随很多的副作用，甚至过激行动，一定要产生很多对立终生、挥之不去的爱恨情仇！

大革命，有大对立是起因；必然的，留大问题是后果。

现在很多描述评论，仍有褒有贬、立场对立，终究没跑出近百年前提出的"糟得很"和"好得很"。今人只得俯首钦佩，毛主席的先见之明。●

如果超脱出来，站在历史的高度，立于多数人立场，总结经验，汲取教训，就会得出结论——这是中国历史千百年来所没有过的伟大革命！

当年最重要的是，"红区"站住了、强大了。政权为群众，清廉作表率，广大人民由衷支持，甚至在我党犯了严重错误离开苏区后，在国民党百万大军围追堵截中，长征两万五千里，损失九成官兵，红军不散不垮，生死跟定共产党。

连蒋介石都训诫下属，效法"败走"奇兵不扰民。张学良更教导部属必须尊重红军：带上你的部队走一千里，看看还剩下几人跟着你？怎能不钦佩崇敬！

红军不徇私利，官兵自动死跟，无怨无悔，不离不弃。世上竟有如此军队，不能不说土地革命是重要原因。

今天的话，党的坚强领导和坚定信念，固然重要不可少。但史实上，当时党中央很不团结，甚至还在分裂中。而理想信念实现很遥远，甚至很混乱。邓小平回忆长征时，只说了仨字：跟着走。那么，农村出

● 《毛泽东选集》第一卷，人民出版社 1991 年版，第 15 页。

身的小战士，为什么死心塌地、百折不回"跟着走"？我想，就是从亲身感受中，坚信共产党为平民百姓。红军是咱们的队伍，咱们是党的人！

抗日战争时期，中共在敌占区开辟根据地，拉出几十万军队，建立红色政权，昼夜不停地打游击战争，靠的就是人民群众！首先是为民谋利，得到民心。"土地改革"，依然是中共的看家本领。

为了聚合尽量多的人打日寇，改"平分土地"为"减租减息"。华北多是"二五减租"；华中更多样，"四六减租""对半减租"等。党政领导的清廉为民高效，是赢得民心不可少的，但最重要的物质和信念基础，无疑来自"土地革命"！

历朝历代的农民，都有"均贫富""平地权"的理想实践大起义！太平天国甚至公布"人人不受私，物物归上主"的《天朝田亩制度》，但都只是热闹一段，大乱后恢复老状态。因此，已被历史定义为"农民空想的平均主义"。

而共产党，屡试不爽，屡屡成功，为什么？我看是：有领导，相信群众；有干部，公道无私！

红军时期，"分田分地真忙"，工作不可能很细。抗日战争，要团结一切中国人，情况复杂、火候难拿。

这里，引一段刘少奇的话：

> 群众运动起来了，可能有掌握不住的情形发生，因为群众不动则已，既动起来，往往超过我们的主观愿望，有些过左、过火的现象。有的同志对这种现象，感到害怕。应该认识，群众运动起来发生过左是一回事，领导的过左又是一回事。应该把群众行动上的过左，和干部领导上的过左，严格区别开来，因为这是有原则差别的。领导上的过左，是左倾机会主义，是犯错误，是不允许的，应该禁止的。群众起来有些过左的现象，往往是不可避免的，也是不

应该害怕的。

　　因此，应加强我们主观领导能力，力求正确地领导群众运动，防止右倾和左倾。群众运动本身有时左有时右，无论如何我们的方针要拿得稳，我们主观领导决不能左右摇摆。怕左而不发动群众，或以为左一点不要紧，而用左的领导思想发动群众，都是不对的，要切实避免。

　　我们不怕群众过左，而怕自己的干部过左。❶

以下忆述，之所以重要，不仅利在当年，而是功在后世。中国很多地区，自古都有公田制，"皇庄""王田"及庙产族田等等。闽西山林茂密，河沟千曲，地广人稀。当年的红军开创老区，邓子恢、张鼎丞组织部队和民众开荒平坡，加没收封建田产，分给无地贫民，作为公产，包产到户，上缴公粮，余粮自留。受到所有农民的赞扬，称誉"红军田"。红军长征后，国民党卷土重来，要分地私有化。农家软硬抵抗，村民明暗保田，一直坚持到解放。被当地命名为农民的"土地战争"。

　　1934 年，作为土地革命时期中华苏维埃中央执行委员，刘少奇在闽西任福建省委书记，定当深知土地大革命。

　　抗日战争时期，新四军在皖东、苏北、豫东，大片的河网、湖汊，加黄淮泛区，荒芜贫瘠。新四军政治部主任邓子恢，又首推包产到户，军地开荒平坡、群众拥护，分给无地贫农、取信于民，种公田缴军粮、足兵足食，余粮自家全留、成效显著。此时，中共中央中原局

扫一扫 看视频

书记（后兼新四军政委），又是刘少奇，击节赞赏，加以推广。各地还发公债修海堤，以工代赈兴水利，民众一致赞扬！

---

❶ 《关于减租减息的群众运动》，见《刘少奇选集》上卷，人民出版社 1981 年版，第 240 页。

农民生产生活比敌占区、"国统区"都温饱红火。此处顺带简介"包产到户"来源，说明这一体制打根儿上，就是源远流长的红色基因。❶

无论在中共中央北方局、中共中央中原局，还是中共中央华中局，父亲都任书记。他一手开辟根据地，亲手制定"土改"政策，减轻农民负担，推广包产到户，改善群众生活，缓和地主富农与贫农的矛盾，团结大家共同抗日。

有党史专家不太知道刘少奇的经历和实绩，以为他是工人领袖，只了解城市工作和工人，不了解农村工作和农民，而毛泽东更了解农业。其实，毛泽东和刘少奇，都是农民出身，都是读书学子，都短期当过兵，都是先搞工运，又都统兵打仗，创造游击战争，建抗日根据地，发动土地革命，都是大理论家，又都注重实践。父亲领导层级稍低，却更直接具体些；毛主席位高权重，更宏观大手笔。

历史铁定，他们珠联璧合；风云际会，革命建设无不胜！

放眼今朝，"喜看稻菽千重浪"，神州已臻小康境。

回眸昔年，"遍地英雄下夕烟"，毋忘为民谋福人！

二

早在 1942 年，刘少奇就指示中共中央华中局和新四军："为战后建立新中国创造条件"。❷ 中共七大"团结胜利的大会"，更为抗日战

---

❶ 1934 年春夏，刘少奇到福建省委主持工作，后任省委书记；邓子恢、张鼎丞已调瑞金中华苏维埃任部长。刘少奇肯定了解闽西的"分田"和"包产"。

❷ 《刘少奇选集》上卷，人民出版社 1981 年版，第 223 页。

争的胜利，做好了政治和思想准备。但还是没料到，胜利来得如此之快！

1945 年日本投降，全中国沉浸在欢乐亢奋的海洋中。

国际国内局势瞬息万变，新的矛盾问题层出不穷。应乎天、顺乎民，中共提出"和平、民主、团结"口号。毛泽东、周恩来应蒋介石之邀赴重庆谈判。刘少奇代理中共中央主席，任中央军委副主席兼总政治部主任、中央城市工作委员会主任兼城市工作部部长。

1945 年 8 月 28 日，毛泽东赴重庆谈判，在延安机场向欢送的军民挥帽告别

内战迫在眼前，最紧要的大事，就是"抢占东北"！早在 1942 年 7 月，刘少奇在山东就与毛泽东互发电报探讨过，将八路军、新四军集中到东三省的问题。❶

抗战胜利，再逢"千载一时之机"❷。东北地利，背靠

扫一扫 看视频

苏、蒙、朝三个国家，一面迎敌，无旁顾之忧。我军抢占，国民党鞭长莫及，此机遇稍纵即逝！重庆——延安，急电频发，毛泽东建议："政治局成立决议，在此工作紧张时期内，全权委托书记处，及中央主席及代主席，行使政治局职权"。

刘少奇召集政治局会议，得到授权通报全党；并将"七大"刚通过

---

❶ 中共中央文献研究室编：《刘少奇传》（上），中央文献出版社 2008 年版，第 475、476 页。

❷ 朱德、刘少奇致毛泽东、周恩来的电报。

的"巩固华北、华中，发展华南"战略方针，改为"向北发展（向北推进），向南防御"；立即向东北派出大量中央政治局委员和中央委员、候补委员，调动八路军、新四军、华南东江纵队，向北疾行，日夜兼程。

扫一扫 看视频

百万大军的调整过程，可谓空前规模的大调动、大转移、大进军；布局的结果，逐渐形成大野战军集团。刘少奇、朱德不失时机，指导西北、华北、华中组建了能在较大范围机动作战的野战兵团。这可谓我军适应实施大兵团作战，走向正规化的大飞跃、大手笔！

同时，刘少奇下令所在地区的军队、地方武装、游击队，迟滞国民党军队北上，提出"纠缠扭打"战法。❶ 在华北华中，开展被美蒋军称为"八路扒路"的"交通要道战争"。"纠缠扭打"正热闹，又下决心打"上党战役""张家口战役""邯郸战役"。这有理有利有节地支持毛泽东、周恩来在重庆的谈判。

父亲还宣传了邯郸战役中，高树勋率国民党新八军起义，"促成第二个、第三个邯郸起义的爆发"，这为解放战争瓦解敌军，策划和鼓动蒋军起义，起到极为重要的示范作用。❷

由于长期疲劳过度，在重庆高度紧张谈判四十多天的毛主席，返回延安即病倒。中共中央决定让他静心疗养，仍由刘少奇代理主席，主持中央工作。

这一时期，形势极其复杂，内外变化无常。最棘手、最头疼的，还是在东北。国民党军队在美国帮助下，陆、海、空抢运东北，攻击我

---

❶ 中共中央文献研究室第二编研部编著：《刘少奇军事画传》，贵州出版集团 2009 年版，第 275—281 页。

❷ 中共中央文献研究室编：《刘少奇传（1898—1969）》（上），中央文献出版社 2008 年版，第 492—495、488 页。

军。苏军开始撤出东北，美国也宣布撤出，希望蒋介石尽可能通过和平手段统一中国。为了和平，避免碰硬，利于谈判，11 月 22 日父亲果断提出"让开大路，占领两厢"❶，以农村包围城市，放手发动群众，一手抓土改，一手抓生产，一手抓练兵，广泛建立根据地。他频发电示：

集中力量发动农民减租，解决土地问题；

建立根据地，利用冬季整训十五万野战军，二十万地方武装；

你们今天在东北的中心任务，是建立可靠的根据地，站稳脚跟，然后依情况的允许去逐渐争取在东北的优势。

实践检验，铸就历史：

只要我能争取到广大农村及许多中小城市，紧靠着人民，我们就能取得胜利。❷

为争取和平民主团结，为表示我党谈判诚意，毛泽东、周恩来在重庆时，代表中国共产党主动提出：撤出南京周边江苏、浙江的新四军，以及在广东的东江纵队。❸ 这正好形成我党我军新的战略布势；山东的八路军与新四军三师，同时"抢占东北"；在苏北、江南的所有部队，梯次向北进军，主体进入山东，接替赴东北的八路军。华南东江纵队三千官兵乘船，到山东烟台登陆，充实编为"两广纵队"。新四军、东江纵队中不能转进的官兵，留原地转入敌后我党的各级组织，或加强隐蔽战线。

11 月底，美国任命马歇尔为总统特使，来华"调处"国共争端。12 月 15 日，美国总统杜鲁门发表对华政策声明，22 日马歇尔抵达重庆。

---

❶ 中共中央党史和文献研究院编：《刘少奇年谱（增订本）》第二卷，中央文献出版社 2018 年版，第 136 页。

❷ 《刘少奇选集》上卷，人民出版社 1981 年版，第 374 页。

❸ 朱德在中共七大上的军事报告《论解放区战场》中，将中共领导的人民军队概括为八路军、新四军和华南抗日纵队（下辖广东东江纵队和海南琼崖纵队），曾称为"三大主力"。

三人小组成员周恩来（右）、马歇尔（中）、张治中（左）

27 日，国共两党谈判恢复；1946 年 1 月 10 日，两党签署《国共双方关于停止冲突、恢复交通的命令和声明》。当天，政治协商会议在重庆召开。31 日，通过《和平建国纲领》和《宪法草案》等等，受到全国人民欢迎，给共产党带来巨大喜悦！

和平民主建国，本就是新民主主义的题中应有之大愿望、大诉求。中国共产党当然真诚拥护，求之不得；果能力推实现，固然喜出望外。何况打了这么多年仗，全国人民祈盼和平，如久旱之望云霓。

"文化大革命"时，林彪狠批"和平民主新阶段"问题。父亲对母亲和我说：别听事后瞎扯，当天（1 月 31 日），毛主席兴奋得彻夜未眠，商量由周恩来致电蒋介石，中共中央可以搬到南京附近；并对照地图，仔细询问天长（皖东）、六合（南京江北郊县）的情况环境，说可将中共中央机关迁往这些新四军老区。刘少奇又何尝不是同样高兴？任弼时乐得坐不住，踱来踱去，蹦出一句话：老蒋会以不变应万变吗（怀疑老蒋的意思）？朱老总始终静静笑，此时凝思点头。父亲对主席说：再稍等等？

2月1日，由刘少奇主持起草，经毛泽东修改审定的中共中央指示：

> 这是中国民主革命一次伟大的胜利。从此中国即走上了和平民主建设的新阶段……为了保证国内和平，各地应利用目前时机大练兵三个月，一切准备好，不怕和平的万一被破坏……同时要在六个月至十个月内放手发动群众，完成新旧解放区的减租，以巩固我党在解放区的群众基础，要抓紧生产运动的领导，以迅速克服财经的困难。练兵、减租与生产是目前解放区三件中心工作。

当天，父亲在干部会议作报告：

> 中国民主化的前途是光明的，道路是曲折的。❶

2月2日，刘少奇起草中共中央致陈毅电：

> 抽调若干部队到华中南线六合、扬州、泰州、如皋一线……必须巩固华中现有地区，因中央机关将来可能迁淮阴办公。❷

父亲后来解释：

> 我们糊涂了一下，以为真正可以和平，恐怕国际上也都糊涂了一下。现在证明是不可能。无和的可能也要谈，因为人民要和平。

刘少奇代表中央的话，有点自我检讨的意思。他一生秉持"坚持真

---

❶ 中共中央党史和文献研究院编：《刘少奇年谱（增订本）》第二卷，中央文献出版社2018年版，第176—177、178页。

❷ 中共中央文献研究室编：《毛泽东年谱（1893—1949）》（修订本）下卷，中央文献出版社2013年版，第56页。

理，修正错误"。他不惧头戴帽子仍实事求是，说这"需要最大的革命勇敢"。而能否修正错误，最好的检验就看自我批评。父亲从不自夸功绩，却总在检讨，常自我批评，勇于承担责任。其实，"糊涂了一下"就不到十天！

2月8日，刘少奇就致电重庆：

> 美蒋目的仍是在政治上让步，军事取攻势（即最后夺取我之军队），此种阴谋必须严重注意。

而"国际上也都糊涂了一下"，时间也没有多久。美国国务卿艾奇逊就直言不讳：

> 追求统一和民主的中国，他们（国民党）将丧失一切。他们根本没有准备履行政协决议，只是企图在和平的旗号下削弱中共，同时积极调动军队准备发动大规模武装进攻来消灭中共。❶

"文化大革命"时，仅以父亲2月1日"指示"和"讲话"中的只言片语，夸张成"弥天大罪"！今天看来，其实挺正常自然的。而考证父亲对我说的情节，可以看出：当年在中共中央，刘少奇还是保持警惕、相当冷静清醒的领导之一。

1946年二三月间，国民党7个军25万人已在东北排兵布阵。我军捷足先登，已占据的城市、坐住的交椅，岂能拱手相让？3月中旬，刘少奇支持毛主席的意见，"在苏军撤退后，东北的军事情况即将紧张起来，你们必须打几个胜仗……"4月中旬，国民党军大举进攻，双方激烈大战！6月，占领沈阳、长春的国民党军，与我形成相持状态。中共仍占据东北3/5的面积。

实战的结果再次证明，刘少奇"让开大路，占领两厢"的预先号令

---

❶ ［美］迪安·艾奇逊：《我在国务院的年代》，美国纽约诺顿公司1969年版，第205页。

没错！这已作为重大决策，载入史册。❶

同时期，另一大热点是中原的新四军五师。这本为抗日战争时期我党就打下占据的老根据地，日本投降后因突出于"国统区"，遭国民党军包围，成为蒋介石狂妄发动全面内战的导火索和爆燃之地。

前面提到，中共七大定的战略方针是"巩固华北、华中，发展华南"，此项任务由刘少奇直接负责。稍早时，派出王震、王首道等八路军部队，南下新四军五师的中原军区（鄂豫皖李先念部），再向南突入湘粤桂，欲联通广东的华南抗日（东江）纵队，"发展华南"。但国民党军力阻，正值此和谈期间，我军难以强行进退。

中共中央决定东江纵队主体北上撤出。王震部原路撤回，到中原李先念、郑位三、陈少敏的新四军地域。此时，华中新四军正迅速"抢占东北"、梯次北进山东，中原军区失去侧翼支撑。而国民党八十万大军出川，向东南、华中、华北、东北调兵，都被"迟滞"，卡在中原！

概括一句，无论共产党、还是国民党，无论出击、还是防御，无论我"抢占"、还是"迟滞"敌，中原都成为国共争锋的战略焦点和枢纽。刘少奇鼓励赞扬中原军区："虽然最近你们自己的胜利不大，但在整个战略配合作用上是极大的！"

1946 年春，国民党三十万大军包围李先念部，刘少奇紧急部署指挥"中原突围"，大战一触即发！显然，和平建国的希望完全破灭！5 月 1 日，刘少奇进一步得知，国民党军将在 5 日至 9 日开战，速请周恩来联系马歇尔，率军调部亲往武汉和中原的宣化店，暂时止住大战，延

---

❶ 中共中央文献研究室编：《刘少奇传（1898—1969）》（上），中央文献出版社 2008 年版，第 500—502、503—504 页。

扫一扫 看视频

宕国民党军进攻的时间。❶

　　1946年3月以来，毛泽东和刘少奇愈来愈重视研究土地问题，他们共同起草了指示电，委托刘少奇、任弼时会同多位领导研究，三易其稿。5月4日，父亲主持中共中央会议，通过《关于土地问题的指示》发全党。这就是史上著名的"五四指示"。❷

　　刘少奇主持会议讲道：

　　　　土地问题今天实际是群众解决，中央……已经落在群众后面了。

　　毛泽东在会上讲：

　　　　七大写的是减租减息，寻找适当方法实现耕者有其田……因而使一万万人得到利益。

　　　　国民党比我们有许多长处，但有一大弱点即不能解决土地问题，民不聊生，这一方面正是我们的长处。时间太长不好，太短亦不行。这是我们一切工作的根本。

　　会后，刘少奇说到背景：

　　　　当时的方针是争取和平，准备战争。为了既不脱离全国广大群众，又能满足解放区群众要求，二者都照顾，使和平与土地改革结合起来，结果就产生了"五四指示"。❸

　　中国共产党再次祭出"看家法宝"，开始了中国历史上空前的土地大革命！

❶　中共中央文献研究室编：《刘少奇传（1898—1969）》（上），中央文献出版社2008年版，第504—509页。

❷　中共中央文献研究室编：《毛泽东年谱（1893—1949）》（修订本）下卷，中央文献出版社2013年版，第65、78—79页。

❸　中共中央文献研究室编：《刘少奇传（1898—1969）》（上），中央文献出版社2008年版，第511页。

正如《共产党人刘少奇》电视剧中形象呈现的：

国际国内威望如日中天的蒋介石，膨胀得厉害，看到"五四指示"，心怀叵测，故作傲慢："又拿出这一招，想救共产党的命吗？"情报官恭敬提醒："怕是拿出这招，想要国民党的命啊。"

扫一扫 看视频

"耕者有其田"，"这是我们一切工作的根本"！

三

李先念老主席四十年后回忆：

在一九四五年八月至一九四六年六月的十个月时间内，中原我军的六万英雄儿女，把国民党三十余万军队牵制在中原地区，这就有力地支援了华东、华北和东北地区兄弟部队，为做好迎击蒋介石发动的全国内战的准备，赢得了宝贵时间。❷

为保全中原李先念部，维持和平民主团结，周恩来等多次提出我军主动和平撤出，但国民党军却包围得死死的。

1946 年 6 月 26 日，美国通过"军事援华法案"。蒋介石悍然撕毁所有协议，国民党军大举围攻中原解放区；接连疯狂向苏皖、山东、晋冀鲁豫、晋察冀、晋绥解放区"全面进攻"，全国大规模内战爆发！

扫一扫 看视频

伟大的解放战争，就此拉开帷幕！

---

❶　湖南和光影视（罗浩）制作，海波编剧，嘉娜·沙哈提导演。

❷　李先念：《关于正确评价中原突围》，见《中原突围》第三辑，湖北人民出版社 1996 年版。

毛主席休养痊愈，全力投入工作。

父亲协助指挥全党全军，奋起抵抗自卫反击！并继续主持负责"中原突围"等工作。❶

扫一扫 看视频

刘少奇"代理主席"这八个月，抢先部署下大战争前夕中国政治版图上强弱胜负的阵势，被毛泽东形容为"乾坤翻转，日月重（同）光"！对父亲来说，主持党中央工作这时期，也是最为繁忙、倍感重压、成就辉煌的高峰期。然而，他依旧为而弗恃、推功于众，甚至功遂身隐，毫不显山露水。

至今，几乎每位当事者回忆到这一段，都有令人热血沸腾的精彩故事，而我们却见不到，被公认为彪炳春秋的这位统帅领袖，有任何自诩言辞。"不患人之不己知，患其不能也"❷，作为"修养到了家"的共产党员，原本自然。但由于众所周知的原因，刘少奇在群众心目中的印象朦胧缥缈，他说出做过些什么？他贡献遗留些什么？今人知之多少？甚至连"刘少奇何以成为中国共产党的第二把手，何以成为中华人民共和国的国家主席，长久以来却是青年人不知，中年人不清，老年人不详的一个讳莫如深的疑问"。

我愧为人子，谨俯首轻言。❸

刘少奇协助毛泽东，指挥全党全军奋起抵抗，在作战上主持负责"中原突围"等工作。❹ 美式飞机大炮武装的 30 万国民党正规军，将我

---

❶ 中共中央文献研究室第二编研部编著：《刘少奇军事画传》，贵州出版集团 2009 年版，第 307—314 页。

❷ 《论语·宪问》。

❸ 刘源：《梦回万里 卫黄保华》，人民出版社 2018 年版，第 214—217 页。

❹ 中共中央文献研究室第二编研部编著：《刘少奇军事画传》，贵州出版集团 2009 年版，第 307—314 页。

1946 年 6 月 26 日拂晓，国民党军 30 万人，向中原解放区中心地区宣化店进攻。根据中共中央指示，中原解放军主力分两路向西突围，一部兵力向东突围。7 月底，中原解放军胜利完成战略突围。图为 359 旅突围后于 8 月底胜利到达延安

中原军区包围得铁桶一般，志在全歼！而按早已作出的预案，我中原大部队佯攻突击、疑兵布阵，分多路血战，胜利杀出重围。据说，蒋介石大怒：三十万大军包围六万游击队，居然让他们全跑掉了！

1938 年，成立中共中央中原局时，父亲任书记，慧眼识珠，向张闻天、毛泽东要求，带出先念叔叔到河南竹沟，派往鄂豫皖老家，开辟抗日根据地。此时，他们指挥各方，精彩突围功成，为千古难见之战例。

时光荏苒，已经是国家主席的先念叔叔见笔者说：

你爸爸指挥我们，又打了场大恶仗！惊心动魄啊！

回到当年，刘少奇该能舒缓口气了。但除了依然协助关注各战场外，他还负责各"撤出区"和"拉锯区"的地方党政组织转入地下，隐

李先念

蔽精干，坚持斗争。这期间涌现出大批英雄儿女，最著名的就是刘胡兰！同时，在"蒋管区"发动"反内战、反饥饿、反迫害"、要民主群众运动、秘密工作、策反谍报等。好在，刘少奇对此确实很在行！

一如既往，刘少奇总负责土改。此时，最重要的是各解放区的自卫战争和动员支前，雷打不动确保打赢。然而，解放区内尚未开始土改，动起来的地方也存在种种问题。一方面，能否满足贫农的要求，把最大多数农民发动起来，是急中之急！另一方面，需要尽量多的干部做大量细致的工作，把这项关乎所有农民切身利益的大事干好，是重中之重！刘少奇向邓小平、薄一波等地方大员征询意见。大家权衡再三，基本倾向，坚决彻底展开土地大革命。

1947年2月1日，刘少奇主持在延安召开的最后一次中央政治局会议，为迎接中国革命新高潮作准备。毛泽东作重要讲话：

高潮要来了……革命动力是两个阵线：解放区与蒋管区人民运动，而以解放区为主。解放区胜利愈大，高潮来得愈快……使一切没有土地的人有土地。多数人没有，少数人有，应考虑重分，可以得到多数。要使群众同地主破脸，不是和和气气。破裂之后再拉他。❶

1947年春，蒋介石的"全面进攻"处处碰壁，捉襟见肘，不得不收缩兵力，对陕北和山东"重点进攻"。蒋介石到西安调兵遣将，3月

---

❶ 中共中央文献研究室编：《刘少奇传（1898—1969）》（上），中央文献出版社2008年版，第515—516、517、519页。

11 日，大规模空袭延安，25 万大军猛烈进攻。

中共中央即转移出延安。29 日决定：毛泽东、周恩来、任弼时率领中共中央和解放军总部留陕北，坚持保卫和发展西北解放区；"组织中央工作委员会，在少奇主持下进行各项工作"，刘少奇、朱德、董必武为委员会常委，刘为书记，进行中央委托的工作，紧急转移。

此时，陕北、山东承受蒋军"重点进攻"的大规模作战重压！其他解放区配合作战，压力有所减轻，正好腾出手，将精力和人手转向土改，再三出现稍纵即逝之机！

"卢沟桥事变"后，刘少奇、朱德逢天赐良机，第一次在太原"红白联手"大发展；第二次是重庆谈判再逢"千载一时之机"，刘、朱"抢占东北"。这次，第三度抓住天时地利，刘、朱指挥，掀起中国历史上

1946 年，刘少奇（左）和朱德在延安

❶ 中共中央党史和文献研究院编：《刘少奇年谱（增订本）》第二卷，中央文献出版社 2018 年版，第 240、244 页。

最彻底的土地大革命惊天巨浪！

风云际会少且奇，敢教日月换新天！

三次抢抓机缘的巨大作为，都由毛泽东领导，都得周恩来、任弼时全力支持。

从晋西北往河北行进沿途，父亲深为人民贫困震惊：

> 看了山地农民许多穷困及破产的现象，特别是他们没有衣服穿，如在贵州所见的那种衣衫褴褛的情况，更加刺目。许多农民多年未制过衣服，一家八九口人共穿一身烂衣服。

不改变这种状况，肯定会引起群众对共产党的不信任，更难以支持长期战争。必须关心群众生活，切实给老百姓办好事！刘少奇尖锐指出：

> 共产党就是为人民办事的……如果我们真是那样无利于人民，我们自己就可以宣布取消解散！

而土地问题是解决人民需求的中心一环：

> 没有一个有系统的普遍的彻底的群众运动，是不能普遍彻底解决土地问题的。

刘少奇还着重强调：

> 任何党政机关，对于侵犯群众这些民主权利的任何行为，对于受到群众的批评和反对的干部向群众施行任何报复的行为，应该认为是严重的犯罪，必须给以惩处。这个原则，我们应该毫不动摇的切实实行。……只有充分发扬群众的民主……才能肃清社会上数千年来的封建残余！

毛泽东后来把这封信批转各地：

> 少奇同志这封信写的很好，很必要。少奇同志在这封信里所指出的问题，不仅是在一个解放区存在着，而是在一切解放区存在

着；他所指出的原则，则是在一切解放区都适用的。因此，应将这封信发到一切地方去，希望各地领导机关将这封信印发给党政军各级一切干部，并指示他们研究这封信，用来检查自己领导下的一切群众工作，纠正错误，发扬成绩，彻底解决土地问题，改造一切脱离群众的组织，支持人民战争一直到胜利。❶

毛主席一口气写了六个"一切"，感之切、意之决、情之烈，力透纸背！

刘少奇和朱老总从晋绥到晋察冀解放区，发现有地主被扫地出门和乱打乱杀现象，刘立即予以制止，提出防止"左"倾冒险主义，并通报各地。这时，各解放区正抓紧时机，发动鼓励群众运动，"左"的自发性倾向自然发展。

有两段事，需点笔墨讲明，上面提到父亲勇于承担责任，长于自我批评。"文化大革命"时，我问父亲：外面说康生是"党内刽子手"，有这事？他回答：延安时康生是社会部长，专管反奸。1942年延安整风由康生主持，作《抢救失足者》报告，掀起乱斗风，错打很多，逼死不少。毛泽东听到反映，就纠正了"抢救运动"。刘少奇回到延安，1943年3月中央书记处改选，刘任书记，负责领导。康生退出书记处，仍主抓整风；待刘少奇进入情况，检讨了前段的运动，解除了康生的工作。1947年，康生在晋绥土改搞"搬石头"，又是乱打乱杀。刘少奇立即制止未果，1948年初在平山，刘严厉叫停"大搬石头的做法"。❷

父亲对我说：这两次都是康生搞的，他确实没杀多少敌人，错杀不少自己人。

---

❶ 中共中央党史和文献研究院编：《刘少奇年谱（增订本）》第二卷，中央文献出版社2018年版，第243—244页。

❷ 《中共中央工委会议记录》，1948年1月13日。

到河北平山西柏坡后，中央工作委员会的工作，千头万绪。除了指挥华北战事，敌后秘密工作和反蒋群众运动，毛泽东指示"六个月内"办好三大任务：（一）将晋察冀军事问题解决好；（二）将全国土地会议开好；（三）将财经办事处建立起来。做好这三件事，就是很大成绩。❶

扫一扫 看视频

7月17日，全国土地会议召开，历时近两个月。中心议题就是，消灭历史上根深蒂固几千年的封建土地制度！刘少奇强调：

土地问题是解放区一切问题的中心环节。从此出发，讨论一切工作。

要老实、真实、确实，反映实际情况……不拘形式，自由发言……有什么讲什么，主张什么讲什么，是好就说好，是坏就说坏，老老实实。我们开一个老实会议，以老实的态度作风开这个会。

开始阶段，刘少奇讲：

在土地彻底改革后，就需要安定，不要常搞，农民与地主关系不要太紧张……要叫地主过的下去，不要肉体消灭……在土地改革以后仍有富农经济。

会中期，反映我们党组织和干部队伍中问题严重。刘少奇说：

民主是保障与巩固土地改革彻底胜利的基本条件，是全体农民向我政府和干部的迫切要求，原因是我们干部强迫压制群众的作风，脱离群众，已达惊人程度，其中贪污自私及为非作恶者亦不很

---

❶ 中共中央文献研究室编：《刘少奇传（1898—1969）》（上），中央文献出版社2008年版，第522页。

少，群众迫切要求改变这种作风并撤换与处分那些坏干部。

毛泽东批示："我们完全同意你的意见……认为你提的原则是正确的"。为此，刘少奇提出结合土改，由上而下进行整党。

这些思想不乏远见卓识，记得吧？中共七大前，为赢得抗战，建设好的党，延安"大整风"。毛泽东、刘少奇、任弼时领导，确立思想路线，端正党风党纪，作出巨大贡献。而此时，身处即将夺取全国政权的历史当口，建设纯洁的党，更显尤为重要，其正当性和真诚愿望，不容置疑。然而，却迟滞了土改具体政策的深入思考与详尽讨论。

全国土地会议，可以说从7月17日到8月底为第一阶段，刘少奇掌握比较谨慎，一再提醒防止群众发动起来可能出现的偏差，注意争取大多数。

这时，解放战争开始进入战略进攻阶段，迫切需要进一步调动广大农民的革命和生产积极性，拥军支前。

9月1日毛泽东提出：

> 土地政策今天可以而且需要比"五四指示"更进一步，因为农民群众的要求更进了一步。平分是原则，但按情况可以有某种伸缩。

9月3日，刘少奇从新华社社论上，看到主席的意见，即致电毛泽东，表示完全同意。唯一的顾虑是"关于中农的问题上"，要稍微伤一点，并建议"由土地会议通过一个公开的土地法大纲"。可以说从9月3日，会议转入第二阶段。❶

9月5日，中共中央回电：

> 平分土地利益极多，办法简单，群众拥护，外界亦很难找出理由反对此种公平办法。中农大多数获得利益……应该采取彻底平分

---

❶ 中共中央党史和文献研究院编：《刘少奇年谱（增订本）》第二卷，中央文献出版社2018年版，第261—266页。

扫一扫 看视频

的方针……不分男女老少，在数量上（抽多补少）、质量上（抽肥补瘦）平均分配。……同意即由土地会议通过土地法大纲，作为向各解放区政府的建议。❶

随后几天，父亲同秘书处赶写《大纲》草稿。9月13日，全国土地会议通过《土地法大纲（草案）》：废除封建性及半封建性剥削的土地制度，实行耕者有其田的土

刘少奇主持全国土地会议会场

---

❶ 中共中央文献研究室编：《毛泽东年谱（1893—1949）》下卷，中央文献出版社2013年版，第228页。

地制度……按乡村全部人口，不分男女老幼，统一平均分配。

刘少奇总结时讲：

> 我们准备坚持真理，随时修正错误……文件还可能有错误，要准备去发现，准备由历史来证明、来作结论。❶

从"五四指示"到《土地法大纲》为期一年半。之后，"分田分地真忙"席卷解放区，一亿几千万农民群情沸腾，欢呼雀跃。

对空前深刻的大革命会伴生的主要问题，在公开的文件和刘少奇的讲话中，都已经预见警告，并指出判断的标准、掌握的尺度和纠正的办法。

土改运动展开后，还不断纠偏调整，过则勿惮改。

1947—1953年，空前规模的"改天"（战争）"换地"（土改），席卷全国，四亿多农民成了生长于斯，盛衰于斯的土地的主人！

史无前例——铸就一个新中国！

这里特别提示一个概念。本书"序言"申明，述及中国的封建主义、封建制度等，与"分封建邑"无关，是指在小农经济加市场的基础上，以农民与地主为主要阶级矛盾的皇权官僚专制体制，及其政治制度文化意识等上层建筑。

在古老的中国，彻底消灭了封建社会的生产关系，消灭了地主阶级，也应该是彻底解放了地主个人及家人！美国作家韩丁当时在中国，他惊叹："一部《土地法大纲》，恰似林肯的《废奴宣言》。一夜之间，几亿农民站到共产党的身后！"❷几千万民工挑担推车，送粮弹支前，救伤员送后！一句"烈士优先分田"，几百万共军奋勇冲上火线，几百万

---

❶ 《刘少奇选集》上卷，人民出版社1981年版，第385页。

❷ ［美］韩丁：《翻身——中国一个村庄的革命纪实》，韩倞等译，北京出版社1980年版，第7页。有心的学者不妨研究对比美国唯一的内战——南北战争，计算对比。

蒋军或降或逃，土崩瓦解。

正如电视剧《少奇同志》和《共产党人刘少奇》的编剧，军旅作家海波同志二十多年前评价的：

> 在撼动蒋家王朝的疾风暴雨中，作为军委副主席的刘少奇不但参与了立国之战的军事指挥，而且，以他为主帅，同时掀起了旨在拔除整个旧中国封建根基的另一场暴雨疾风，一场土地还家之战，一场梦想成真之战。为此，千百年来的农夫泣血成川，无以数计的志士仁人曾前仆后继——土改，中国共产党人从革命先驱手中，接过最后一棒，责无旁贷地肩负起了这一历史使命。
>
> 在这前有古人，却无成功的大事业当中，刘少奇急如星火，雷厉风行，呕心沥血，深谋远虑，然而最后，他大功成、却名未就，历史在这里再次留下悬疑。❶

"文化大革命"，批判刘少奇，说他搞"土改"太"左"。知情的人们、党史的专家，都有疑问："一贯右倾"的刘少奇，在"土改"中，怎么"左"了？

笔者认为，是"决定中国两种命运的大决战"来得太急！统帅毛泽东不能不急，占大多数的贫苦农民更急，各级共产党干部战士都急，刘少奇、朱德十天拿出一部"土地法"，诚然真是急心急手"急就章"！却还是赶不上当年的急情。领导的急，转化为对群众运动中过激行为的制止手软。正如父亲所说："我们不怕群众过左，而怕自己的干部过左。"尽管刘少奇再三强调避免"左"，也搂不住、抵不动，这场疾风暴雨、翻天覆地的产权大革命，由急而"左"的浪潮！

---

❶ 海波：《我们真的认识刘少奇吗？》，见王光美、刘源等：《你所不知道的刘少奇》，河南人民出版社2000年版，第28页。

| 刘少奇在中共七届三中全会上作报告

　　历史满篇记载着，任何产权大革命，无一不伴随激烈大战、血雨腥风！中国的土地大革命，在如此短的时间内，在如此大的巨变中，急中之急，重中之重！

　　挖掉封建的根基，和平稳健慨而慷，没有剧烈的大厮杀，绝对是空前的奇迹！

　　土地改革整体上分两段，第一段从"五四指示"到"土地法大纲"实行共两年，涉及全国解放区一亿多农民，以上概述了。第二段是新中国成立后，在新解放的区域覆盖三亿农民，各方面工作细致些，时间也从容些，从心理承受、工作力度、政策把握、宣传尺度、经验包容等等方面，都很圆满、几无偏差。按时间节点，后文简述第二段。

作为土地改革总指挥的父亲，俯首甘为孺子牛。从未见他自诩其功的言辞，却一身承担第一段"左"的偏差。

《刘少奇传》的副主编黄峥说：

> 解放战争时期的土改，规模远超红军时期百倍，事实上也文明多少倍。而战争等各种复杂原因，造成"左"的印象，尽管刘少奇再三纠偏导正，作为主持者的他，爽快地承担了领导责任。刘少奇一向是推功自谦，但在如此的千秋大功绩中，作为始终的主持者，亦当居功几何？

历史的公正，第一条就是：功过毁誉同当。功是功，过是过，不以过掩功，不以功讳过，功过不离同归。❶

我的老师，党史教授周兴旺同志评价：

> 今天，那场大革命过去不到百年，却似乎离我们已很遥远，以至今人难以体会理解。绝不夸张地说，千年古国历史上，这是一场最根本、最深刻、最重大的革命！

振叶思寻根，观澜以溯源。今天所有的辉煌、成就、奇迹……仰赖母亲而生，都是她的孩子。

彻底摧毁封建根基的土地大革命，无疑是中国历史上任何一次改朝换代，所无可比拟的！

中国共产党为新民主主义革命，为改天换地而抛头洒血，前仆后继的历史功绩，无论怎样评价也不会过高！

真少之奇，但看功高不自恃，终日坎壈缠其身。

故国春晓，虎踞龙盘今胜昔，天翻地覆慨而慷！

---

❶ 政治上常见此功彼过，毁誉不同当，历史领域必须公正。

第四章　迎建新中国

一

1947年6月14日，毛泽东致电刘少奇、朱德，确定中央工作委员会半年完成三大任务。❶

前面，重点讲了土地改革及会议。在紧张筹备土地会议时，朱德、刘少奇先着手第一"大任务"，即毛主席所说"打不了大战役"的、当紧的军事问题。

首先，是调整组建12万人的野战军，杨得志为司令员、罗瑞卿为政委、杨成武为第二政委；同时组建统一的后勤，机关精干，部队瘦身，便于机动作战。作出决定后，父亲就赶到西柏坡，着手第二"大任务"。

朱老总留晋察冀部队完成军队调整，给毛主席发电：

此间军事工作，经少奇同志两月指导，方向是拨正了……财政经济及土地改革更是困难解决的事，但是这两个问题不解决，军事

❶ 中共中央文献研究室编：《毛泽东年谱（1893—1949）》（修订本）下卷，中央文献出版社2013年版，第196页。

进行仍是会遇到许多阻碍的。❶

之后从六七月，接连打了青沧战役、保北战役、大清河战役、清风店战役，仗越打越大。11月，解放了国民党军坚固设防的石家庄，被朱老总誉为首开解放军"夺取大城市之创例"。

大军凯旋夺地，高亢凯歌喧天！毛泽东交给中央工委的"一大任务"出色完成。

第二"大任务"土地会议，前章尽述，不啰唆了。

第三"大任务"，建立统一的财经办事处，由董必武负责。财经机构1947年4月16日已成立，但很难统一发挥作用。

笔者曾在《梦回万里　卫黄保华》书中回忆，父亲强调的一个重点问题：我党我军的生存战斗，离不开物质基础。而这最重要的，恰恰党史军史上很少论说。

此大反攻时期，共产党、解放军需要多么巨大的物质支撑？董必武担负多么重大的压力？刘少奇细致工作，统筹调度。11月，我军占领石家庄后，财经办事处又加重工作压力，除了指挥华北财经工作，还指导接收、治理城市，发展经济，支援战争。这一时期的探索，制定出最初的城市工作思路和政策取向，极其可贵。

12月，刘少奇召开兵工和交通会议，确定生产是工厂唯一的任务；数量多、质量好、成本低是目标；企业中厂长、支书、工会三结合，厂长有最后决定权，即红军时期刘少奇就定出的"厂长负责制"；并决定由政府统一领导各企业，互相调剂、建立核算制度，调动生产积极性等……成效即显，大批武器弹药源源不断产出，又由各地交通部门组织

---

❶ 中共中央党史和文献研究院编：《刘少奇年谱（增订本）》第二卷，中央文献出版社2018年版，第251页。

协调，成百上千万民工，输送军需前往战场！ ❶

　　按说，毛泽东交办的第三"大任务"，即"统一财经办事处"已经完成，发挥出巨大合力，还摸索出接管大城市的初步经验，又派生出统一军工交通的会议，有效地供给支援前线。

　　刘少奇并没有满足于此。1948年2月16日，他提出一个更具战略性的主张：

　　　　现在可考虑从中央局合并起……先统一晋察冀与晋冀鲁豫和西北，而后再及其他。

　　经过深思熟虑，刘少奇向在陕北的中共中央和晋察冀中央局、晋冀鲁豫中央局发出电报：两个中央局，所辖地域基于抗日战争中打出的两大根据地，是革命战争割据的结果。现石家庄打下来，地域上已经完全联通，"只要敌人的封锁一撤除"，无形的"界线，即应尽速废除，完全无继续维持之必要，必须解决……发动五千万人民统一力量，去支援战争"。 ❷

　　2月20日，毛泽东复电刘少奇，提议中央工委三月初召集会议，讨论合并成立中共中央华北（北方）局机构等。 ❸ 如此重大的中央局合并调整，从建议到决策安排会议讨论，仅在几天之内。可见，毛、朱、刘、周、任的思想一致和彼此信任。当年的统一默契，决策之高效，实令人难以想象！

　　3月初，中共中央工委开会，决定具体事项。25日，刘少奇作会议

---

❶ 中共中央文献研究室编：《刘少奇传（1898—1969）》（上），中央文献出版社2008年版，第549—552页。

❷ 中共中央党史和文献研究院编：《刘少奇年谱（增订本）》第二卷，中央文献出版社2018年版，第304—305页。

❸ 中共中央文献研究室编：《毛泽东年谱（1893—1949）》（修订本）下卷，中央文献出版社2013年版，第285页。

总结：

目前形势是争取胜利，准备胜利……这个准备不仅是在口头上、思想上、精神上准备，而且要在组织上、机构上、具体办法上都有所准备……我们应极力争取在一年之内，将击溃蒋之主力以后全国基本胜利的准备完成，这就须……迎头赶上去！❶

谁都明白，中共中央华北局的成立，是为建立新中国，做组织机构准备，打造出中央政府的雏形。为此，刘少奇兼中共中央华北局第一书记，薄一波为第二书记，聂荣臻为第三书记；董必武任华北人民政府主席。

4月中旬，毛泽东到达河北阜平县城南庄，周恩来、任弼时赴西柏坡，与中央工委会合。毛泽东准备赴苏联，暂留城南庄。

延安枣园革命旧址的五大书记雕像，自左至右依次为任弼时、周恩来、毛泽东、刘少奇、朱德

4月30日，刘少奇与分别一年的毛主席会合。中共中央工作委员会，胜利完成光辉的历史使命！

不久前，毛泽东刚作《五律·喜闻捷报》。恰逢此情、此景，恰合此人、此境：

秋风度河上，大野入苍穹。佳令随人至，明月傍云生。故里鸿音绝，妻儿信未通。满宇频翘望，

---

❶ 中共中央文献研究室编：《刘少奇传（1898—1969）》（下），中央文献出版社2008年版，第555—556页。

凯歌奏边城。❶

二

1948 年，中共中央发布"五一口号"，提出迅速召开新政协会议成立联合政府，立即得到各民主党派响应。按中央分工，父亲以主要精力，紧张投入创建新中国。

5 月 20 日，中共中央华北局举行第一次会议，刘少奇讲：

> 华北解放区是全国最大的解放区，四面八方都有我们强大的人民解放军对敌人实行攻势，华北是个中心……故中央才搬到这里来……我们从陕北出发，落脚华北；今天又从华北出发，走向全国……我们要逐步走向正规化，强调统一，强调集中；反对分散和无政府状态。

就此，确定了华北工作的地位和方针。❷

6 月，毛泽东批评我党各地的报纸通讯，错误观点广泛流行，各级主要领导必须先把关。要求刘少奇直接审阅新华社和《人民日报》的大样。同时，中央各部门每晚 6 点后集体办公，刘少奇主持，听取汇报，及时部署。

7 月 26 日，父亲在第一次集体办公会议上说：

> 我们的工作，总而言之是"收""发""来""去"。有各种来、去，

---

❶ 中共中央文献研究室编：《毛泽东年谱（1893—1949）》（修订本）下卷，中央文献出版社 2013 年版，第 262 页。

❷ 中共中央党史和文献研究院编：《刘少奇年谱（增订本）》第二卷，中央文献出版社 2018 年版，第 324 页。

如电报，写信、派人……一句话："从群众中来，到群众中去。"各地来的东西不要漏掉，书记处要分工一下……我们的方式要由游击到正规，手工到工业，乡村到城市。作长期打算。

我们是可以开始建设了！❶

这天，我们的中央机关成立。至今，"收、发、来、去……"仍为中央许多厅、部、委、办机关的首要任务。几天内，刘少奇提出的财政部、农业部、工商部、供销合作社等成立，开展经济建设。

"我们是可以开始建设了！"这句话，包含多么巨大的艰辛和牺牲，包含多么巨大的喜悦和期望！——几十年出生入死革命奋斗，中国共产党的目标就是一个：为了人民，为了国家，努力建设！

刘少奇说：

经济建设是个新问题，要弄清楚……要有系统地搞出点东西来，不然又可能犯"左"倾或右倾错误。

对这个问题，积多年经验和思考，集多年学习和总结，刘少奇及时写出《论新民主主义的经济与合作社》手稿。❷

这时，笔者的家庭，有件大喜事。1948年8月，父亲与母亲王光美正式结婚，简朴而又极其隆重。我说"正式"，饶舌几句：早年的革命者，多是反封建传统习俗，特别是反旧式婚姻出走逃离。而那时，可没有法律登记。有朋友公证，或者登报公开，除了组织批准，还有组织安排"假扮成真"的。"简朴"嘛，真省事：在首长食堂，除了备点喜酒，没加什么菜食。母亲说，在军委外事组同事的女同志，买鸡蛋发面精心制作，

❶ 中共中央文献研究室编：《刘少奇传（1898—1969）》（下），中央文献出版社2008年版，第559页。

❷ 中共中央党史和文献研究院编：《刘少奇年谱（增订本）》第二卷，中央文献出版社2018年版，第338—339页。

送来个贺喜蛋糕，算是特别。笔者强调"极其隆重"的是："五大书记"和许多中央领导带夫人来，可谓蓬荜生辉，"座中尽是豪英"！就我所知所闻，史上绝无仅有！至于父母的相识，许多史料记述详细，我就不在此多占篇幅了。

刘少奇和王光美在西柏坡

1948年9月8日，在西柏坡机关食堂，中共中央政治局召开重要的会议，党史上称为1948年"九月会议"。史册翻过七十多年，这次会议的意义，愈显重要，堪称大转折关头的航向标。以下，笔者概述一些重要的原话。

扫一扫 看视频

据"九月会议"前后的统计，人民解放军由全面内战开始时的120万人壮大到280万人，其中野战军149万人。而国民党军则由430万人减少到365万人，能用于一线作战的仅174万人。中共中央和毛主席抓住力量转化的契机，果断组织辽沈、淮海、平津三大战役。

解放战争到了战略决战的关键时刻。❶

会议开始后，"锦州战役""济南战役"已接敌即战，刘少奇主持会议，听取毛泽东的报告。毛主席提出：

❶ 中共中央文献研究室编：《刘少奇传（1898—1969）》（下），中央文献出版社2008年版，第568页。

我们的战略方针是打倒国民党，战略任务是军队向前进，生产长一寸，加强纪律性，由游击战争过渡到正规战争，建军五百万，歼敌正规军五百个旅，五年左右（从一九四六年七月算起）根本上打倒国民党。

会上刘少奇多次发言：打倒国民党，以前是宣传口号，现在是摆在议事日程上来计划了。对这些困难要重视，但总的方向，前途是光明的。他说：

　　现在我们要准备大的会战，消灭其两三个兵团，这一关也还没有过。……锦州、济南的会战，如果他们的援兵来，那是于我们最有利的……这就是围城打援。

中共中央将"打倒蒋介石，解放全中国"正式提上全党的议事日程。❶

会议开始之初，父亲谈到下一步新民主主义经济建设中，大力发展合作社经济问题。朱德总司令评价：

　　少奇讲了合作社，同志们都认为有了办法……把小生产者组织起来，就带他们走上社会主义。

薄一波回忆：

　　少奇同志讲合作社，从思想上理论上解决了问题。

与会同志顿觉豁然开朗，得到很大启发，引起高度兴奋。因为绝大多数同志还没有将精力转向建国，同时又都感到，新生的国家"如躁动于母腹中的婴儿"，马上临产了，需要及时对降生和健康成长倾注最大的关注、爱护和培养！

　　13日，会议结束的一天，刘少奇作了长篇讲话，系统阐述新民

---

❶ 中共中央文献研究室第二编研部编著：《刘少奇军事画传》，贵州出版集团 2009 年版，第 351—352 页。

主主义经济成分和基本矛盾问题。这可是新中国建立前，中共中央必须明确的天大问题。而正确地提出问题，可以说就是解决问题的一半。

何况，刘少奇当年点出的题目，至今已伴随我们走了七十多年。有些我们以为解决了的，后来又冒出来。有些有意无意点到的，又反复来纠缠我们，或仍被我们去纠缠。致使老话翻新，仍然鲜活深刻，仍旧耐人寻味！

按马克思主义，生产力决定生产关系、经济基础决定上层建筑。刘少奇提出：

> 整个国民经济，其中包含着自然经济、小生产经济、资本主义经济、半社会主义经济、国家资本主义经济以及国营的社会主义经济。国民经济的总体就叫做新民主主义经济。新民主主义经济包含着上述各种成分，并以国营的社会主义经济为其领导成分。
>
> 在新民主主义经济中，基本矛盾就是资本主义（资本家和富农）与社会主义的矛盾。在反帝反封建的革命胜利以后，这就是新社会的主要矛盾……斗争的方式是经济竞争，经济竞争是长期的，首先就是反对投机资本。这种斗争的性质，是带社会主义性质的，虽然我们还不是实行社会主义的政策。这种竞争是贯穿在各方面的，是和平的竞争。这里就有个"谁战胜谁"的问题。我们竞争赢了，革命就可以和平转变；竞争不赢，社会主义性质的经济，就被资本主义战胜了，政治上也要失败，政权也可能变，那就再需要一次流血革命。

鉴于新民主主义时期，封建势力及意识为主要敌人，考虑党内有些急于反对资本主义的倾向，父亲特别强调：

> 最后还要严格地说一句，过早地采取社会主义政策是要不

得的。

在社会主义和资本主义两条道路斗争中，他认为：

> 决定的东西是小生产者的向背，所以对小生产者必须采取最谨慎的政策……合作社是团结小生产者最有力的工具。合作社办的好不好，就是决定的关键。合作社搞好了，就巩固了对小生产者的领导权。单是给小生产者以土地，只是建立了领导权，还须进一步使他们成为小康之家！❶

毛泽东十分重视刘少奇的讲话，作会议结论时说：

> 新民主主义和社会主义问题，少奇同志的提纲分析的具体，很好。两个阶段的过渡也讲的很好。各同志回中央局后，对这点可作宣传……至于经济成分的分析还要考虑，由少奇同志考虑，并草拟文件以便在召开二中全会时用。❷

排空驭气声如电，当年话音，语惊四座！

以上引文，可称为刘少奇最为著名精辟之语。第一，无疑是符合马列主义、毛泽东思想（新民主主义）的；第二，完全是刘少奇根据中国实际的创新见解和语言；第三，已成为历史上先正确领导，后横遭歪曲，又难掩其真淳和光辉的经典。新中国成立初，我党就是按此思路，推展各方面工作。

到"文化大革命"，"资本主义与社会主义的矛盾"、无产阶级与资产阶级"谁战胜谁"，"被资本主义战胜""政权也可能变""再需要一次流血的革命"，天天喊；"和平转（演）变""和平竞争"，天天批；两条道路的斗争中"决定的东西是小生产者的向背"，天天说。

---

❶ 刘少奇在中共中央政治局会议上的发言记录，1948 年 9 月 13 日。
❷ 毛泽东在九月政治局会议上的结论，1948 年 9 月 13 日。

| 1948 年 9 月中共中央政治局扩大会议会址

横遭歪曲，不为夸张。然而，历史是公正的！

彻底否定"文化大革命"后，从"过早采取社会主义""跑步进入共产主义"，回到"社会主义初级阶段"，以公有制为领导，多种经济成分（多种所有制）竞相发展，多种分配方式并存；改革开放"和平竞争"，给中国带来多么巨大的发展！而合作经济，真的成为"团结小生产者最有力的工具"，使共产党"巩固了对小生产者的领导权"！刘少奇当年举出的千古理想"小康"，则写进了党章，成为国家发展、人民奋斗的目标！

扫一扫 看视频

经岁月百般磨洗，真理之光，隔世彰显，倍加绚烂，无上荣耀！

回到当年，正在东北的张闻天，也根据东北新解放区和城市工交发达区工作经验起草了《关于东北经济构成及经济建设基本方针的提纲》，

9月15日报中共中央。30日，刘少奇收到后认真加改，据说成文有五万字。10月26日毛主席审阅批示："此件修改的很好……以党内文件印发，不登报纸。"之后，刘少奇发中央及华北局领导征求意见。❶ 不知什么原因，征求意见后的党内文件没有发出。但张闻天的意见，绝对可贵，被吸收到建设新中国的早期理论中。

这里插一句：后来有位身居高位的同志，在回忆录里自称协助张闻天写此文，根本不知道中央"九月会议"在前，无视《刘少奇传》中的叙述，说新民主主义经济是他协助张闻天开创的。自吹无知，自取其辱。

12月25日，父亲在华北财政经济委员会的会议上讲话，摘要极简概述：

现在我国革命的性质还是民主革命，但它是无产阶级领导的新民主主义革命，经济也是新民主主义的。这个革命，不论我们主观上如何看，客观上是为资本主义扫清道路的。革命胜利了，资本主义是要发展的。

我们对资本主义是采取限制政策，限制在有益于国计民生的大圈子内。它一定要超出，我们一定不准超出，还是一个长期的斗争。

新民主主义的经济是资本主义的呢？还是社会主义的呢？都不是。它有社会主义成分，也有资本主义成分。这是一种特殊的历史形态，它的特点是过渡时期的经济，可以过渡到资本主义，也可以过渡到社会主义。这是一个没有解决的问题。过渡性质不能长久存在，但有一个相当长的时期……这种过渡可能是十年到十五年，这样对无产阶级有利。❷

---

❶ 中共中央文献研究室编：《刘少奇传（1898—1969）》（下），中央文献出版社2008年版，第563页。

❷ 刘少奇在华北财政经济委员会会议上的报告，1948年12月25日。

显然，刘少奇是严格遵循新民主主义设想，并结合中国的实际来论述。"三大战役"正在夺取辉煌胜利，解放军摧枯拉朽，"气吞万里如虎"！大家普遍想亲眼见到社会主义，希望亲手建设社会主义。这一众议，很可理解。

　　刘少奇只是在叙述中，将在延安时期预计的 50—100 年的过渡时间，缩短到 15 年左右：

　　　　我们推翻国民党后，把资产阶级保留一个时期，十五年内诚恳地发展它，对无产阶级是有利的。

　　同时期，刘少奇讲出关键的话，中国的资产阶级从没有当过政，因此无须乎推翻。他告诫大家：

　　　　今天的问题是，在我们与资产阶级联合反帝反封建的民主革命胜利后，我们是不是马上反对资产阶级？还不是！……过早地消灭资本主义和资产阶级，要犯错误。消灭了以后，你还要把他请回来。❶

　　这些话，当时产生极大的震动，也极大地启发了众多领导同志。

　　"文化大革命"时，这却成了极大"罪状"！被污蔑为"走资本主义道路"、抵制社会主义的铁证……

　　时光荏苒，"彻底否定文化大革命"，真正走上改革开放之路。刘少奇讲话的当年，不少在场的聆听者，都成为中国航向的掌舵者，以及中国建设的领导者。其中一位，作为改革开放总设计师的耄耋老人，谆谆教诲，振聋发聩：搞社会主义我们还不够格，"初级阶段"要一百年，甚至几代到几十代！

---

❶ 刘少奇：《新中国经济建设的方针与问题》，1949 年 2 月 8 日。

而被"消灭了以后"的"资产阶级"❶，真的是"还要把他请回来"！再续当年会议，刘少奇对合作社给予极大重视。他说：

没有合作社，无产阶级就不能在经济上领导农民，不能实现无产阶级与农民的联合，这在新中国的经济建设中是一个带根本性的问题……无产阶级有了政权，有了大工业，还要有合作社，才有社会主义前途。

"'重农轻商'是我国自古以来的传统观念"，加上苏联产品经济轻商的影响，党内相当多的同志对商业的积极作用认识不足。刘少奇从特别关心供销合作社入手，引述马克思的《资本论》第三卷"关于商业资本史考"，得出当年惊世骇俗，当今已是众所公认的概念：

我们不是更重视生产就更轻视商业，而是更重视生产就更重视商业……各种关系表现为市场问题。

并且，提出在今天都时髦不过时的口号：

中心问题是建立适当的市场关系。

谁领导了市场，谁就领导了国民经济！❷

后发历史，"升天入地求之遍"，"蓦然回首，那人却在灯火阑珊处"！

今天，我们回看刘少奇的话，再认真思考，是否会像当年聆听者一样，有拨云见日、茅塞顿开之感悟？

伟大的战略大决战，气势恢宏，威震古今！

谨请关注："三大战役"依次，在先机"抢占"的东北解放区、在八路军华北抗日老区、在新四军华中根据地，连环展开，精彩纷呈，兵民为胜利之本。陈毅感慨，淮海战役的胜利，是老百姓用小车推出来的！

---

❶ 目前称为私人资产者或民营企事业团体。

❷ 刘少奇在华北财政经济委员会上的报告，1948 年 12 月 25 日。

刘少奇不言，定当愈深知。

"三大战役"之后，除西北、西南，长江以北全解放，渡江在即，横扫千军如卷席。

在中央，刘少奇负责接管新解放区。对此广大地域，特别是对新解放的大中城市，全党和中央领导都很陌生。而三亿多人民群众，也不熟悉我们，只知道共产党要共产，解放军来解放。到处出现，自发分田占地、分厂夺店，城市秩序混乱，生产生活不保。我党原有的地下组织与解放军，联席建立临时军管会，都是在摸索着开展工作。

大家是又急切、无奈，又兴奋、冒火！

父亲领导指挥，主要汲取石家庄和东北的经验，日夜任命干部，日夜发出指示，日夜制定政策。最主要的是：

> 与工人搞好仍是一个问题……现在接收城市是学会了，但管理好，组织好，改造好城市，问题尚未解决……城市里是依靠无产阶级联合一切人民。……形势发展，胜利很快，我们为此很着急；但在这时更是急不得，急了易犯错误，再受挫折。

毛泽东说：使中央路线能在全党全军贯彻，这比徐州（淮海战役）胜利还大；政策教育务要贯彻，保证有把握取得全国胜利。自然，任务交给刘少奇。❶

1949 年 3 月 5 日，中共七届二中全会召开。从 1927 年，革命转入农村 22 年，出生入死、艰苦卓绝地奋斗，今天即将夺得全国政权，转为城市领导乡村的新任务。

毛泽东在第一天的报告说：

---

❶ 中共中央文献研究室编：《刘少奇传（1898—1969）》（下），中央文献出版社 2008 年版，第 569 页。

1949 年 3 月，毛泽东在西柏坡主持召开中共七届二中全会

二中全会是城市工作会议，是历史转变点。

刘少奇在会议发言说：

第一，全党今后的工作重心是城市工作，但要有城乡一体的观点……大家应努力学习解决。接收的好，还要管理的好，还要改造……第二，依靠工人，发展生产。但阎王老子并未命令工人阶级支持共产党。我们必须努力工作才能使工人阶级完全可靠；如忽视不做工作，就去靠，那是靠不住的。

这句名言，或许只有从最资深的工人领袖口中，才能说出。他继而又说：只有"在同等条件下优先保证工人生活"，广泛教育，组织工会，发动群众，"我们才能掌握工业，掌握城市，工人阶级就可能成为最可靠的力量。"

第三，人民代表大会……大量的搞……现在不能再拖了。如再拖迟，就不利于反官僚主义，不利于有力地克服行政命令中的一切毛病。❶

最后一天会议，毛泽东总结时说："少奇同志讲的都很好，全部意见我都同意"，并号召全党谦虚谨慎，戒骄戒躁，"克服困难，夺取全国胜利"！

这次会议，是中国共产党在新民主主义革命时期召开的最后一次

❶ 《刘少奇选集》上卷，人民出版社 1981 年版，第 421—425 页。

全会。毛主席提出："务必使同志们继续地保持谦虚、谨慎、不骄、不躁的作风，务必使同志们继续地保持艰苦奋斗的作风。"并恳切叮嘱：万里长征只走出了第一步！

至今，会议的精神，揩去历史风尘，光彩如新！激励和警示着执政的共产党不忘初心、砥砺前行。

| 刘少奇在中共七届二中全会上发言

1949 年 1 月 31 日，北平和平解放。中共中央华北局和华北人民政

| 中共七届二中全会会场

刘少奇在西苑机场检阅人民解放军

府，即搬入办公。

3月23日，也就是七届二中全会结束后十天，父亲同毛伯伯等中共中央领导人，离开西柏坡。25日，抵达北平，在西苑机场，同一千多位前来欢迎的各界代表及民主人士见面，举行了盛大的阅兵式！

毛泽东（55周岁）、朱德（62周岁）、刘少奇（50周岁）、周恩来（51周岁）、任弼时（44周岁）乘阅兵车检阅部队，雄姿英发，风华绝代！

"五大领袖"❶作为历史标志，耀世而出，受到全党全国人民竭诚拥

---

❶ 毛泽东说："领导我们事业的核心力量是中国共产党"，指领导共产主义事业、人民事业的核心力量是共产党。中共七大时，刘少奇说中国共产党的核心是中央委员会，毛泽东赞同。后群众自发称呼"五大领袖""毛主席万岁"！刘少奇说，群众自发喊出的不能苛责，但我们党不能这样附和，因为《党章》规定，党内实行民主集中制，核心是领导集体——中央委员会。毛主席很赞同，开始听到"毛主席万岁"和《东方红》，还摇头摆手制止。直到"文化大革命红海洋"时，毛泽东本人也没有随声呼唱。1989年邓小平讲话才第一次说，党的领导集体中有一人为核心，后写入《党章》。讲述历史，不能虚构当年。

戴，成为中国共产党中央领导集体最为团结、自信有为，辉煌灿烂、生机勃勃的第一个时期！紧接着，将迎来同样团结有为、蓬勃辉煌的第二个时期！他们是中华民族复兴史上翻天覆地、震古烁今的一代风流！

中国人民革命，造就了领袖；领袖带领人民，铸就成历史。

英雄属于人民，才是真英雄！人民创造历史，真正是英雄！

三

大江春色来天地，太行浮云变古今。

中共中央进入北平后，先在香山住了一段时期。毛泽东在双清别墅。中间隔座香山寺残迹，刘少奇与朱德、周恩来、任弼时住西山坡上的来青轩。

3月26日，也就是住下的次日，父亲就到北平市委和军管会，连续六天听取各方面情况，其千头万绪，理乱驭繁、可以想见。刘少奇充分肯定了彭真（市委书记）、叶剑英（军管主任）的成绩，提出"北平人民及共产党的任务"：

必须把封建残余继续肃清，

北京香山来青轩

建立新民主主义的北平，要恢复生产，发展生产……只要生产有了进步，各方面都会进步。

在所有刚解放的地区与城市，共产党接管和恢复秩序已经不陌生，所到之处，有口皆碑！英雄大军、绝不扰民，"王者之师"、亲民爱民，原地下党、深入实际，党委政府、勤政为民，得到人民群众的高度赞誉！只是生产停滞，不知如何着手。

刘少奇疾呼：

发展经济是一切斗争的终极目的！❶

天津，中国北方工商业最集中的大城市，问题就显得格外突出。1月15日解放后，新建秩序很快，恢复生产很慢，贸易断绝，产品滞销，通货膨胀……

中共中央华北局书记薄一波向中央报告：

工人、店员误认为我们允许分厂、分店，进行清算斗争。解放一个月内，曾发生五十三起……有的工人说："有饭吃，有房子住，这就叫共产。"资本家一怕清算，像在农村斗地主、分田地一样，也会来个分厂、分店，清算资本家；二怕共产党只管工人利益，成倍提高工人工薪；三怕以后工人管不住，无法生产……当时私营企业开工的不足百分之三十。

相当多数的城市，干脆关了厂店的门；许多企业，甚至开始将资金、设备向香港转移。天津的生产经营，完全衰退，经济状况十分危险。不到两个月，就出现了庞大的失业流民，生活无着落，上百万人口的吃饭，都成了大问题，迫切需要解决！❷

---

❶ 刘少奇在华北财政经济委员会上的报告，1948年12月25日。

❷ 薄一波：《若干重大决策与事件的回顾》上卷，中共中央党校出版社1991年版，第51页。

中共中央决定，刘少奇急赴天津，解决生产问题。

时光跳跃到 2000 年 12 月 27 日，笔者陪年近八十的母亲，坐上北京至天津的高速列车，仿佛穿行在时光隧道，她回忆：

> 1949 年 4 月 7 日，少奇同志受毛主席委托，要他火速去天津一趟，那里有火要救。我出生在天津，对于当地的人情世故、历史沿革，比较了解，所以少奇同志让我跟他一起去，当他的顾问。

那时，母亲已怀胎八月。时值辽沈、淮海、平津三大战役决胜，中国共产党的领导们，清醒地看到全国的解放，只是时间问题了。

1948 年底，刘少奇对马列学院第一班学员讲：

> 中国革命胜利的形势是确定了。现在革命形势发展太快，出乎我们的意料之外。现在不是怕太慢了，而是怕太快了。太快对我们的困难很多，不如慢一点，我们可以从从容容地准备。❶

也就是说，同战争一样紧迫和重要的，是如何建立政权和治理国家。从破坏旧世界，迅速转向建起一个新世界。转成什么样子？怎么转？党中央、毛主席委托刘少奇主持研究，并着手解决这一至急至要的问题。

在刘少奇的列车上，没有一袋米，没有一瓶油。这样的东西，就是装满十车、二十车，也解决不了天津的问题。此时此刻，长江边上万舸待发，南京、上海、杭州、武汉、长沙、广州……马上也要打下来，马上也会自燃大火。如果不从根本上解决问题，共产党人即使打垮了八百万国民党军队，也会在城市的恢复大战中，铩羽败归。

天津对刘少奇来说，有着难以割舍的特殊情结。1928 年，他被党中央派往顺直省委，并一度主持领导，革命正处于低谷，在白色恐怖

---

❶ 《刘少奇选集》上卷，人民出版社 1981 年版，第 409 页。

中，他经历过极其复杂险恶的斗争。1936年，红军长征到陕北，正值所谓"白区损失百分之百"的最凶险时期，他曾担任中共中央代表，单枪匹马再入"虎穴"天津，领导北方局。两年多就掀起轰轰烈烈的抗日运动，在数省开辟地域广阔、基础牢固的根据地格局，使圣都延安有了坚固的屏障，使发兵抗日有了前出阵地。当初只剩下三十多人的"北方党"，发展到十七万之多，成为华北敌后最大的政党；进入华北的两万多人红色武装，壮大到数十万人，成为中国敌后最大的军队。中国共产党，重新扎稳了大本营；中国的革命，开始有了夺取胜利的强大基地。

如果说刘少奇的前两次天津之行，是为共产党"争天下、抢地盘"；那么他1949年这一次到天津，却是为人民坐天下、打基础。

到天津之前，刘少奇就讲：仗打不了多久了，今后主要是解决建设问题。眼前就是如何解决天津人民的急中之急，难中之难！然而，父亲并非胸有成竹，只在解放石家庄时，积累了点经验。

1947年11月解放的石家庄，是共产党解放的第一座大城市。抗日战争胜利之初，刘少奇指挥"抢占东北"，我党我军也进过多座大城市，由于无法长期占领，基本上实行的是"搬运"政策，能搬动的全搬光。这次进石家庄，开始也差不多，后来悟过来，是为我所有，后悔"何必当初"？甚至还自嘲组织妓女分妓院的事儿，革命嘛，常碰到新问题。❶

有效地控制石家庄的局面后，刘少奇提出，要创造出石家庄的一套经验，鼓励人民群众起来做主人，又不至于简单地鼓动斗争和瓜分。要多召集工人、贫民、资本家的座谈会，征求他们对各种问题的意见，使城市迅速从战争的废墟上站立起来，恢复生产，"是保存与发展的方

---

❶　薄一波对笔者的回忆。柯庆施任市长期间。

针"，"不仅公营企业要发展，私人工商业也需要发展"。

之后，东北又相继解放了一批大城市，就都借鉴了石家庄可贵的经验。

无巧不成书，正是石家庄的"接收大员"黄敬❷，此时当了天津的第一任市长。刘少奇在天津火车站一下车，便握住他的手。之后一个月，他们把石家庄的探索经验，运用到天津，召集了几十场各种各样的座谈会。

此时，天津军管会主任是黄克诚，副书记是黄火青，市长是黄敬，人称"三黄治津"。刘少奇与"三黄"相识多年。与黄克诚和黄火青，大革命时期在武汉就认识，长征时与黄克诚同在红三军团几个月。黄敬是

扫一扫 看视频

"一二·九"学生运动领袖，刘少奇任命他接手林枫❸的北平市委书记，抗日战争时期调到晋察冀、冀中当书记；解放战争时期接管石家庄。加上我母亲祖籍天津，按说，有大家帮助，容易了解情况。

4月10日晚，父亲到天津。夜以继日入机关，下企业，进民居，认真深入调查。白天仔细听汇报，晚上处理中共中央急报急务，或潜心沉思。

直到18日，才召集各方面座谈会"交换意见"。

首先，刘少奇联系实际，解读七届二中全会的"城市工作总路线、总方针"，讲解毛主席提出的"四面八方"政策："四面就是公私关系、

---

❶ 刘少奇：《对石家庄工作的指示》，1947年12月14日，见中共中央党史和文献研究院编：《刘少奇年谱（增订本）》第二卷，中央文献出版社2018年版，第280页。

❷ 黄敬从晋察冀任中共中央华北局委员、华北政府企业部长、华北军区后勤政委，接管石家庄市。

❸ 刘少奇先调林枫为秘书，转任中共中央代表，后任中共中央北方局副书记。

劳资关系、城乡关系、内外关系；八方就是公私两方、劳资两方、城乡两方、内外两方，都要照顾到，这才叫全面照顾"。按此路线方针：

> 天津的工作须重新安排，主要应该是工会工作与经济工作，但首先要搞好工会工作……天津如果把工人、学生、妇女……都组织起来之后，差不多占全市人口的百分之九十以上……什么问题都可以解决了。

这可是真经，"济世良方"啊！

接着，父亲紧张地开会调整机构，设立专管经济事务和调解劳资矛盾的部门，将帝国主义和官僚资本已逃离的企业没收为国有，招回工人干起来。刘少奇多引列宁的著名原话："国家资本主义是社会主义的入口处"。他组织协调各企业交通运输、原料供应、加工订货等等，开始探索"国家资本主义"的具体形式与领导方式、经营方法，把私营工商企业，一点点纳入国家资本主义的运行轨道。

之后，刘少奇召集十多个界别与行业的座谈会，有针对性地澄清各种模糊认识。当时，工人要翻身，就提高工资：有的男工工资由一月六十斤小米增加到三百六十斤；学徒工从二十一斤增到二百一十斤。资本家真的是很害怕，会不会像消灭地主一样消灭他们？特别重要的是，我们自己的干部，一听发动群众，就要发动斗争。"斗争谁呢？就是斗企业主、'大肚皮商人'"。"天津解放后，帝国主义、国民党、官僚资产阶级找不到了，看不到了，于是就把子弹打在资本家头上。"[1]资本家"找来也不见他们。报纸上对他们骂的多而表扬少"，"贷款也不给资本家，政府也不理他们，又不许解雇工人，所以他们说是告贷无门，呼吁

---

❶　刘少奇在天津市干部会议上的讲话，1949 年 4 月 24 日。

无门"。仅市六区，"三十三个铁工厂……二十九家都未开工。"❶天津几万家中小私企歇业，几十万工人失业，尖锐的问题摆在面前，共产党夺取政权后，怎么样对待资产阶级？怎么样根据中国的实际，逐步向社会主义转变？

刘少奇必须回答、讲明根本问题。他首先说我们的国情：90%是落后的小农、小手工业经济，10%的先进工业中，才产生了无产阶级（共产党的阶级）。"所以资本主义在一定程度的发展，有其进步性"。共产党办的企业和没收归公的企业占比不大，而"私营经济，在整个国民经济中是最大量的"。因此，他说：

> 城市里发展生产，第一是发展公营企业生产，第二是发展私营企业生产，第三是发展手工业生产……从四面八方努力，四面八方都照顾到，以实现发展生产的目标。

统一认识之必需，不能回避的关键，是如何看待"剥削"，问题实实在在，摆在面前。在多种场合，父亲讲道：

> 关于剥削问题，这不是几个资本家可以负责的。剥削行为不是由意识决定的，而是历史发展的必然，是整个社会制度问题。中国工人阶级还要忍受一个时期的剥削痛苦❷……剥削也要分清有几种，奴隶的剥削制度已经废除，封建剥削制度我们也废除，但资本主义的剥削在今天还不能废除……马克思在一百年以前，就认为资本家对发展生产、组织生产是有历史功绩的……我国民族资产阶级有功有过，今天是功大于过。但我们也要限制它……有人说："有人剥削比没人剥削好"。今天工人的痛苦，不是资本主义发展才受

---

❶ 黄火青汇报天津私营企业问题时的记录，1949年4月11日。

❷ 中共中央党史和文献研究院编：《刘少奇年谱（增订本）》第二卷，中央文献出版社2018年版，第390页。

痛苦，而是资本主义不发展才受痛苦。在目前中国条件之下，私人资本主义的剥削，有若干发展是进步的。

刘少奇召集了大大小小各行各业的座谈会。不但与工人坐在一起，也与资本家坐在了一条板凳上。时为工作组随行干部的张文松回忆：

少奇同志在天津市政府交际处，召开了天津市十几个行业，128名资本家参加的座谈会。讲得真好哇！

扫一扫 看视频

尤其是资本家，肚子里装了许多问号，对于共产党，诚惶诚恐，这回见中共中央来了大干部，便一股脑地倒了出来。他们反映自己很不愿意听"资本家"这个称号，很怕听"剥削"这个词，担心"剥削多，罪恶大，要审判，要枪毙"。

刘少奇笑笑说：

如果你们谁能找出另外的词来代替也可以。在没有找出另外的适当的词之前，我只好仍旧叫你们"资本家"……现在有好些人怕说剥削，但剥削是一个事实……封建剥削除去以后，资本主义剥削是有进步性的。❶

父亲还说：

马克思，恩格斯在《共产党宣言》里就说过，近一百年中，资本主义将生产力空前提高，比有史以来几千年创造的全部生产力还要多。今天中国资本主义是在年轻时代，正是发挥它的历史作用、积极作用和建立功劳的时候……今天资本主义剥削是合法的，愈多愈好。

针对"剥削多、罪恶大"的提问，刘少奇说：

资本家剥削是有历史功绩的，没有一个共产党员会抹杀资本

---

❶ 刘少奇：《在天津市工商业家座谈会上的讲话》，《党的文献》1993年第5期。

家的功劳，骂是骂，功劳还是有的。当然罪恶也有一点，但功大罪小。❶

刘少奇对东亚毛纺（著名的"抵羊"牌毛线）老总宋棐卿先生说：

> 你现在开两三家厂，有一千多工人，对国家有贡献。如果能再建十家八家，有两万工人，贡献多些吧？将来我们要实行社会主义改造，你交给国家的是一二十家工厂，是不是有更大的贡献呢？❷

在场的所有干部和上百资本家都笑起来，豁然开朗！而同时，刘少奇也说：

> 工人和资本家间是有斗争的，而且是不能避免的。这斗争不是要不要的问题，而是天生的不能不斗的问题。所以对民族资产阶级有斗争的一面，有联合的一面。

显然，刘少奇提出团结资本家的同时，并不回避"斗争的一面"。在工人大会上，他讲：

> 现在还必须允许资本家存在，因此就要使他们有利可图，实行"劳资两利"的政策，不是一利。国民党时是一利，只利资本家不利工人，而现在只利工人不利资本家，也是不对的。❸

刘少奇的一席老实话，明晰透彻，吹散了笼罩在资本家心头的疑云。资本主义的剥削形式，要比封建主义的剥削形式进步，这确实是马克思多次说过的话。那么在中国，资本主义的剥削，是否也比半殖民地半封建的

扫一扫 看视频

❶ 参见中共天津市委党史资料征集委员会编：《刘少奇在天津》，天津人民出版社1993年版。又见刘少奇：《在天津职工代表大会上的讲话》，1949年4月28日。

❷ 刘少奇：《在天津市工商业家座谈会上的讲话》，《党的文献》1993年第5期。

❸ 刘少奇：《在天津职工代表大会上的讲话》，1949年4月28日。

剥削，要进步呢？答案是肯定的。这种历史的进步，在百废待兴、急需恢复的新中国初期，在经济十分落后、急需发展的中国，是否有功呢？答案当然是肯定的。而且，没有半点虚情奉迎。

毛泽东在《论联合政府》中讲过几乎同样的话：

> 拿资本主义的某种发展去代替外国帝国主义和本国封建主义的压迫，不但是一个进步，而且是一个不可避免的过程。它不但有利于资产阶级，同时也有利于无产阶级，或者说更有利于无产阶级。❶

当场的干部问："国家资本主义何时能实行？"父亲笑答：我们已经在办，"我说现在就可实行，具体办法就是订货"。他还提出组织交易市场，搞好城乡物资交流，支持政府设立物资和证券交易所，并提出可以和平赎买，和平转变到社会主义的设想。不久，新中国第一家交易所建立。❷

天津正史记载：正确的政策一旦被群众掌握，就会产生巨大的物质力量。经过大家广泛而深入扎实地做工作，天津的工商业迅速恢复，稳定了物价，扩大了就业。5月，全市财政收入是上月的 2.5 倍；工业主要生产行业 6—7 月以后就恢复到解放前水平；出口总值创历史最高水准。9月，被批准开业的私营工商业户，增加到了 3800 多户，是 4 月的 293 户的 13 倍，职工人数增加近 20%，全市工商业迅速恢复。❸ 天津的经济建设，呈现出生机勃勃的兴旺景象。

刘少奇的天津之行，取得巨大成功！

后来，针对高岗的非议，邓小平指出：

---

❶ 《毛泽东选集》第三卷，人民出版社 1991 年版，第 1060 页。

❷ 中共中央文献研究室编：《刘少奇传（1898—1969）》（下），中央文献出版社 2008 年版，第 583 页。

❸ 《工商管理》，天津市人民政府研究室编印，1950 年 3 月 15 日。

据我所听到的，我认为少奇同志的那些讲话是根据党中央的精神来讲的。那些讲话对我们当时渡江南下解放全中国的时候不犯错误是起了很大很好的作用的。虽然在讲话当中个别词句有毛病，但主要是起了好作用的。当时的情况怎么样呢？那时天下还没有定，半个中国还未解放。我们刚进城，最怕的是"左"，而当时又确实已经发生了"左"的倾向。在这种情况下，中央采取坚决的态度来纠正和防止"左"的倾向，是完全正确的。我们渡江后，就是本着中央的精神，抱着宁右勿"左"的态度去接管城市的，

1949 年 5 月，刘少奇在唐山视察

因为右充其量丧失几个月的时间，而"左"就不晓得要受多大的损失，而且是难以纠正的。所以，我认为少奇同志的那个讲话主要是起了很好的作用的。❶

因近临产，母亲回北平。随即到双清别墅看望毛主席，自然谈到父亲在天津的工作和讲话。毛泽东说：是我叫少奇亲自去救火的，他讲得好，效果明显，把二中全会精神用活了。直到"文化大革命"，王光美从没直接看到或听说过，毛泽东对这次天津之行有任何批评。

扫一扫 看视频

---

❶ 《邓小平文选》第一卷，人民出版社 1994 年版，第 205—206 页。

这里重复铺垫：从 1940 年发表《新民主主义论》开始，我党就统一思想；1945 年党的七大报告时，毛泽东思想确立为党的指导思想。直到 1949 年，党中央十年，一直就在讲：资本主义是要发展的，何况实践的效果立见。毛泽东怎么会反对呢？

父亲回来后，毛主席特嘱，在北京大范围讲讲。那一时期，刘少奇的"天津讲话"（加北平讲的），记录总长十万字不止。可以说，是符合马列主义、毛泽东思想的；并结合具体实际、针对具体对象、以自己的语言，阐述自己的创见。当时的成效，也立竿见影。但后来，却被歪曲为"剥削有功"等几个词句狠批！以致人们根本不知道他的原话，究竟是怎么讲的。今天看看，何错之有？

刘少奇引述《共产党宣言》的话，白纸黑字一直写在里面。他讲"剥削问题不是几个资本家可以负责……不是意识决定，而是历史发展的必然，是社会制度问题"的同时，更是反复强调："在客观上劳资阶级对抗不独仍然存在，而且在根本上是无法融合的，即无法在根本上调和的（虽可设法暂时缓和一下）"。这话，当即被毛泽东指示转发！ ❶ 如果"文化大革命"时，有人故意忽略、有意抹掉了两位老主席强调的话，那么，今天的忽略，则出于对历史的无知，是该还历史的本来面目了！

今天的人们，回看"天津讲话"，一定会百感交集。值得记住的，还有件大事。

七十年前，刘少奇说：私人企业中的职员和工程技术人员"是整个工人阶级中的一部分"，他反复告诫要爱惜技术人才，"不能埋没人才"，"要发现人才"，并不厌其烦地对学校教师、报社记者和工厂中的职员说：你们拿工薪，是雇佣劳动者，是脑力劳动者，当然属于工人阶级。

---

❶ 刘少奇对"私营生产"一稿的批评，1949 年 5 月 7 日。

"你们是国家工厂中的职员，也是国家干部，也是工人阶级的一部分，我们把你们当成我们自己的干部""党员"，当成"自己人看待"。❶

早在 1933 年，刘少奇作为中华苏维埃中央执行委员、总工会委员长时，在长汀就强调这个定义。

"文化大革命"时，这些话被抹黑，知识阶层全都成了"臭老九"，荣辱命运与刘少奇的沉浮，紧紧绑在一起……改革开放之初，一句

1956 年 6 月，刘少奇同王光英（左）交谈

"知识分子是工人阶级的一部分"，如同开凌破水，引发多么巨大的震动！而追根溯源，就来自早期的那一次又一次的解放！

今天看，这带来多么巨大的动力！

在天津倾心恳谈中，刘少奇还讲出著名的经典之言：

要采取老实的态度，承认真理，服从真理，拥护真理，就是实事求是。我们的最高标准，是最大多数的人民的最大利益。一切要服从这个标准，小原则要服从大原则，小道理要服从大道理，这就

---

❶ 刘少奇：《在天津对国营企业职员的讲话》，1949 年 4 月 25 日。《在北京干部会议上的讲话》，1949 年 5 月 19 日。《在全国青年第一次代表大会上的讲话》，1949 年 5 月 12 日；又见《刘少奇论教育》，教育科学出版社 1998 年版，第 65—66 页。

扫一扫 看视频

是原则性。❶

　　笔者翻了几遍"天津讲话"，也没查到"红色资本家"几个字。就我所知，父亲在家里，鼓励光英舅舅进步，希望他能在共产党外，起更大的作用。1956年，我舅舅在天津带头公私合营，并将所有定息全部捐献国家。他本人（化学博士）仍担任原化工企业总工程师，靠劳动拿工资生活。因此，周恩来总理表扬他是"红色资本家"。有什么不对吗？"文化大革命"，光英舅舅受尽批斗和牢狱之灾，却终生不渝，爱国爱人民，拥护共产党。这真正诠释出什么叫"红色"！

　　必须说明，"红色""民族英雄"，一定要"被"才行，自称自吹不算数，自己否认也不行，一定要"被"大众或大权威公认！历史只承认这个，必须经得住后世检验。

　　笔者联想现今，中国的企业家，竟然被美国总统用《国家安全法》"抹红"！我心目中，华为父女，不正是被权威认定的"红色资本家"？是被公推的"民族英雄"！

　　深切长念：昨日隔山岳；英雄本色，世事两茫茫。

　　刘少奇的天津之行，之所以取得神奇的效果，做通资本家的思想工作，确实为极其精彩的一环，但绝非最重要的。起决定性作用，是统一干部和群众的思想，开始转向经济工作，即"现在就可实行"国家资本主义的工作；并组织党政军，发动起"占全市人口90%以上"的工青妇，以及所有"拿工薪"的劳动知识阶层，不是去斗争"大肚皮"，而是来搞好"大生产"，转向生产斗争。

---

❶　中共中央党史和文献研究院编：《刘少奇年谱（增订本）》第二卷，中央文献出版社2018年版，第391页。

"四面八方照顾到"，上下左右齐努力！正如邓小平同志所讲：

> 是完全正确的……起了很大很好的作用！

我的党史老师周兴旺教授评价：

> 刘主席到天津之言行，直到今天仍极具启发意义。在理论上，引导我们反复深思；在实践上，促进我们进退作为。在历史上，已经活生生验证：正是人民群众作为最可靠的支点，刘主席代表了中国共产党这只大手，撬动了新中国的经济建设！

这一大转折，为新中国的经济恢复和大发展，为领导全国人民开展经济革命，冲向生产斗争，做出光辉的示范！

刘少奇，被公认为"伟大的马克思主义者"，当然熟知马克思的经典论述。他当年引述革命导师一百多年前的名言，绝大多数人肯定从没见过听过，已鲜为人知。

扫一扫 看视频

谨再举出一段，作为本章结语：

> 现代社会主义力图实现的变革，简言之就是无产阶级战胜资产阶级，以及通过消灭一切阶级差别来建立新的社会组织。为此不但需要有能实现这个变革的无产阶级，而且还需要有使社会生产力发展到能够彻底消灭阶级差别的资产阶级。❶

今天，我们对这一论断，看得更清楚了。

当年，或许会感觉，有些话不中听？

譬如，刘少奇说道：

> 今天资本主义剥削是合法的，愈多愈好……功大过小。

> 今天工人的痛苦，不是资本主义发展才受痛苦，而是资本主义不发展才受痛苦。在目前中国条件之下，私人资本主义的剥削，有

---

❶ 《马克思恩格斯选集》第3卷，人民出版社1995年版，第272页。

若干发展是进步的。

眼前，笔者斗胆问：没有私人剥削吗？

谁敢？哪个又能够，对此答得更正确！

当年，刘少奇断言：

中国资本主义是在年轻时代，正是发挥它的历史作用、积极作用和建立功劳的时候。

现在，真的落实了：

民营各类企业的贡献率，占全国税收的 50％以上，占全国 GDP 的 60％以上，占全国技术创新成果的 70％以上，占全国城镇劳动就业人数的 80％以上，占全国企业总数的多少？ 90％以上啊！❶

当年，刘少奇询问：

如果你们能找到另外的词来代替，也可以不称资本家。

眼下，称呼可多了：

为中国作出多么巨大贡献的——民营企业和企业家！

全国人大常委会原副委员长、孙起孟老主席专著感慨：

中国企业家的新旧对比——刘少奇的预见应验了。❷

前言荣辱久验定，后功至伟念古今！

---

❶ 国家发展和改革委员会主任何立峰，就李克强总理的《政府工作报告》在全国人民代表大会记者会上的介绍。参见《经济日报》2019 年 3 月 7 日。

❷ 第七届、八届全国人大常委会副委员长，中国民主建国会第七届、八届中央委员会名誉主席，全国工商联第五届副主席孙起孟著《中国企业家的新旧对比——刘少奇的预见应验了》。参见《工作与学习》，中国文史出版社 1986 年版，第 73—75 页。

第五章　开国前后事

一

正当父亲在天津紧张救火，刚刚稳定住形势，不料近邻唐山，又窜出"大火苗"。而这回，是几万中国的工人兄弟，与"老牌帝国主义"资本家干起来了！

开滦煤矿，是英国在中国开办的特大型垄断企业。日本搞"华北自治"时期，将其抢占，疯狂扩产，大肆掠夺。抗日战争结束，英国人又大摇大摆拿回，成为中国最大的煤矿，供应华北华中和长江流域广大地区，关系到整个国计民生。

唐山地处我冀热辽解放区，辽沈战役和平津战役时，已经解放。由于战乱的影响，金融交通运销不畅，加上英国资方态度消极，转款国外，缩减产量，停购生产生活资料，大量煤炭滞压积存，拖欠工薪几百万，五万职工无活路。2 月，煤矿资方致信毛主席和华北人民政府董必武主席，要求借款减产，否则只得破产……英国佬，可是最老谋深算的呀！大资本家，在向共产党投石问路？

5 月 5 日晚，中方总经理余明德和英方总经理裴利耶到天津，由黄敬和李烛尘陪同，当面向刘少奇紧急汇报。

了解情况后，刘少奇说：

　　共产党保护外侨财产和外侨投资。我们主要发展生产，繁荣经济，内外交流。你们不要害怕，不要有顾虑，我们欢迎英国人到中国投资，保证你们的资金安全。❶

　　父亲让已临产的母亲回北平，于 5 月 7 日下午到唐山。因为矿方发不出工资，正赶上煤矿工人酝酿罢工，他连夜听取煤矿的军代表汇报情况。❷

　　父亲对唐山，可以说有很深的了解和情结。1922—1927 年，他在安源和全国总工会时期，就熟悉开滦煤矿的工人运动；1928 年，他作为全国总工会特派员和铁路总工会代表，为党中央催缴上解党费（唐山路矿是当时全国党费第三大来源）；后又以中央委员"指导顺直省委工作"；中共六大前后，他以中央"特派员，代行顺直省委职权"；此后发生"京东请愿团"事件，他果断决定暂停京东党组织活动，并动员抗日斗争，为暴动起义作准备。1929 年春，刘少奇遭到错误的批评，调回上海；他顺道专程到京东唐山深入调研考察。1936 年，刘少奇又作为中共中央代表主持北方局，派彭真为"北方局驻京东代表"；1938 年，他亲自领导指挥"冀东大暴动"。这是抗日战争中空前的人民大起义，涌现出煤矿工人纠察大队长节振国等著名抗日英雄，并开辟出冀热辽根据地。1945 年，刘少奇代理中共中央主席，又从这里，派出第一支八路军部队（曾克林、唐凯部）出关。继而，与朱德总司令指挥十万大军，多数过这里"抢占东北"！❸

---

❶ 中共中央党史和文献研究院编：《刘少奇年谱（增订本）》第二卷，中央文献出版社 2018 年版，第 399 页。

❷ 中共中央文献研究室编：《刘少奇传（1898—1969）》（下），中央文献出版社 2008 年版，第 586—587 页。

❸ 刘源：《梦回万里　卫黄保华》，人民出版社 2018 年版，第 25—31、117—120、205 页。

此时，向刘少奇汇报的开滦煤矿军管会主任，正是1936年刘少奇刚到北方局时，与他第一个秘密接头的河北省委秘书长王林！俗话说，熟门、熟路、熟情、熟人，正是天公相助。然而，这次不是为革命"煽风点火"，恰是为立国"扑焰灭火"；不是抗日暴动，而是为国谋利。真的遇上大难题！而刘少奇的解难招数，是他一贯的老作风——信任我工人。真的，出现新奇迹！

王林（原国家能源部副部长）后来叙述：

扫一扫 看视频

1936年，在北方局最困难的时候，少奇同志来到北平。我左手拿一张报纸，秘密接头……他问家里都好吗？我说很困难，但精神都好。他用手指在桌上写了"刘少奇"三个字，我吃了一惊。我早就听说过，他搞罢工，搞工人运动很有名……1949年在开滦，工人也闹罢工，要搞起大运动。我听说少奇同志要来，心想可真好了，来了个大工人领袖。

他到的当天晚上，听我们汇报时说："在城市工作中，党的中心任务是恢复和发展生产。开滦这个企业是关系到国计民生的大企业，为了国家，为了工人的生活，必须坚持生产。这一点也务必向工人讲清楚，这不是为中外资本家生产，而是为自己的国家生产，只有坚持生产，才会对人民有利。"

但是王林又纳闷：少奇同志怎么才能制止工人罢工呢？心里又急切，又矛盾。❶

跟随笔者父亲出差的张文松同志回忆：

---

❶ 王林：《刘少奇》（电视纪录片）第二集，中国国际电视总公司出版发行。王林：《刘少奇同志一九四九年在开滦》，见《革命回忆录》（二），人民出版社1980年版，第6页。

离开天津，我又陪同少奇同志去开滦。到那儿的第二天清晨，我在大厅里看见少奇同志一个人来回踱步。他头发乱蓬蓬的，脸色也不好。问起来才知道，他为工人罢工，苦思解决办法，一夜未眠。少奇同志要下到矿井去做工人的工作，经过同志们劝阻，好不容易才打消了他的计划。❶

在开滦，十分巧合的是，刘少奇还遇到了一位老相识胡嗣鸿。这位老工人清楚地记得当年在安源，刘少奇是怎样领导他们闹罢工的。这回深感困惑，刘少奇又会怎样阻止罢工呢？

父亲一贯主张尊重群众，凡事都要听听群众怎样想，想怎么办？可谓"敏而好学，不耻下问"。这在他从来就不是一句空话，时时事事真要这么做。有人曾请教，工人要罢工怎么办；他回答，你问清楚为什么？用他们的利益劝他们。那位同志再问，劝了还不听怎么办？他说，那你就跟着罢，在罢工的过程中接着劝。刘少奇这话，乍一听像是玩笑，细想想很有道理。如果你和工人对立起来，工作更没法做，损失更大。1956 年、1957 年时，刘少奇多次讲：

你们要去（闹事），我们也陪你们去，一起到北京去讲道理。这样做不就是可以缓和地解决矛盾吗？❷

没有闹过瘾，问题解决不了……反复进行说服教育，不能解决问题，群众是不会服的。闹起来，党团员不去，没有人领导，那样不行。❸

刘少奇在开滦开了两次工人专场座谈会，对工人果然就是那样做工作的。他开诚布公说：

---

❶ 张文松：《随刘少奇同志视察天津》，见《中共中央在香山》，中共党史出版社 1993 年版，第 295—296 页。

❷ 《关于高级党校学员整风问题的谈话》，1957 年 5 月 7 日。

❸ 《刘少奇言论集（1945 年 8 月—1957 年 12 月）》，人民出版社资料室，第 553 页。

开滦的事情，横竖是你们自己的事情，你们自己拿主意才是。

看看大家也没什么主意，他才又说：

扫一扫 看视频

你们组织起来以后，要努力排除生产上的障碍，推动资本家维持生产。无论如何，要把开滦的事情办好才行……现在不是为中外资本家生产，而是为自己的国家生产，只有坚持生产，才会对人民有利。❶

刘少奇推心置腹与自家人谈心，没有"工人领袖"的号召，没有"师傅见面"的寒暄，老实坦诚，一见如故，让大家感动。工人弟兄们，对我父亲也有自然的亲近感，开始的些许拘谨，此时也都放松下来。是啊！都是国家的主人啦，要努力"为自己的国家生产"！

消息不胫而走，井下井上、全体工人，全部上岗转向大生产！

父亲23岁就到安源煤矿领导工人斗争，之后他一直是全国著名的工人运动领袖。28岁出头，他又亲率武汉工人和民众30万人收回汉口英租界，历史上第一次，从帝国主义枪炮口下夺回领土主权治权。❷ 其历史意义之重，由读者专家评定！

可以说，刘少奇同资本家顽强斗争了大半辈子，与帝国主义列强英勇搏杀了大半辈子！他与工人，身心完全融为一体；他对国家倾注了毕生的一切。个人意愿上，他决不可能赞成剥削，更无可能同情列强，但为了工人们更长远的、更大的利益，必须与资产阶级合作，甚至利用帝

❶ 王林：《刘少奇同志一九四九年在开滦》，见《革命回忆录》（二），人民出版社1980年版，第5页。

❷ 中共中央党史和文献研究院编：《刘少奇年谱（增订本）》第一卷，中央文献出版社2018年版，第62—64页。

国主义大外资，❶联手对付贫困落后这一现实。

原先一筹莫展、高度紧张的中英资方，惊喜之中无不敬佩叹服。为工人的无言自觉、无私守纪而深受感动！

当然，还有另一方面，是更重要的工作。刘少奇召集军管、资方、井下工人座谈时，断然布置有力措施：指示华北贸易总公司，每月以相当于 15 万袋面粉的物资换取煤炭，用以维持职工生活；要中国人民银行向开滦发放贷款，以支付拖欠工人的工资；并决定政府每月以现款购煤两万吨，还另以杂粮、坑木、布匹交换煤炭，使开滦煤矿资金得以周转。❷ 按刘少奇的话，现在就开始把这家特大企业导入国家资本主义的运营轨道。

欠薪即发，面粉到家！坑木即来，存煤运出！

后任矿党委领导的刘辉同志回忆：

> 少奇同志的这些办法真使我们耳目一新。不但工人高兴，英国人也高兴。少奇同志算得上我们党最早，也是最成功地与外资企业打交道的人了。他解决开滦问题的基本思想是：既讲原则，又讲措施，是什么问题，解决什么问题；是谁的问题，解决谁的问题；对中国人、外国人，都实事求是。

在天津和开滦，刘少奇进一步感受到恢复国民经济的紧迫性和艰巨性。特别是渡江战役捷报频传，南京、杭州、武汉、上海解放，全国都即将解放，必须出台大政策，具体解决大问题。正如邓小平评价"天津讲话""完全正确"中，

扫一扫 看视频

---

❶ 中共中央党史和文献研究院编：《刘少奇年谱（增订本）》第二卷，中央文献出版社 2018 年版，第 399 页。

❷ 王林：《刘少奇同志一九四九年在开滦》，见《革命回忆录》（二），人民出版社 1980 年版，第 5 页。

| 1949 年 5 月 7 日，刘少奇视察天津碱厂

介绍的大背景——大家都急切要求，明确的政策指导。

例如，对有些帝国主义和官僚资本逃亡倒闭的企业，我们立即接管没收，组织开工。而对开滦煤矿这种典型的"帝国主义"特大企业呢？即使没收也得有个章程吧？刘少奇说：要置于"国家监督之下……推动中外资本家维持生产"，同时，可以考虑鼓励外国大资本家，投入中国建起大企业！ ❶ 而对于民族资本主义的大量企业如何办？对国家资本主义的计划怎么实施？对小私有企业和更广大的工人呢？都急需大致统一的政策和指挥。

"渡江战役"刚开打时，父亲就在天津用几个夜晚，起草了《中央财政经济机构的组织大纲》，发中央主要领导同志征求意见。从唐山回

---

❶ 这让我们联想"文化大革命"后，引进哈默中美合资建平朔煤矿。

到北平后，又修改"大纲"并建议陈云领导，报毛主席的第二天即获批准。6月3日，"中央财政经济的统帅部"就成立起来。陈云出任第一任中财委主任。❶

后史之中，陈云领导中央财经委，打击不法投机，稳定经济秩序；没收官僚资本，组建国营经济；统一财政税收，恢复发展生产……到1950年初，全国接管官僚资本的工矿企业2800余家、金融企业2400余家，以此为主要基础，具有社会主义性质的国营经济迅速建立起来。面对极其困难的财政经济情况，"财经统帅部"精心领导稳定物价和统一财经的重大斗争，组织了同投机资本斗争的"银元之战"和"米棉之战"，稳定住物价和市场。使国内外怀疑者，不得不赞佩，叹为奇迹："事实证明，共产党不仅在军事上是无敌的、在政治上是坚强的，在经济上也是完全有办法的。"❷

中央财经委为经济状况的根本好转，为新民主主义制度的确立，为共产党威望在国内外的提振，作出大贡献。❸

这一切，与刘少奇的鼎力推荐和支持，不无关联吧？

中共中央党史和文献研究院的专家王均伟同志感叹：

> 刘少奇的天津和唐山之行，无疑是中国共产党建国后的一次十分成功的实践。关于新民主主义经济建设，论述之深刻，影响之深远，或许我们今天仍没有完全认识到。

今天，改革开放已经四十多年啦！看看各地如雨后春笋般的开发

❶ 中共中央文献研究室编：《刘少奇传（1898—1969）》（下），中央文献出版社2008年版，第590页。

❷ 《中国共产党简史》，人民出版社、中共党史出版社2021年版，第151—152页。

❸ 中共中央党史研究室：《中国共产党历史》第二卷（1949—1978）上册，中共党史出版社2011年版，第50—64页。

区，面对从小渔村变成千万人口的现代化大都市，❶姓"资"还是姓"社"的问题，在一些人中挥之不去，仍深感别扭纠结；更难直言不讳，对"剥削""资本家""鼓励外国大资本投资"，听起来仍让人觉得有些刺耳惊心。那位七十年前听过父亲讲话，又为他辩护的老人，深刻总结正反两面的经验教训，铮铮一言："发展是硬道理！"

石破天惊，道出了几十年风风雨雨所验证的结论。

浩荡春风，吹遍全国。如今，世界知名的大企业，已经堂而皇之地跻身于中国市场。在全世界，中国引进利用外资名列前茅。人民群众，看到了改革开放给中国带来的巨大变化，连世界上最老牌和最新霸的帝国主义，都看到了沉睡的东方雄狮已经醒来，古老的中国正在复兴！

按马克思主义的基本原理，社会主义制度是以资本主义充分发展为前提的，资本主义越发达，进化到社会主义的基础和条件就越成熟、越完备。因此，社会主义与资本主义相伴相生为主，相斥相克则被包含在促进变革，脱胎更替之中。

列宁早就提出，比资本主义文明更高级的文明，只能在资本主义文明的基础上产生，而不是在消灭资本主义文明的基础上产生。

新文明应当继承全部文明发展的成果，绝不是"文化大革命"胡闹瞎喊的："与一切旧文明，彻底决裂！"

老友张木生论述：

> 社会主义革命和建设中的"左"倾错误，集中于一点：就是把社会主义和资本主义抽象地对立起来，用"二律背反"的形而上学观点，把两者看成绝对不同的，非此即彼的关系；不懂得资本主义和社会主义之间，历史唯物主义辩证的联系，不懂得前者为后者准

---

❶ 深圳蛇口。改革开放初，中国第一个招商"来料加工试验区"，带动起深圳特区大开发。

备经济基础，后者则以前者的全部物质文化遗产为自己的前提。因此，抹杀了从前者至后者转变过程中，应有的中间环节。❶

硬要来"逾越""自然的发展阶段"，却欲速则不达！

在如此浅显道理上的误解，造成的恶果却如此的长久广泛，似乎显得太荒唐。然而，沉痛的代价，沉重的历史，足以使任何人肃然恭敬。直到改革开放，我们才省悟，逐渐走出误区，带来彻底的理论返正，将社会主义的物质文明、精神文明和人类的一切文明理顺过来，稳坐于一切旧文明的基础上继承和发展，真正为中国开辟出广阔的天地和光明的前途。

笔者不奢望，今人都笃信经典的理论；

丝毫不怀疑，读者会判断过去的是非。

只是试图着，还原历史人物的信仰和依据，才易理解历史真实的来由与发展。至于是非曲直，历史早已判明，作出最好的回答！

有人说，今天的现实是被刘少奇不幸而言中，也有人说是幸而言中。总之，不为别的，只为了今后的中国更加发展，今后的中国人过更好的日子，难道不应当把这位一心一意惦记着国家和百姓，永远被我们称为"同志"的国家主席的真知灼见，认认真真地重温一下，把他的所思所行，扎扎实实地探索一番吗？

二

前述说到王光美看望毛主席。毛主席表扬了"天津讲话"，并让她

---

❶ 张木生：《学习列宁的过渡学说肃清左倾流毒》，见《超越左右说实话》，大风出版社2007年版，第202—203页。

通告刘少奇尽快回来，有急事。母亲也不知道父亲在哪里？就回我外公家，打长途电话找黄敬，请他紧急通知。5月10日，父亲连夜从唐山赶回香山。11日才到，当晚立即在双清别墅向毛伯伯汇报。

扫一扫 看视频

毛主席肯定刘少奇在天津的工作，并要求就城市工作和对资产阶级的政策，在北京讲几次。转而说，之所以急请速回，是安排刘少奇率中国共产党代表团访苏，同斯大林商谈两党大事，主要是建立新中国的事宜。❶

早在1947年初，粉碎国民党军"全面进攻"后，毛泽东就想访问苏联，斯大林也邀请商谈大事。蒋介石下令胡宗南突袭延安，出访暂时推迟。1948年春，中共中央从陕北迁到西柏坡，与中央工委会合。毛泽东先留城南庄，就是准备访苏，但又没能成行。"三大战役"后，（苏）联共中央派米高扬来西柏坡，专听取中共意见，也带来建议。

这里简介几句背景，仅为一己管见。

第二次世界大战中，抗击并消灭德日法西斯，苏联立下头功！斯大林的威望如日中天，国际地位空前高大，领袖权势无人可及！

苏联对中国革命和中共发展，给予巨大援助和支持，确是无可比拟的；而在共产国际（苏共）极其可贵的支持中，确有很多遗憾和很大失误。这两点在中苏两党内，应是共识。

而非共识的，一明一暗。"明"的，斯大林一直对蒋介石抱怀柔态度，开始劝国民党不要打共产党，后来派米高扬谨慎带信，劝共产党与国民党北南"划江而治"！让斯大林尴尬的是，国民党置若罔闻，共产党也

---

❶ 中共中央文献研究室编：《刘少奇传（1898—1969）》（下），中央文献出版社2008年版，第590页。

没听他的。

"暗"的，都心知肚明，只敏感试探。第一次世界大战打出第一个社会主义国家苏联，第二次世界大战打出一个"社会主义阵营"。除了中国、南斯拉夫、阿尔巴尼亚、北越（时称）外，其他兄弟国家都是苏军横扫扶持建立的，按照苏联模式，遵从斯大林主义。阿尔巴尼亚，苏联没夹在眼里；北越就交给中国；南斯拉夫，已成苏联眼中钉。中国，可非同小可！明摆着中共自己打下来，明摆着没实行无产阶级专政，明摆着与列宁斯大林主义有距离，明摆着比"社会主义阵营"总人口还多，明摆着东方文明辉煌而又与欧洲文化迥然不同，以笔者的话，食之啃不动，弃之不甘心！连斯大林如此的大人物，都颇为犯踌躇！

中共方面，人民解放军摧枯拉朽，国民党统治基本解体。召开新政治协商会议，建立中央人民政府迫在眉睫，取得联共（布）中央的了解支持，得到苏联的各方面援助盼之若渴！中共中央决定组成刘少奇为团长，高岗、王稼祥（内定为驻苏联首任大使）为成员的代表团，秘密前往苏联。

5月11日晚，毛主席交代重大任务后，父亲即把主要精力转向筹备访苏。好在，中共中央内，恐怕难找到比他更合适、更熟悉的领导人了。

5月13日，我姐姐出生。因父母于平山西柏坡结婚，女儿出生于北平，取名平平。我这个姐姐极为优秀，各时期都有非凡经历、突出表现……"文化大革命"，无端住了多年监狱；到黄河垦利农场再多年劳改。改革开放后，到美国自费上学，全靠自己打工，8年拿到学士、硕士、博士、博士后；40多岁，获世界最高食品科学奖；任国家商业部科技司司长，不幸于48岁脑出血，卧床12年，在我家逝世。国际天文组织特意注册一颗恒星，以她（王晴）命名！今若她在，各个方面全比我强。英年早逝，令人叹惋！

| 1949 年，刘少奇、王光美同女儿刘平平在一起

回到 1949 年，6 月 21 日凌晨，刘少奇率团出发，因为访问是在新中国宣布成立之前，所以极为秘密。事后很长一段时期，中苏双方都没有公布两党间的这次接触，直到几十年后才解密。陪同他们的，是苏联总顾问、交通部副部长柯瓦廖夫。火车经沈阳接上高岗，下行旅顺大连。再乘飞机，多次起降。父亲说，有一次飞机出故障紧急迫降；另一次飞机起降轮子都掉了，险情频发！这次，还多亏了交通总调度"柯兄"，换乘汽车、火车、飞机，还是走了五天。26 日下午，到达莫斯科。

扫一扫 看视频

第二天，斯大林就安排会见中共代表团。父亲递交了毛泽东的亲笔信，并初步谈了贷款、派专家，以及海军、空军援助等问题。刘少奇建议，希望在联共（布）中央政治局会议上，直接就中国的政治、军事和经济等方面的主要情势，同他们交换意见。斯大林同意了，答应三四天后会谈。❶

当年的斯大林，不仅在国际共产主义运动中，而且在全世界各国都享有空前的威望。第二次世界大战"三大巨头"中，罗斯福去世，丘吉尔下台，战胜国领袖，他是唯一还在当政的。在苏联国内，居圣主偶像之尊！柯瓦廖夫"老兄"，一见斯大林，就脸红、发抖、口吃，极度兴奋……别的政治局成员，也是毕恭毕敬，不敢稍有差池。

对中国共产党代表团的接待，显然超规格、超重视，可见斯大林之关切！刘少奇访苏期间，与斯大林会见，前后有五六次之多，无论是集体场合，还是私人会面，都十分融洽。

扫一扫 看视频

第一次会见后，为了让斯大林对将要谈的内容有更仔细的了解，刘少奇和代表团进行了两天的紧张准备，提交了一万多字的书面报告。这份报告，从四方面介绍新中国的建国构想，具体指出了将要建立的人民民主专政政权，与苏联的无产阶级专政政权的相同点与不同点。报告引述当年列宁"工农民主专政"和斯大林关于中国主要矛盾的经典话语。说明新中国的主要矛盾，在很长一段时间内，是人民与三座大山残余势力的矛盾，而不是工人阶级与民族资产阶级之间的矛盾。❷

刘少奇在报告中写道：

---

❶ 中共中央党史和文献研究院编：《刘少奇年谱（增订本）》第二卷，中央文献出版社 2018 年版，第 410 页。

❷ 这份提纲的经济建设部分，以《关于新中国的经济建设方针》为题，编入《刘少奇选集》上卷，人民出版社 1981 年版，第 426—431 页。

人民民主专政，不是资产阶级专政，也不是无产阶级专政……（是）无产阶级为领导，工农联盟为基础……包括愿意反对帝国主义、封建主义与官僚资本势力的自由资产阶级的代表和派别在内……正如斯大林同志一九二六年在共产国际中国委员会的演说中所说的，中国未来的革命政权"特别是反对帝国主义的政权"……

一个政权如果以主要的火力去反对资产阶级，那便是或开始变成无产阶级专政了。这将把目前尚能与我们合作的民族资产阶级赶到帝国主义那一边去。这在目前的中国实行起来，将是一种危险的冒险主义的政策。❶

斯大林完全赞同报告中的观点，在阅读时，连续批了 15 个"对"字。

刘少奇另外还给斯大林写了一封信，就学习苏联经验和要求苏联援助方面，提出了八个问题。另外，他还致信米高扬，希望共同谈一谈有关商业和贸易的问题。那几天，刘少奇满脑子都是新中国的各种各样的问题。他恨不得一股脑提出来，一股脑解决。

7 月 11 日晚 10 时，在克里姆林宫，斯大林召开政治局会议。开场他说，是应中共代表团愿望召集，都看了刘少奇的报告，"没有问题。"问了几个具体情况后，就发表意见。

扫一扫 看视频

谈到中国民族资本家这个问题时，斯大林说，你们同民族资产阶级合作并吸收他们参加政府的观点是正确的。中国的民族资产阶级，同东欧各国以及德国的资产阶级不一样，那些国家的资产阶级在战争中同希特勒合作，因而在反希特勒胜利后所处理的，只是他们的企业，而不是

---

❶ 中共中央文献研究室、中央档案馆编：《建国以来刘少奇文稿》第一册，中央文献出版社 2005 年版，第 6—7 页。

他们本人。中国的民族资产阶级却不同，他们在对日作战时没有投降日本。其后，一部分虽然企图同美国建立关系，取得美国的援助，但"中美通商航海条约"的订立，对中国资产阶级是极不利的。于是，中国资产阶级反对美国和蒋介石。

斯大林说：你们引述我 1926 年讲的话是对的，"中国未来的革命政权'特别是反对帝国主义的政权'"。这就肯定了中共实行"人民民主专政"而非"无产阶级专政"。

关于新中国的外交，斯大林同意刘少奇报告中所说的，要利用资本主义国家的矛盾，发展中国与各个国家的通商贸易。斯大林同时承诺，新中国一成立，苏联立即承认；并邀请毛泽东访苏，签订新的中苏条约，同时苏军从旅顺撤出。

斯大林说:1945年的"中苏条约"是同国民党打交道,是不平等的。美国在日本驻军很多,蒋介石勾结美国,苏联不得不在旅顺驻军,防御美国,也保护中国革命。现在,苏联可以立即撤兵。而新中国一成立,毛泽东来签新的中苏友好条约后再撤兵,从法理上,名正言顺。

最后,斯大林回应刘少奇信中"八个方面问题",安排与各政治局委员商谈,并介绍各方面的工作经验。❶

斯大林的表态,使中共取得圆满的会谈成果,尤其重大的是:关于新民主主义制度的一系列大思路、大政策,不仅得到斯大林的认可,而且得到赞扬。这是极大的突破。

这时,中苏双方都挺兴奋,放松下来。据在座的柯瓦廖夫回忆:高岗按捺不住,要求发言。开始,他大加赞颂斯大林的伟大和苏共的援助,忽然亢奋疾言,冒出惊人之语:中国的东北,是苏军从日军手里解放出来的,又帮助中共建立根据地,将来建设更要靠苏联。现在已经可以公开宣布,东北地区为苏联最新的加盟共和国!这样,对苏联、对东北地区都安全。接着更意外,高岗提出:苏军不仅不能从旅顺撤兵,还应扩大驻军,并在青岛新设海军基地,以后再进驻上海,以便出兵太平洋!

柯瓦廖夫观察,苏方政治局委员多喜形于色,关注斯大林的态度。而中方人员全都沉默,刘少奇显然很气愤。斯大林吸着烟斗,对高岗大声说了一句:"张作霖同志!我刚才说过,现在就可以撤兵!"斯大林批得很重,贬称其巧言令色都嫌轻,直斥汉奸卖国贼!高岗一愣,马上瘪了。

父亲叙述的情况与"柯兄"回忆的情节,大同小异,粗略简练。会

❶ 中共中央文献研究室编:《刘少奇传(1898—1969)》(下),中央文献出版社 2008 年版,第 594—596 页。

后，刘少奇狠批高岗，是可忍孰不可忍！高却激烈抗辩，又托词东北有急事，报毛主席批准后，7月30日提前回沈阳。柯瓦廖夫回忆，中苏两方只有他一人，送高岗回国。

此事可谓以后"高饶事件"的起端，有些情节，容后再叙。

回到11日晚，与联共（布）中央政治局会谈结束后，斯大林选了四部影片，放给代表团看。放的时候，还亲自进行解说。❶ 其中一部，是原子弹试验的现场实况，斯大林说，是第一次给外国人看。

之后的十几天，刘少奇率代表团与苏联政府许多部门，一一进行交流，还参观了许多工厂和集体农庄，对苏联的经济建设是怎么搞的，心里大体有了数。同时，领导刘亚楼、张学思，就建立空军、海军，与苏军和有关部门紧张会谈。最后，父亲还谈定了，苏联向新中国提供三亿美元低息贷款，派遣经济、军事技术专家等七个方面的援助。

恨不得将一天变成25小时的紧张工作中，父亲的一件日常小事，竟然让服务的几位苏联大妈流下了眼泪。她们发现，地位起码应在米高扬之上的中国人刘少奇，居然不要她们动手，自己端着脸盆，在水龙头前洗衣服。

7月27日，斯大林邀请中方代表团，到他的孔策沃别墅赴宴，并继续会谈。这次又出了意外的插曲，颇具戏剧性。此时，江青正在莫斯科看病，出于崇拜斯大林，执意要参加宴会。但斯大林几乎从来不见女宾，集体会见中对女士也很冷淡。经协调，破例允许江青作为毛泽东夫人参加。赴会前，父亲再三叮嘱她，安分守己。

按说守己不为难，偏是安分成大难。坐在长桌靠边的江青，眼见斯

---

❶ 中共中央文献研究室编：《刘少奇传（1898—1969）》（下），中央文献出版社2008年版，第594—596页。

大林，犯了"偶像疯"！席间，端起一杯红酒，起立背台词似的：让我们举杯，敬祝全世界伟大的导师，斯大林大元帅健康，干杯！——通常，为健康干杯是惯例，但关于斯大林的健康，在苏联可是众口缄默的禁忌。

霎时，在场几十位领导人呆若木鸡，噤若寒蝉，肃然冷场。

斯大林，没瞅一眼难堪的江青，缓缓起身打破僵局，举杯建议说："请大家举杯，为弟弟超过老大哥，加快进步而干杯！"江青的尴尬，算是解脱了，刘少奇可真作难了：现在中国还没有完全解放，新中国正在筹建之中，说超过苏联，实在差远了。再说社会主义阵营中，敏感心理已露端倪，粗心往往引起误会。刘少奇表示："这杯酒坚决不能喝。兄长总是兄长，老弟还是老弟，我们永远向兄长学习。"这使身体已经不很健康的斯大林，若有所思，似发伤感。斯大林接着讲：

> 我从来不喜欢奉承人家。别人对我有许多奉承，我也觉得厌烦。我说中国马克思主义者的成就，苏联人及欧洲人要向你们学习，并不是奉承你们，不是说客气话。西欧人由于他们骄傲，在马克思、恩格斯死后，他们就落后了。革命的中心由西方移到了东方，现在又移到了中国和东亚。关于马克思主义，在一般的理论方面，也许我们苏联人比你们知道得多一些，但把马克思主义的一般原理，应用到实际中去，则你们有许多经验值得我们学习。

那天，斯大林还很认真地向中共代表团介绍了苏联在经济建设中的经验，特别是教训。他直问刘少奇："我们是不是扰乱或妨害了你们呢？" ❶ 这在"老大哥"来说，极其罕见，意味万千！又问："你们在美国人参与的和平运动 ❷ 中是否受到了损失，妨害了你们？"刘少奇就实

---

❶ 柯瓦廖夫回忆，斯大林还就批评高岗"张作霖同志"之事，问"是不是太唐突了"？——柯瓦廖夫的回忆，笔者没核对原文。

❷ 即"和平民主新阶段"那段时期。

回答:"受了若干不大的损失,但那次和平运动很有必要,结果我们孤立了美蒋……没有一个人说我们这样做不对。"

斯大林感慨:

胜利者是不能被审判的,凡属胜利了的,都是正确的。❶

斯大林之言,语惊四座!以后不少回忆者和党史专家,按意译"青出于蓝而胜于蓝",简称斯大林这大段著名的话。

扫一扫 看视频

当时为刘少奇做翻译的师哲,还回忆了一件事。在莫斯科,刘少奇征求斯大林的意见,新中国开国的日子,打算定在 1950 年 1 月 1 日。斯大林在宴会席间说:最好早一些,不要给帝国主义武装干涉中国内战以借口。刘少奇立即将斯大林的这个建议,电告中共中央。于是,中华人民共和国开国的日子,才定为 1949 年的 10 月 1 日。❷

师哲的回忆,概括了一段,应是准确的:

我亲眼看到,斯大林对少奇是信任和尊重的……每次会见都聚精会神地倾听少奇的每句话,体会少奇的语义和心情,并对少奇的意见多次表示同意和赞赏……他不准别人插手,以免横出枝节。因而在会谈中从未有过误会或不愉快。可以说,历次会见都是在热情洋溢、友好诚挚的气氛中进行的。❸

离开莫斯科前夕,斯大林请刘少奇参观自己种的农作物,边交谈,边散步,愉快地度过了几个小时。斯大林指着一片谷子说:

---

❶ 刘少奇记录的斯大林谈话,1949 年 7 月 27 日。

❷ 师哲:《在新中国诞生的前夜》,见《缅怀刘少奇》,中央文献出版社 1988 年版,第 224 页。师哲回忆的更改新中国成立日期的事,现有歧义,查不出根据。为增加趣味性,记述这一段。

❸ 师哲:《在历史巨人身边》,中央文献出版社 1991 年版,第 418 页。

刘少奇同刘允斌（右一）、刘爱琴（左一）及朱德的女儿朱敏（右二）在莫斯科

这种子是中国的，我亲手栽下，本想成熟了用来款待你们，多有意思呀。遗憾的是你们不能久留，很快就要离开我们了。

斯大林这样接待客人，讲出这样动情的话，极其罕见。

品味彼时此景，无论对斯大林，还是看刘少奇，感怀这两位伟大的历史人物，一首辛弃疾名词，不禁涌上我心头：

少年不识愁滋味，爱上层楼。爱上层楼，为说新词强说愁。

而今识尽愁滋味，欲说还休。欲说还休，却道天凉好个秋。

父亲在莫斯科期间，多次将我大哥刘允斌（保华）和大姐刘爱琴（爱儿）接来相聚。11 年未见的子女来身边，会给繁忙公务缠身的父亲，多少带来些温情调剂？归途中，刘少奇的餐桌旁，多了一个不大会说中国话的中国姑娘。同车的苏联专家和中国同志们相传：她是父亲与何葆贞妈妈所生的长女刘爱琴。1927 年，在武汉降生两个月的她，便被托养给一户工人，后转卖成童养媳，受尽磨难。11 岁时，由周恩来派人找回，与我大哥一同送到苏联国际儿童院。❶ 这时，我大姐已是 20 多岁的大姑娘了。她肚子里，还带回一个西班牙血统的儿子。❷

我大姐在苏联学的是经济专业，正是新中国建设最急需的。我大哥刘允斌（保华）在苏联学的是核子物理。我二哥刘允若后来也到苏联留

扫一扫 看视频

学（1957—1961 年），学的是导弹火箭技术。父亲对子女，是尽量提供好的学习机会，要求学成以后必须回国服务。我大哥毅然回国，不得不抛下一儿一女，与他的苏联妻子离了婚。

大哥回国，从事原子弹、氢弹研究；二哥回国，从

---

❶ 刘源：《梦回万里 卫黄保华》，人民出版社 2018 年版，第 123—124 页。

❷ 刘索，1949 年末出生。后为中国人民解放军空军大校。2009 年去世。身后留有一女。

事导弹火箭研究。❶ 如父亲所愿：父卫黄，儿保华！

回到 1949 年 8 月 14 日，父亲揣着苏联向中国提供的巨额援助清单，率领一支由 220 名苏联专家组成的队伍，踏上归程。他口袋里塞的、脑袋里装的，以及列车上满满载的，对于即将呱呱坠地的新中国而言，都是无价之宝。

三

8 月 25 日，刘少奇同柯瓦廖夫率团抵达沈阳。因南方战火未熄，还有几百万国民党残兵和反动匪特，于是将大部分苏联专家，先留沈阳开展工作。父亲非常关心这些专家，对住宿条件、饮食情况等等细节都一一指示，还亲自探望，"做了一系列细致、具体而周到的工作……

扫一扫 看视频

无微不至地关心他们，他所做的那一切都是十分感人的"。这使得苏联专家们既吃惊又感动，纷纷说："我们像遇到了自己的亲人一样……如果我们不在中国努力工作，将问心有愧。"❷

28 日，刘少奇在东北局干部会上讲话强调：

只要第三次世界大战不爆发，经济建设的任务就不变。二十年甚至三十年不爆发战争，我们的任务就一直是经济建设，要把中国工业化。

从 1948 年 "九月会议" 起，刘少奇就提出新中国经济设想。此次秘密访苏，他在给斯大林的报告中写道："今后的中心问题，

---

❶ "文化大革命" 中，均受迫害。刘允斌死于 1968 年，身后有俄罗斯一子一女，中国两个儿子；刘允若死于 1976 年，未婚。

❷ 当时作为翻译的师哲、李越然都有回忆。

是如何恢复与发展中国的经济"❶。建国在即，"以经济建设为中心"呼之欲出！

父亲在东北局的这次讲话，总结革命年代经验，引申到国家建设，首先提出学习外国的经验，必须结合中国的具体情况：

> 我们要在相当长时期内和资产阶级合作，所以中国不能够建立无产阶级专政而只是人民民主专政……不要这样想：东欧搞无产阶级专政，我们就搞无产阶级专政，那不是从实际情况出发，而是从东欧出发的，"言必称希腊"，那就变成教条主义。我们的问题要根据中国具体情况决定。❷

显然，这话与出访莫斯科有关！是否也与斯大林"青出于蓝而胜于蓝"的肯定评价有关？

当刘少奇离开沈阳，登上回北平的火车时，距开国的日子，仅剩下一个来月了。他又投入不分昼夜的紧张工作中。

此时，中共中央机关已经从香山搬到中南海。父母带孩子们住"卐（万）字廊"。

9 月 21 日，中国人民政治协商会议，在中南海怀仁堂隆重开幕。毛泽东庄严宣布：

> 占人类总数四分之一的中国人从此站立起来了！我们的民族将再也不是一个被人侮辱的民族了！❸

中央书记处书记、中央军委副主席刘少奇，代表中国共产党四百

---

❶ 《刘少奇选集》上卷，人民出版社 1981 年版，第 426 页。

❷ 中共中央党史和文献研究院编：《刘少奇年谱（增订本）》第二卷，中央文献出版社 2018 年版，第 417—418 页。

❸ 中共中央文献研究室编：《毛泽东年谱（1893—1949）》（修订本）下卷，中央文献出版社 2013 年版，第 577 页。

四十八万名党员，发表热情洋溢的讲话：

中国人民在一百多年来反对帝国主义、封建主义和官僚资本主义的艰苦斗争中深深地懂得：必须实行全国人民的革命大团结，才能战胜压在自己头上的强大的敌人，并在战胜这些敌人后巩固胜利的果实，成功地建设新中国……过去被人讥笑为一盘散沙的四万万七千五百万中国人民，一旦在正确的领导之下团结成为一个统一的力量，它的光芒将照耀全世界，它将迅速地肃清一切残敌，

克服一切困难，把落后的中国建设成为独立、民主、和平、统一和富强的新中国。❶

会议开了几天，关于《共同纲领》，代表们提出许多修改意见，会议充分吸取。

关于"国旗""国歌""国名"议案，大家热议。

三分之一的人不同意建议的国旗样式，于是放弃原方案，采纳一些民主人士提出的五星红旗为国旗的意见！

对国歌的原方案，大家也不甚满意。徐悲鸿提出，《义勇军进行曲》大家都熟悉，只改一句"最危险的时候"就行。上报后，主席团觉得可行；毛泽东说：一句不改，很合适！

会上，对国名是叫"中华人民民主共和国"还是"中华人民民主国"，大家反复斟酌。无党派民主人士、清华大学张奚若教授以为，不如用"中华人民共和国"。董必武报告："我们现在采用了最后这个名称！"❷

9 月 27 日，通过国都、纪年、国歌、国旗四个议案。定都北平，即日改为北京；纪年采用公元；国歌未正式制定前，以《义勇军进行曲》为国歌；国旗为五星红旗，象征中国人民的大团结。❸

9 月 29 日，政协第一届全体会议一致通过《中国人民政治协商会议共同纲领》。这是总结近百年革命斗争经验而制定出来的人民革命建国纲领，是临时宪法。刘少奇在会上指出：

这个共同纲领是中国历史上一个极端重要的文献。

❶ 《刘少奇选集》上卷，人民出版社 1981 年版，第 432—433 页。
❷ 中共中央文献研究室编：《毛泽东年谱（1893—1949）》（修订本）下卷，中央文献出版社 2013 年版，第 579 页。
❸ 中共中央党史和文献研究院编：《刘少奇年谱（增订本）》第二卷，中央文献出版社 2018 年版，第 424 页。

1949 年 10 月 1 日，毛泽东、刘少奇等出席中华人民共和国开国大典

是目前时期全国人民的大宪章！❶

9 月 30 日，选举毛泽东为中央人民政府主席，朱德、刘少奇、宋庆龄、李济深、张澜、高岗为副主席……通过宣言，决定建立人民英雄纪念碑。

朱德副主席满怀信心地致闭幕词：

我们既然能够团结一致开创了中华人民共和国，我们就一定能够团结一致把我们的国家建设好，把我们的国家引导到繁荣昌盛的境地！

老总司令，展现多么巨大的气魄！发出多么伟大的号令！

---

❶《刘少奇选集》上卷，人民出版社 1981 年版，第 434 页。

全国政协全体代表，在天安门广场，举行人民英雄纪念碑奠基典礼！

当晚，沉痛哀悼和永恒纪念——为中华民族和中国人民解放事业而英勇牺牲的无数先烈！

次日，以致告慰和永志敬意——为先烈献上他们曾前赴后继为之奋斗的中华人民共和国。

"忽报人间曾伏虎，泪飞顿作倾盆雨"！

扫一扫 看视频

1949年10月1日下午3时，北京三十万军民，在天安门广场举行开国大典。毛主席和他亲密的战友们，健步登上天安门——向全世界庄严宣告，中华人民共和国成立！

在中国共产党领导中国人民实现近代以来第一个伟大飞跃的辉煌时刻，作为党的"五大书记"之一、作为中央人民政府的副主席，此时的刘少奇，该是多么地自豪！

"文化大革命"时，笔者还真的问过这个问题。父亲摇头，轻拍我肩："当然很高兴！像你妈妈十月怀胎终于生出你，高兴时也深感要养大养好你，必然付出多大努力，应当承担多大责任。"

父亲的一生，视富贵于我如浮云；

与我讲话时，却丹心犹许照汗青。

16岁的笔者，纳闷良久：新中国成立与养孩子，怎么能类比呢？设想开国大典上，父亲心中的澎湃激情概括起来，可能只有一句朴实话：为了中国人民的富足与尊严，大干一场！

几十年的感悟理解，不敢说我真能明白。

但体会过历史上刘少奇苦难的辉煌，

才知道了历史上刘少奇更大的辉煌！

第六章　开创与奠基

一

在隆重、庄严的开国大典上，轰鸣驶过天安门广场的坦克大炮，全部是人民解放军从敌人手里缴获的美国货和日本货。就是战士手中的枪、头上的钢盔，又有几件是中国自己生产的呢？群众游行的农业方阵中，人们看到的是这样的造型：一头牛和一副犁。而全国农户中拥有这样生产工具的，仅为少数。可以说，这就是当时我国工业和农业生产力水平的写照。

"宜将剩勇追穷寇"。在中国的华南、西南，包括已经解放的几乎所有地区，还有二百万残匪武装威胁和大批敌特破坏。以美国为首的西方国家，更是敌视中国共产党，在军事上包围、经济上封锁，力图孤立扼杀新生的中华人民共和国。

自孙中山"联俄联共"开始，苏联长期支持中国革命，从列宁、斯大林到众多专家、顾问、空军无名英雄等等的贡献，永为中华儿女纪念；而且也只有苏联，才无私地给予我国人力、物力、财力援助，建起如黄埔军校、抗日志愿空军等。

苏共对中共的支持，更是一直未曾间断，为人所念。

欧美日的友好人士和社会组织，爱我帮我、鼎力援华者不少，而他们国家的政府，乏善可陈。美国"利益均沾"，似乎好点的是，将慈禧老佛爷的"庚子赔款"转为洛克菲勒投资，建清华大学、协和医院，还算"良心未泯"；"马歇尔计划"给了些"战余物资"救济难民，捞了好名声。但支持蒋介石独裁统治，肥了官僚军阀，倒卖"劫收"资财，将中美两国血肉同盟抗日的资本，折损大半。而"围剿"新中国、保台湾老蒋，以至后来的朝鲜战争、越南战争，都是美国主动实施的战略和战争，其敌对铁证如山！至今，视中国为眼中钉、肉中刺的政策制定者，仇华排华的态度，仍是有目共睹。

中华人民共和国成立，第一个承认并祝贺的是苏联。西方各国中，法国最早，在十五年后才承认并建交；美日（西）德，都是二十多年后才逐渐放弃敌视的。❶中国外交向苏联"一边倒"，是西方世界及日本的敌对敌视造成的，历史使然。

正如毛泽东所言：

真正的友谊的援助只能向……以苏联为首的反帝国主义战线……去找，而不能向帝国主义战线去找。❷

刘少奇在中共八大的政治报告中，说道：

铁幕不在我们一边，我们的门是对一切人敞开的。❸

1949 年 10 月 5 日，中苏友好协会成立，刘少奇作报告：

三十年来中国革命的历史和今天的事实，说明苏联是中国人民的朋友……中国人民应该特别重视和珍贵对苏联人民的友谊与

---

❶ 因香港和开滦煤矿，英国撤走使馆，保留代办处。

❷ 《毛泽东选集》第四卷，人民出版社 1991 年版，第 1475 页。

❸ 中共中央党史研究室：《中国共产党历史》第二卷（1949—1978）上册，中共党史出版社 2011 年版，第 400 页。

合作。

会议选举刘少奇为会长、宋庆龄等七人为副会长。

母亲讲，我父亲很崇敬孙中山先生和宋庆龄先生，他说：

孙中山先生是伟大的革命家，是我们的老师。我们现在实行的新民主主义，就是继承了孙中山先生的三民主义。

宋庆龄回答：

我一直相信，只有在共产党的领导下，中山先生的主张才能实现。❶

父亲有一件"极其遗憾"之事。宋庆龄向刘少奇只提过两项政治要求：一是希望继承中山先生遗志，任中苏友好协会会长；二是要求加入

1957 年 4 月，刘少奇、王光美（左）和宋庆龄（中）在上海

---

❶ 王光美：《永恒的纪念》，《人民日报》1981 年 6 月 2 日。

中国共产党。对第一项，中共中央反复考虑，因中苏关系实在是太复杂又太敏感，包括斯大林对女士的冷淡……怕孙夫人难以应对，但又不能向她多解释；只好决定刘当会长，宋任第一副会长。第二项"要求入党"，父亲与宋妈妈谈：党更需要你不是共产党员。宋表示理解，坚决服从。

"文化大革命"后，母亲向宋妈妈解释说明，关于中苏友协之事，父亲的"极其遗憾"。宋点头回答：后来中苏关系紧张，我自然明白，这种安排是对我的爱护……

1981年，宋妈妈弥留之际，母亲到医院问她，还"要求入党"吗？三次得到点头肯定，母亲即进中南海，面报总书记胡耀邦。当天，邓小平主持中共中央紧急会议，批准宋庆龄为中国共产党党员，并由全国人民代表大会、全国政治协商会议授予宋庆龄最高荣誉——中华人民共和国名誉主席！❶

父若有知应莞尔，对宋庆龄主席，他再无可"遗憾"啦！

1949年11月16日，亚洲澳洲工会代表大会在北京开幕。这是新中国成立后，第一次举办国际会议。刘少奇作为会议主席团主席，亲自解决会务及复杂的争议。会议在12月1日取得圆满成功。世界工联主席路易·赛扬非常满意，伸出大拇指说："伟大，中国共产党！伟大，中国工人运动久经考验的领袖……亲爱的刘少奇同志！"❷

1949年11月25日，中央政治局决定，应斯大林之邀，毛泽东访问苏联。出访期间，刘少奇代理中共中央主席、中央人民政府主席。

12月6日，毛主席启程；1950年3月4日才归国。近三个月里，

---

❶ 王光美：《永恒的纪念》，《人民日报》1981年6月2日。

❷ 中共中央文献研究室编：《刘少奇传（1898—1969）》（下），中央文献出版社2008年版，第608、611页。

　　毛同刘等领导人一直保持密切联系。1950 年 1 月 2 日，毛泽东来电：斯大林已同意"签订中苏友好同盟条约及贷款、通商、民航等项协定"。通知周恩来到苏联参加谈判。1 月 4 日，中央政治局讨论，并决定周恩来 1 月 10 日前往莫斯科。刘少奇主持党政军全面工作，并密切配合毛泽东、周恩来在苏联的谈判。1 月 27 日，刘少奇电告毛泽东："中苏友好同盟互助条约草案，今天政治局会议讨论后一致同意。"2 月 14 日，这一条约在莫斯科正式签订。

　　这期间，胡志明来访。刘少奇自此总负责援助越南工作，为越南的

解放独立、为中越人民的友谊，作出巨大贡献。❶

新中国中央人民政府成立后，父亲即被任命为中国人民革命军事委员会副主席。在毛泽东、周恩来出访期间，刘少奇指挥"两广战役"；12月8日起草命令，解放云南；1950年1月24日，命令进军西藏（西康）。肃清国民党在大陆的残余军队！ ❷

在稳定新解放区秩序后，第一位的就是恢复生产、发展经济。其中首要的，又是占全国人口大多数的农民所急迫盼望的，即新解放区的土地改革。

从1946年起草"五四指示"开始，"土地大革命"一直由父亲主持领导。此时，土改又成为重任中之最重。1950年1月4日，刘少奇为中共中央起草关于新解放区土改的指示：大多数省份"1950年秋后分配土地"；云南、贵州、西康"1951年秋后来进行"。"少数民族居住的地区及汉人与少数民族杂居地区则不进行。" ❸10日，毛泽东回电：很好。"请你们考虑可否要……转发各省委研究"。

新解放区比老解放区人口多得多，地域大得多，其贫困农民更是急切得多！必须有条不紊，慎重稳妥。好在有老解放区土改的标准和经验，又没有老解放区土改时的政治紧迫与战争急切，新区土改可以从容发起和展开。

中央决定先行开始减租减息，安抚住多数贫雇农。

2月28日，中央人民政府政务院发出《指示》。毛泽东、周恩来回

---

❶ 刘源：《梦回万里　卫黄保华》，人民出版社2018年版，第246—255页。

❷ 中共中央文献研究室编：《刘少奇传（1898—1969）》（下），中央文献出版社2008年版，第613—614页。

❸ 中共中央文献研究室编：《刘少奇年谱（1898—1969）》下卷，中央文献出版社1996年版，第238页。

京后，反复讨论，征求意见，确定了保存富农经济的政策。刘少奇在庆祝五一劳动节演说中公开宣布："不动富农的土地和财产。"❶当然，这就更不会伤害到占农民人口比率数大得多的中农！

1950 年 6 月 6 日，在中共七届三中全会上，刘少奇作关于土地改革的报告。经会议通过，成立由刘少奇负责，彭德怀、习仲勋、王震、刘伯承、邓子恢、黄克诚等参加的中央土地改革委员会，指导全国土改。接着，中国人民政治协商会议一届二次会议召开，中心议题就是土地改革。

刘少奇作主题报告：

　　当作一个阶级来说，就在社会上废除了地主这一个阶级……这样一种改革，诚然是中国历史上几千年来一次最大最彻底的改革。

| 刘少奇在全国政协一届二次会议小组会上就土地改革问题发言

❶ 《刘少奇选集》下卷，人民出版社 1985 年版，第 22 页。

在整个新民主主义阶段中，都是要保存富农经济的……不能容许混乱现象的发生，不能容许在偏向和混乱现象发生之后很久不加纠正……有领导地、有计划地、有秩序地进行……只有这样，才能符合最大多数人民的利益。❶

之后两年多时间，父亲多次强调不允许再犯"左"的错误。可谓"能见其过而内自讼者也"！

河清海晏，天下之升平！"土地大革命"，终以圆满大结局，载入史册。

沧海桑田，世事之多舛！这里谨提示，曾经被忽视的一大教训。纯属笔者浅见，请读者察之：

任何革命都会留有不尽如人意之处。新中国成立后极其成功的土改中，也出了意料不到的重大后遗。1950 年 6 月，经中共七届三中全会和全国政协一届二次会议通过，颁布《中华人民共和国土地改革法》。同时，刘少奇注意到：农村阶级成分的划分，是"可以引起各种错误的一个关键问题"。

1950 年 7 月，主持制定《关于划分农村阶级成分的决定》时，刘少奇反复强调：

我们……着重纠正土改中的右倾偏向……还应增加一些防止"左"倾危险的指示，指出那些"左"的错误是不允许再犯的，例如侵犯中农利益，忽视联合中农的重要性，破坏富农经济，对地主普遍扫地出门，乱打乱杀，在工作方式上的强迫命令、大轰大嗡等。

1951 年 2 月，他又主持制定"补充规定"，使工作更具操作性，避免出现偏差。❷

---

❶ 《刘少奇选集》下卷，人民出版社 1985 年版，第 31、38、46 页。

❷ 中共中央文献研究室编：《刘少奇传（1898—1969）》（下），中央文献出版社 2008 年版，第 618 页。

在新解放区划分成分中，夹杂很多文化匮乏和旧意识问题，长久没注意到。由于强调群众"自愿"，"保存富农""保护中农"等政策，许多"贫下中农"自报"高成分"，如家有一两亩地的贫农"高报"富农，甚至无地雇农"高报"为长年雇佣他的地主家人。由于是"被消灭的阶级"，工作组掌握"地主成分"还相对准一些；而富农，"降"的几无，"升"的不少。估计这主要源于旧封建意识遗留。笔者在农村工作生活十年，询问有此情况的"地富分子"，当年为什么会"高报"？居然有的说，为嫁女儿抢手，可多得聘金！

老同学薄熙成回忆，山西土改评他老家为"下中农"，家人嫌低了"丢面子"，说怎么也要高于"上中农"哇！就找当年主持土改的华北局书记一波叔叔反映，薄老无语。笔者寻思，忍俊不禁。

中国共产党是阶级政党，划阶级成分天经地义！正确的政策和策略，必须建立在阶级分析的基础之上。这次"划成分"，本以搞好土地改革为目的，而且也确实起到必要的好作用。"耕者有其田"后，地主阶级必然消灭，贫雇农都"升"为中农以上，已划的"成分"自然作废，就没存在的意义了。

但谁也没料到，后来搞"以阶级斗争为纲"。地富资本家阶级都没有了，搞运动也没了斗争对象，勉强把"残余"拽出来，硬说"疯狂梦想复辟"，拼凑成"地富反坏右黑五类"，逐步演变到"成分注定命运"！尽管毛泽东、刘少奇反复说："有成分，不唯成分！"但政治运动不断，总又提搂出成分说事儿。

"文化大革命"中，针对红卫兵"老子英雄儿好汉，老子反动儿混蛋"的造反口号，江青篡改"最高指示"，口误"有出身，不唯出身"，就将"成分"扩大成"出身"。而她的滥批乱斗，更酿成"唯出身论"！株连到子子孙孙，"出身问题"扩大牵连好几代，伤害到多数人！连毛泽东都痛骂江青"愚蠢"！

刘少奇当年，绝不可能意识到，初定"成分"会贻害后世。50年代，他无数次说"地主阶级已经消灭""地主劳动回心""地主个人已成劳动者"……致使他自己，在"文化大革命"中，被批为"阶级斗争熄灭论"，被扣上"中国的赫鲁晓夫"！

因此，笔者重言陈述，伟大的"土地大革命"中，无意遗留的这一缺憾！

1976年10月，在天安门广场欢庆打倒"四人帮"，华国锋主席代表党中央，❶宣布"文化大革命"结束，开始转向经济建设，淡化"出身问题"了。直到十一届三中全会，"彻底否定文化大革命"，不讲"成分"了。刘少奇彻底平反后，不仅不再批判"阶级斗争熄灭论"，好像真"熄灭"了阶级斗争？

当年，毛泽东、刘少奇都"忽视"过的问题；今天，无论正反两个极端，我们可别"忽视"！

毛泽东和刘少奇都说过：我是老家的"逆子"，背叛了家庭阶级。他们那一代领导人，本人"成分不好"的，多了。毛泽东、刘少奇都任过国民政府时的高官，周恩来、朱德、贺龙、刘伯承都当过国民革命军的将军。何况"出身不好"的？太多了！所以，毛泽东、刘少奇都强调："重在政治表现"。

我姑姑刘绍懿家被定为地主，写信给父亲：我老弟在北京当大官，而我在井边担水……父亲回信：

> 你家过去主要是靠收租吃饭的，是别人养活你们的，所以你

---

❶ 华国锋时任中共中央主席、国务院总理、中共中央军委主席。见1976年10月16日《人民日报》，华国锋讲话。

应该感谢那些送租给你们、养活你们的作田人。人家说你们剥削了别人，那是对的，你们过去是剥削了别人……我当了中央人民政府副主席，你们还在种田吃饭，那就是我的光荣。如果我当了副主席，你们还在乡下收租吃饭，或者不劳而获，那才是我的耻辱。❶

1952 年底 1953 年初，除新疆、西藏外，全国如期完成了这场"土地大革命"。三亿无地少地的农民，无偿得到七亿亩土地和其他生产资料，免去向地主缴纳的七百亿斤粮食的沉重地租。农民的生产积极性空前高涨！

在中国历史上，和平稳定、规模空前的这场社会大革命，永载史册！❷

重复一句父亲的话：

在社会上废除了地主这一个阶级……诚然是中国历史上几千年来一次最大最彻底的改革。

新民主主义经济，彻底消灭取代了封建经济的主体。

古老的中国，告别了延续两三千年的封建社会！

尽管还有诸多偏颇遗留，还有太多制度意识反复，但新生的共和国，已经与全体人民，义无反顾走进新的历史时代！

父亲回眸应笑慰，神州万里春满天！❸

---

❶ 此信手稿，1950 年 5 月 2 日。

❷ 中共中央文献研究室编：《刘少奇传（1898—1969）》（下），中央文献出版社 2008 年版，第 619 页。

❸ 在毛主席领导的中共中央，刘少奇从 1946 年起草"五四指示"时期，一直分管负责并主持土改工作。

二

新中国快要成立前，毛伯伯急派父亲到天津"救火"，接着又赶到唐山"扑火"。刘少奇见到工人群众说：

> 过去中国共产党是接受了工人阶级的命令上山打游击，今天完成了任务是奉命下山交令，回到自己的队伍来了。❶

之后，工人显示出极高的觉悟和纪律性……作为工人领袖，刘少奇当然格外关心工人。

1950年8月，刘少奇代表中共中央，转发中南局第三书记邓子恢关于工会工作的报告，在批语中他提出：

> 工会工作是目前党的主要工作之一，但各地党委……显然注意不够。望（各级党委）照邓子恢同志的做法，在最近三个月内认真地检讨一次工会工作并向中央作一次报告，以便加强各级党委对工会工作的注意，改善工会工作。❷

刘少奇要求马列学院加强对工人问题的教学研究：

> 因为我们多数党员对于工人中间的问题太生疏了，这就使他们不能很好地领导工人群众。

刘少奇，本是中国工人运动的开创者之一，这段时间更是极其重视。他集中了解和研读了许多文章资料，关注新矛盾，思考新问题。而他批给全党的指示，更是引起党内关注，自觉共同探讨，不乏激烈争论。其中，高岗对邓子恢报告激烈反驳，而劳动部长、全国总工会主席

---

❶ 刘少奇在天津职工代表大会上的讲话，1949年4月28日。

❷ 刘少奇在转发邓子恢报告上的批语，1950年8月4日。

李立三支持邓子恢，反驳高岗。刘少奇甚至把他们请到家里，从白天吵到黑夜，中间就在我家吃饭。俩火暴直筒子，边吃边吼，对面指斥，喷饭哄堂，父亲静听深思。邻桌的朱德副主席和杨尚昆主任，也是饭罢留座，凝神细听，凑热闹观舌战。

1951 年春，父亲写出《读邓子恢和高岗两篇文章的笔记》。在这篇文章中，他提出许多新的观点和需要探讨的问题。非常可贵的是，第一次阐述"人民内部的矛盾"概念：

致高岗电
（一九五一年五月十六日）

高岗同志：

关于在国营工厂中实现统一领导问题，华东城市工作会议及其他多数同志都主张在工厂中建立党委来实现这种统一领导。理由是我们暂时还没有或少有既懂得经济工作和技术又懂得党与群众工作的干部来管理工厂。因此，在工厂中实行一长制是难于管好工厂的。而以党委方式来实行集体领导，则既可补足厂长的某些缺点，又可统一各方面主要是党政工团的领导，就是说，工厂中一切重要问题，除开属于紧急事项厂长可以先行处理外，均须事先提交党委讨论，并经多数同意通过之后，属于行政方面者，由厂长下令办理，属于党、工会和青年团方面者，由各该方面出面办理。党委成份包括工厂中最主要的负责人，以能力较强者为书记，如厂长不兼书记，则设一专职党委书记管理统一领导及政治群众工作，再设一专职书记管理支部党务工作。如厂长兼书记，即设两个专职副书记。党委负责制，并不取消或妨碍厂长负责制。相反，它加强并支持厂长负责制。同样，也加强党的、工会的、青年团的工作，各方面的缺点也可得到一些补助，少犯一些错误。如我们在军队中实行党委制能得它的帮助一样，在工厂中实行这样的党委制在目前是比较地最好的一种管理工厂的方式。工厂中的一长制是要等以后的时期才能实行的，目前实行，一般的是过早的。在工厂中建立党委实行统一领导后，在工厂外，即在市委、省委，中央局和中央各级党委之下亦须建立企业党委，由党、工会、青年团及工业管理部门的负责人参加组成之，以便实行厂外对于工厂的统一领导，同样也补足各方面所有的缺点。也就是说，各方面有对于工厂的重要指示，均须由企业党委多数通过。这样，也就保障了工厂内部对于工厂的统一领导。你的文章，望你提交十八日开会的城工会议征求大家意见，并将大家的意见告我。关于工厂与工会立场问题你写的文章，我已看过，已送交主席，可能主席尚未来得及看。我的意见以为四中全会即将开会并要讨论这个问题，子恢同志亦来，可以在那时加以讨论，因此，你的文章暂时以不发表为好。你们的城工会议，我们派廖鲁言及工会陈用文来参加。

刘少奇
五月十六日

　　这种矛盾和关系是工人阶级和人民内部的矛盾和关系，因此，应该用同志的、和解的、团结的办法来处理这种矛盾和关系。

刘少奇接着指出，要正确分清两类不同性质的矛盾：

　　矛盾大体上可以分为两类：一类是在根本上敌对的不能和解的矛盾；另一类是在根本上非敌对的可以和解的矛盾。我们在观察问题的时候，必须分清这两类矛盾的不同性质。❶

这一论述已被公认为，刘少奇的重大理论创造之一。亦是毛泽东关于正确处理人民内部矛盾思想的重要源头。

扫一扫 看视频

----

❶ 《刘少奇选集》下卷，人民出版社 1985 年版，第 94 页。

同时，父亲还说：

　　工会工作必须从普通工人的要求出发，力求实现他们一切合理的能够实现的要求，然后逐步提高觉悟，来实现我们党的要求和目的。

1951 年 7 月，刘少奇批转李立三《关于调整工资情况的综合报告》：

　　工资问题对于工人阶级来说，犹如土地问题对于农民一样，是一个十分重要的基本问题。

这一次调整，确定了"八级工资制"，工人工资水平较大幅度地增

长，成为很长时期职工工资的基本模式。❶

需要点明，在以邓子恢、李立三为一方，高岗为另一方的争论中，刘少奇显然同意前者。但在争议时，他没明确表态，只在《笔记》中予以阐述。高岗在世时，《笔记》没有公布。但高在争论时，从刘的眉间眼神、喜怒神情中，足以猜度出刘少奇的倾向。

新中国刚成立，毛泽东、周恩来访苏，刘少奇代理中共中央和中央人民政府主席，主持全面工作。千头万绪，稳定第一。

中国共产党发动人民群众，打出"红区"。红军长征"北上抗日"，抗日战争中，又发生"皖南事变"。我党我军主要是在华北、华中地区发展；解放战争前"向北发展、向南防御"，抢占了东北。由于种种原因，长江以南很薄弱，游击战争少、地下工作弱，远不如北方壮大发达。

解放军渡江后所向披靡，有的一场战役就打下一省！占领城市是重点，军管会迅速恢复秩序和经济生产。而南方的大片农村山林河湖，多数没有党组织，有的也较薄弱，只能靠军队支援地方。这些干部，多数是北方同志，不甚熟悉地方工作，语言风俗物产食宿，都有个适应的过程。

在中共中央，刘少奇主持接收、军管、恢复，多次感叹：

> 现在不是怕太慢了，而是怕太快了。太快对我们的困难很多，不如慢一点，我们可以从从容容地准备。❷

父亲当然知道战争不等人——快是胜利，是好事！他更熟知我军的作战原则——打得赢就打，打不赢就走；就凭"跑和快"。

一向谨慎的他，只担心困难多，唯恐出大乱子。

---

❶ 中共中央文献研究室编：《刘少奇传（1898—1969）》（下），中央文献出版社 2008 年版，第 647—648 页。

❷ 《刘少奇选集》上卷，人民出版社 1981 年版，第 409 页。

此时的刘少奇，昼夜不息指挥，不敢稍有懈怠，一再催促上下。当时最大的"敌情"转化为，国民党军残余逃兵、城市敌特黑恶势力、乡村恶霸土匪地痞，啸聚山林流窜乡野，杀害我干部，屠戮我民众，各地有近四万干部群众被杀害，仅广西就达七千多人。❶为扫除乌烟瘴气，下狠手霹雳打压，容不得半点迟缓手软。

毛泽东刚访苏归国，几位身经百战的亲密战友一碰头，决定刘少奇为总指挥，立即挥起"龙泉三尺斩新魔"。

3月18日，刘少奇起草关于镇压反革命活动的指示：针对"反革命暴动"、杀害干部群众、抢劫粮食物资、向我进攻之匪众，"必须给予坚决的镇压和剿灭，不得稍有犹豫"。并要求：在"镇压反革命活动和土匪的行动中，决不应发生乱打乱杀、错打错杀的现象"。各省领导亲自执印，"死刑及长期徒刑应经法院审讯和判决"，经省政府主席批准执行。

严厉打压两个月，反革命势力刚有所收敛，朝鲜战争爆发，众多潜逃隐蔽的匪特，顿生错觉；里应外合，气焰更加嚣张，大肆散布谣言，加上新区土改开始，借美蒋反攻倒算，反革命再度猖獗！

1950年7月和10月，中共中央和政务院再发指示，对"罪大恶极、怙恶不悛的反革命分子"，实行坚决镇压！10月19日，刘少奇又发出指示："进行正面的有系统的反对一贯道的斗争"，连带将封建社会遗留久远的杂乱"会道门"，一并解散扫除。

1951年1月28日，刘少奇将他主持制定的《中华人民共和国惩治反革命条例》，报请毛主席同意。

2月7日，刘少奇发电：

（组织军事法庭和人民法庭）大杀几批，才能压下反革命气

---

❶ 《中国共产党简史》，人民出版社、中共党史出版社2021年版，第158页。

焰……告诉我们的干部，对反革命的坚决镇压，只要我们不杀错办错，是完全符合最大多数人民利益的，理直气壮的！❶

2月20日，刘少奇主持中央人民政府通过《条例》，第二天公布。《条例》提出，"首恶者必办，胁从者不问，立功者受奖"。这就是镇压与宽大相结合的政策来由。

治乱世用重典，却也宽严相济。

5月，镇反运动转入清理积案阶段；6月，全国一律停止捕人（现行犯除外）；1951年10月，全国运动基本结束。

从发动"镇反"、先期准备、有序展开，到停止捕人、清理积案直至结束，历时一年。实际大动作，两度三个月。

笔者速写，杀伐仁赦、厉行安抚等建政大事，就是讲明新中国，从千疮百孔、空前战乱中走入光明路，是多么不易！不完全像许多文艺影视快闪呈现的：解放就是"艳阳天"，敲锣打鼓扭秧歌、小旗横幅齐欢呼；入城庆典的背后，生死争斗的暗战，历经聚力大艰辛，付出了很大代价，才在一个短期间，拨云现"明朗的天"，赢得"人民好喜欢"！

经前后断续一年打压，社会秩序获得史上从未有过的安定。巩固了共产党政权，人民能够安居乐业，进而使恢复经济、土地改革和抗美援朝，得以顺利进行！可谓一举多得！❷

上文叙述1947年，刘少奇率中央工作委员会到西柏坡，毛泽东坚决支持又急切促进，展开了全面的整党整风。"为人民当儿子、当长工、当牛马"的教育整顿，保证了军队整编、打大胜仗、土地改革、合并两

---

❶ 中共中央文献研究室编：《刘少奇年谱（1898—1969）》下卷，中央文献出版社1996年版，第246、262、269、270页。

❷ 中共中央文献研究室编：《刘少奇传（1898—1969）》（下），中央文献出版社2008年版，第622页。

大中央局、组建中央党政机构等工作顺利展开。1948年12月，父亲讲了一段话：

扫一扫 看视频

　　我们打倒蒋介石、打倒旧政权后，要领导全国人民组织国家，如果搞得不好，别人也能推翻我们的。唐太宗曾与魏徵争论过一个问题：创业难呢，还是守成难呢？历史上从来有这个问题。得了天下，要能守住，不容易。

　　很多人担心，我们未得天下时艰苦奋斗，得天下后可能同国民党一样腐化。他们这种担心有点理由。在中国这个落后的农业国家，一个村长，一个县委书记，可以称王称霸。胜利后，一定会有些人腐化、官僚化。如果我们党注意到这一方面，加强思想教育，提高纪律性，就会好一些。❶

　　新中国成立，共产党执政，领导方方面面。党员肩负凝聚群众的任务，队伍飞速膨胀；干部掌握如山重权，纳入不少旧职员，很快出现了严重的骄傲自满和命令主义，迅速滋生出腐败现象和官僚主义。

　　1950年2月7日，刘少奇在一份反映干部中发生贪污腐化、欺压群众恶劣作风的报告上批示：严厉处置，公开报道，"在群众中树立党与政府的纪律的威望，而不要把这些隐蔽起来。"4月19日，他又亲自修改签发了《中共中央关于在报纸刊物上展开批评和自我批评的决定》，最后写明：

　　中共中央特决定：在一切公开的场合，在人民群众中，特别在报纸刊物上展开对于我们工作中一切错误和缺点的批评与自我批评。

　　5月1日，中央发出全党全军开展整风运动的指示，决定夏秋冬三季整顿。1951年2月，中央政治局会议又决定，从1951年下半年开始，

---

❶　《刘少奇选集》上卷，人民出版社1981年版，第413页。

用三年时间整党。

首先，"普遍进行关于怎样做一个共产党员的教育，使所有党员明白做一个共产党员的标准"❶。3月28日，刘少奇主持召开中共第一次全国组织工作会议，作报告讲：

> 我们党经过了三十年来伟大的、艰苦卓绝的和复杂的革命斗争，已经领导中国人民取得了革命的胜利。我们党是伟大的、光荣的、正确的，是中国历史上从来没有过的。

同时他还指出，党内存在着问题，有些地方还很严重，一部分党员有严重毛病或丧失了党员条件，甚至还混进了坏分子。刘少奇提出了"共产党员标准的八项条件"。会议通过三个决议，把这个"标准条件"，作为"每个共产党员所应该和必须具有的条件"。之后，开展整党。

截至1954年春，党组织迅速壮大，基层党支部增加1/3；同时，党员增加1/10，清除和劝退41万余人出党。❷

在民主革命时期，中国共产党形成一整套根据地建设制度。党在抗日时期形成的一元化领导方式延续，并取得巨大成功。此基本点是，党的中央局和地方党委统一指挥党政军民各项工作。随着解放战争速胜，各中共中央局和军政委员会，集中力量、协调高效，赢得辉煌战功、造就民政伟绩。新中国即将建立，合并晋察冀、晋冀鲁豫中央局为中共中央华北局，并以此为依托，开始筹建党和国家的新领导机构。为此，刘少奇兼任华北局第一书记。

新中国建立，必须统一军政领导。极简言之：军，由中央军委指挥，下辖各军区和各野战军部队；政，中央人民政府设立政务院和各部

❶ 中共中央文献研究室编：《刘少奇年谱（1898—1969）》下卷，中央文献出版社1996年版，第248、271页。
❷ 《中国共产党简史》，人民出版社、中共党史出版社2021年版，第170页。

| 1951 年 5 月，刘少奇主持召开中国共产党第一次全国宣传工作会议

委办领导各省。对应的各省，设立人民政府以及对口厅局委办。同时，五大中央局 ❶ 改军政委员会为行政委员会，主抓党务人事和所辖地域大政方针的领导监督。其主要领导和干部，充实中央和各省：中央局一级，高岗、邓小平、习仲勋、邓子恢、饶漱石"五马进京、一马（高岗）当先"；大量军队干部调任地方，充实中央部委和各级人民政府。迅速形成新的党政领导体制，以及新的国家工作制度。要保证调整任务高效迅速地完成，首先就靠军地干部的朝气蓬勃、海量调配、奔赴新任！这正是第一次全国组织工作会议的背景。❷

---

❶ 中共中央华中局撤销。后又成立中共中央中南局。

❷ 中共中央党史研究室：《中国共产党历史》第二卷（1949—1978）上册，中共党史出版社 2011 年版，第 168—175 页。

1951 年 5 月，刘少奇在中国共产党第一次全国宣传工作会议上作报告

中国共产党第一次全国组织工作会议会场

| 1951 年 3 月，刘少奇在中国共产党第一次全国组织工作会议上作报告

　　中国共产党领导人民，团结各民主党派共同执政。这就迫切要求，将党的新民主主义理论与实践，将党的指导思想及"基本口号""民主化与工业化"，将各项任务与严格要求等等，向"四个民主阶级的联盟"❶ 中各党派成员，向广大人民中不同的阶级阶层，有针对性地进行广泛深入的宣传。这也来自 3 月召开的第一次全国统战工作会议提出的迫切愿望。刘少奇说：

　　　　用马列主义的思想原则在全国范围内和全体规模上教育人民，是我们党的一项最基本的政治任务。❷

❶　周恩来：《发挥人民民主统一战线积极作用的几个问题》，1950 年 4 月 13 日。
❷　刘少奇：《在第一次全国宣传工作会议的总结报告》，1951 年 5 月。

5月，刘少奇在中共第一次全国宣传工作会议上，明确了宣传部门的任务和方向，建立制度，健全机构。围绕经济建设的中心任务，党的经常性宣传工作迅速展开，出现新的面貌，走入新的境界和历史征程。

　　在第一次全国组织工作会议和第一次全国宣传工作会议上，下达任务之巨，要求标准之高，均为空前！今视之，极具重大而深远的意义。同时，刘少奇提出了我们党至今仍在沿用的原则和制度，还讲出光耀于史的至理箴言。❶

　　1954年5月，第二次全国宣传工作会议代表合影。前排左起：习仲勋、林伯渠、朱德、毛泽东、刘少奇、吴玉章、邓小平

---

❶ 《刘少奇选集》下卷，人民出版社1985年版，第62—64、65—91页。

亦可谓，喜看古国兴盛起；

对后世，尽说心中无限事！

三

从清朝末年，帝国主义列强的炮弹与鸦片一同落到中国，祸害了一百多年。到了 1949 年，我国的粮食等，甚至还不如全面抗战前 1932 年的水平。人民贫困交加，国家满目疮痍。对于新中国的领导者来说，这副担子之沉重，今人绝难想象。

如何恢复经济、发展生产，是全新的课题，最艰巨的任务。刘少奇勇于担当，艰辛探索。1950 年初，他说：

> 中国劳动人民的生活水平和世界许多先进国家比较起来，还是很低的。……他们迫切地需要提高……过富裕的和有文化的生活。这是全国最大多数人民最大的要求和希望，也是中国共产党和人民政府力求实现的最基本的任务……必须做好两件最基本的事情。

第一件事情，必须推翻三座大山，建立人民民主的统治，解放生产力。这件事已经基本做好了。第二件事情，利用人民民主专政和其他各种条件，来发展一切有益于人民的生产和经济事业。他叮嘱：

> 当着我们做好第一件事情的时候，我们的目的就是为了要做好第二件事情……如果我们在做好第一件事情之后，不能接着把第二件事情做好，那我们的革命就没有什么大的意义了，我们的革命就不能说是已经胜利了，相反，我们还要遭受可耻的失败。

上文说到，中华人民共和国即将临盆，"以经济建设为中心"呼之欲出。1951 年 2 月 28 日，抗美援朝大战正酣，父亲在大会上提出：

经济建设现已成为我们国家和人民的中心任务……我们的基本口号是：民主化与工业化！ ❶

1951 年 7 月 5 日，刘少奇再加强调：

一切以经济建设为中心！ ❷

这些论述在百废待兴的新中国可谓是，定乾坤，天时地利一惊雷！

1956 年中共八大，全党一致拥护，将此写入党章。

扫一扫 看视频

1962 年，党内开始出现分歧。"阶级斗争"排挤"经济建设"，"纲"与"中心"并存。"文化大革命"时期，"以经济建设为中心"被冠以"唯生产力论"，横遭"批倒批臭"，独尊"以阶级斗争为纲"。

十一届三中全会，"彻底否定文化大革命"，重新恢复确立"以经济建设为中心"，并为以后历届党代会和党章所坚持。

这可真是中国现代史上，头等重要的大是大非！在几十年间，我们曾取得巨大胜利和成功，也付出惨痛失败的代价，经正反两方面的经验教训确证，孰是孰非？毫无疑义。

我们回到百废待兴的新中国成立之初。

1950 年 1 月 2 日，刘少奇致电在莫斯科的毛泽东，提议在新疆设立中苏合资股份公司，开发金属和石油：

不只在新疆，和各民主国家，在中国其他地方也可能合办这种工厂和企业。甚至帝国主义国家内的团体和资本家也可能要求来办这种工厂和企业。

经谈判，我方很快与苏联签订了协定。消息公布，引起北京的青年

---

❶ 《刘少奇选集》下卷，人民出版社 1985 年版，第 1—4、60 页。

❷ 中共中央文献研究室编：《刘少奇年谱（1898—1969）》下卷，中央文献出版社 1996 年版，第 283 页。

学生思想上的不解，认为是损害中国主权，甚至骂苏联侵略、中央政府卖国。3 月 30 日，刘少奇为中共中央起草指示：

> 为了利用外国资本以促进中国的工业化，某些事业的和外资合营及成立这种合股公司甚为必要，不独与苏联，和各新民主国家甚至和某些资本主义国家……订立这种合营合同甚至租让合同。苏联在一九二一年以后新经济政策时列宁亦曾提出……中央准备作出适当的解释发表。❶

这无疑是新中国最早的开放宣言！

扫一扫 看视频

请注意，这可是当年民族危亡、上下迷茫时期，领导学生、发动群众抗日的老领袖，发出的指示呀！各地领导人中，都有从"百倍发展"时期冲杀出来的干部，理解《指示》不难，遵照行动迅速。联想改革开放初期，中国在引进外资合股办企业所经历的艰难过程。可以想象，当年刘少奇这样的想法、提法和干法，需要有多么巨大的政治勇气。

"文化大革命"，父亲跟我说，他的政策见解和勇气，正是来源于社会实际，来自"百倍发展"时期冲杀出来的干部们，来自群众和基层。

时至眼下，我们在经济上与发达国家仍有不小的差距，仍必须吸收国外一切先进的经验、技术和资金，鼓励国外国内的资本家开工厂，投资越多，办厂越多，接待的规格就越高；而效益越好，赚钱越多，奖励与评价也越高，我们是不是越欢迎呢？产品都是中国的，就业多是中国人，税收交给国家，企业同样是社会的，不同样被视为有功吗？

今天看来，这种富于远见的智慧，难道不是渊源有自吗？

---

❶ 中共中央文献研究室编：《刘少奇年谱（1898—1969）》下卷，中央文献出版社 1996 年版，第 237、246 页。

笔者讲的，可都是真实的历史，没有任何假设虚构。

早在 1948 年"九月会议"上，刘少奇提出"多种经济成分都发展"的新民主主义经济，中共七届二中全会，决定开始新民主主义建设。

在延安时，新民主主义理论的初创期和成熟期，毛泽东和刘少奇、张闻天等都说过"补资本主义之课""天经地义"！为实现社会主义，必须打经济基础，"资本主义是要发展的"；"新民主主义阶段是过渡阶段也是准备阶段，即准备进入社会主义的阶段"，要几十年、一百年，甚至更长久。

新中国成立初，缩短了过渡时间的预计，说"至少十年，多则十五年，二十年"[1]。中国从来没有过资本主义，资本主义是要发展的，诚恳地让它发展一段。父亲多次讲：

> 目前即采取社会主义的步骤，对人民是无益的。伤害私人工业生产的积极性，无疑地是破坏着目前的社会生产力的发展。

这是制度设计上的步骤：

> 现在为巩固新民主主义制度而斗争，在将来要为转变到社会主义制度而斗争，最后要为实现共产主义制度而斗争。[2]

而经济结构上，"先搞什么，后搞什么"？总要有个先后轻重。最初很多同志，推崇苏联专家建议的"优先重工业"模式。父亲却提出：

> 首先恢复农业及一切可能恢复的工业；其次发展农业和轻工业以及少数必要的重工业；然后发展重工业；然后依靠已经建立起来

---

[1] 中共中央文献研究室编：《刘少奇年谱（1898—1969）》下卷，中央文献出版社 1996 年版，第 284 页。

[2] 《刘少奇选集》下卷，人民出版社 1985 年版，第 62 页。

的重工业，进一步发展农业和轻工业。❶

后来称为"农、轻、重"的步骤。这既符合中国生产力水平，又优先改善人民大众的生活，同时逐渐积累资金大投入。

在进行社会主义改造的步骤上，刘少奇设想，先改造工业，后改造农业。重工军工投入大，只有靠国家才搞得起；待轻工业发展到一定水平，以赎买合营或其他方式，对私有企业进行社会主义改造。农业上，先搞互助组、变工组、初级合作社，组织提高生产力，仍以农民个体的土地所有制为基础。待机械化、商品化发展到适合的水平，具备条件（现在称作"规模经营"）再改造，靠合作化逐步过渡到集体或国家的公有制。

这些设想，后成为历史的大是大非。几十年后直至"改革开放"，证明真理在刘少奇一方！

以上尽量简略地叙述刘少奇的设想。需要说明，这完全符合新民主主义理论原意。刘少奇的阐述，也是融会贯通了毛泽东、朱德、周恩来、陈云、张闻天等领袖的集体智慧。重温这些经济制度、发展步骤和改造模式上的设想，对照 30 年后，从 1979 年我们党推行"改革开放"至今，怎能不令人感慨万千？又回归乎？再创新乎？

这四十多年，如出一辙的大飞跃，已经被历史所证实！

而在当年，并非明了；能清醒地认识到这一点，绝非易事。多数同志认为，在我们"补资本主义之课"、实现"最低纲领"时，为什么不能同时为我们的"最高纲领"而奋斗？为什么不可以多加些"社会主义因素"、早进行"社会主义改造"？为什么不能提前为"社会主义的实现"、

---

❶ 中共中央文献研究室编：《刘少奇年谱（1898—1969）》下卷，中央文献出版社 1996 年版，第 283 页。

亲身"向共产主义而奋进"呢？

我们付出 2000 万人的牺牲，才换来革命成功！新中国成立三年，经济建设，取得出乎预料的巨大成就；社会秩序，呈现史上空前的安定团结；抗美援朝，赢得史无前例的伟大胜利；人民生活，拥有从未有过的温饱富足。人们难以理解，我们为什么不能加快进步，主动推进社会主义，提前走向共产主义天堂呢？

干什么都有快有慢，为什么不能提前或加快？当年，同样未经实践检验。设身处地，刘少奇提醒人们重温马克思和列宁的话，批评农民平均主义，批判空想社会主义，不也是未经实践？不也像是脱离实际、只背诵经典的学究？

在陕北、东北、山西、河北、山东、河南等老解放区，1948 年就完成了土地改革，激发出巨大的革命热情和生产干劲。分得土地的农民，辛勤劳作，改善生活，扩大生产，买地雇工，购进牲畜农具……怎样对待这种发家致富的积极性？我们党必须明确予以回答。

扫一扫 看视频

而另一方面，还有大量农村仍很贫困，家无劳动力的，牲口农具少的，只能依靠搭伙帮工。这就自发产生变工组、互助组。共产党基层组织提倡支持，完全在农民自愿前提下，以土地入股方式，简单合作。有的"穷棒子社"只有"三条驴腿"，可见不合作连起码的农田耕作、"犁耙收播"都难。这一最基本、最简单的"合作"，当然提高了生产力，也迅速见到实效。开始，这也是群众自发；当然，各级又积极支持。

同时，其中也自发生出不少问题，尖锐的是，农民党员问题：是鼓励致富，还是加以限制？是带头"互助"，还是雇工承包？领导上必须

---

❶ 国家民政部正式统计。

面对，思想上必有分歧，回避不得。

东北地区首先反映，有的农户发展到三匹马、一副犁、一挂大车，甚至还雇佣短工，已经是富农……中共中央东北局书记高岗，主张现在就加以限制。1949 年 12 月，他提出：

> 必须使绝大多数分得土地的农民"由个体逐步地向集体方面发展"。组织起来发展生产，乃是我们农村生产领导的基本方向。

12 月 31 日，东北局组织部发《农村支部工作指示》：

> 应当教育党员，积极参加变工组，大量在合作社入股，搞好变工组与合作社，是农村党员的基本任务。批评某些党员只想个人发财，不管多数群众贫困，甚至想剥削别人的富农思想。

高岗还说，开除一些，以儆效尤！

1950 年 1 月 23 日，中央组织部为批复东北局《农村支部工作指示》，请示刘少奇。父亲对安子文叔叔说：

> 农村经济开始向上发展了。有三马一犁一车不是富农，而是中农。❶ 现在东北，应该使这种中农得到大量的发展……因此现在限制单干是过早的，现在能够单干是很好的。将来再考虑的事，何必拿到今天来干呢？党员成为富农其党籍怎么办？这个问题提的过早了。❷

中央组织部按此意见，批评了东北局组织部。薄一波回忆，据高岗说将刘少奇的批语面交毛主席，主席"对少奇同志谈话的不满，形于颜色"。

一波叔叔回忆的没错，但高岗的话，可真是没谱。

---

❶ 三马一犁一车，是生产工具，并无土地，只能靠劳作致富。当不属富农阶级。

❷ 《刘少奇论新中国经济建设》，中央文献出版社 1993 年版，第 152、154、155 页。

过了一年，1951 年 4 月又发生了场争论。山西省委给中共中央和华北局写了《把老区的互助组织提高一步》的报告：

扫一扫 看视频

> 随着农村经济恢复发展，农民自发力量不是向着集体化方向发展，而是富农方向发展。搞不好会使互助组涣散解体或变成"富农庄园"，对于私有基础，不应该是巩固的方针，而应当是逐步地动摇它、削弱它，直至否定它。

华北局不同意山西省委的意见。薄一波、刘澜涛请示刘少奇。❶5月 7 日，刘少奇在第一次全国宣传工作会议上说：

> 靠十家八家组织的农业生产合作社走到社会主义是不可能的。如果相信这个理论，就是幻想的社会主义，也叫空想的农业社会主义，它是实现不了的。我们中国的党内有很多的农业社会主义思想，这种思想要纠正。因为仅仅依靠农村的条件不能搞社会主义，农业社会化要依靠工业。

1951 年 7 月 3 日，刘少奇对山西省委批示：

> 在土地改革以后的农村中，在经济发展中，农民的自发势力和阶级分化已开始表现出来了。党内已经有一些同志对这种……表示害怕，并且企图去加以阻止和避免。他们幻想用劳动互助组和供销合作社的办法去达到阻止或避免此种趋势的目的。已有人提出了这样的意见：应该逐步地动摇、削弱直至否定私有基础，把农业生产互助组，组织提高到农业生产合作社，以此作为新因素，去"战胜农民的自发因素"。这是一种错误的、危险的、空想的农业社会主

---

❶ 中共中央文献研究室编：《刘少奇传（1898—1969）》（下），中央文献出版社 2008 年版，第 637 页。

义思想。

刘少奇认为，小生产者的自发力量不可怕，但也不能放任其自流，并讲了控制限制的办法，他甚至把将来如何解决都想到了，说："只要共产党人的脑筋不糊涂，就能保证社会主义胜利，而不是自发势力的胜利。"❶

在没有经过实践以前，这两段话，是否有些学究气？甚至有点学霸气？

毛泽东一直关注这场争论，知道刘少奇的批语后，把父亲和一波、澜涛叔叔找去，明确支持山西省委。这本是高层决策中很正常的意见交流，该鼓励的正当争论，可后来却渲染成另样版本。至今，大部分历史记载中，都把东北和山西两事混为一谈。其实，除了相隔时间较近（一年多），这两段情况只是形似类似，实质却不同，延续后果，更是迥异。

不像"文化大革命"大字报说的那般。父亲跟我讲，毛伯伯这次谈话，好像是来参加辩论一样：

> 毛主席开场就说是自由发言，但要听明白对方的意思再反驳。你们的观点我看明白了，我先讲，请你们考虑：东北的指示，要马上限制富农，开除富农党员，这"左"了、早了，当然要批评。但他们赞成集体化，你没有批评嘛。很妥当。山西只是要推动合作，没说现在就打压富农、开除富裕党员。山西正在搞的新区土改，也会保存富农，不可能马上就限制富农呀？他们只是提请注意"自发势力"不该"巩固"，而要动摇、削弱直至否定。这是我们讨论过的呀？他们要"把老区的互助组提高一步"，积极推进合作社、向"集体化的方向发展"。这不是在西柏坡时，少奇强调，

---

❶ 《刘少奇论新中国经济建设》，中央文献出版社 1993 年版，第 183、192、222 页。

我们都赞成的吗？你们不鼓励，反倒严厉批评？甚至批为空想的农业社会主义！西方资本主义早期，有个工场手工业阶段，靠统一经营提高生产力。❶只许你们提出靠工业化合作，不许他们提出靠互助合作？是不是只许大官放火，不许小官点灯啦？

不了解毛主席的人，会觉得最后一句严厉了点。按他的性格，辩论时说话著文，都很尖锐，让人警醒。父亲讲，主席说罢，有啥可辩驳的？几人心悦诚服接受意见，还说笑了一阵。

提示一句，毛泽东先是肯定刘少奇批评东北局"很妥当"，因为刘反对"限制富农"，没有排斥合作化；而毛否定批评山西，是因为刘不支持合作化，却批为危险、错误的空想，似乎过分。至今，笔者感觉毛伯伯批评得有道理，心悦诚服！

父亲对我讲述，他批评山西"空想的农业社会主义"，来自毛伯伯在延安批评的：

> 如果说，民主革命没有自己的一定任务，没有自己的一定时间，而可以把只能在另一个时间去完成的另一任务，例如社会主义的任务，合并在民主主义任务上面去完成，这个叫做"毕其功于一役"，那就是空想，而为真正的革命者所不取的。❷

刘少奇是农业合作化的最早倡导者之一，在农村合作化的先后步骤上，有个思想变化过程。这里，笔者尽量简单地概述。

引导农民走社会主义集体化道路，刘少奇没有疑问。他最早提出并始终坚定倡导，但反对强迫命令和行政手

扫一扫 看视频

---

❶ 薄一波：《若干重大决策与事件的回顾》（上），中共党史出版社 2008 年版，第 135 页。
❷ 《毛泽东选集》第二卷，人民出版社 1991 年版，第 685 页。

段，强调采用农民乐于接受的方式。他认为，互助组是自愿以土地入股形式，基础是土地仍为农户个体所有；而合作社，是苏联集体农庄式国家所有制。

刘少奇以为，还要过渡很长时间，以工促农，待机械化来促进生产力。而促进合作社发展，他主张先搞供销合作社，以农民入股形式，以服务农民为目的，带起农产品和生产资料商品化。就是说，以提高农业的机械化和商品化，待工商业先步入社会主义化，由国家领导市场来带动，以机械化大生产，才能促使农民自动放弃私有，自愿走上社会主义道路。

因此，刘少奇下大力紧抓供销合作社建设。到 1952 年底，其已占农村零售额的 1/3，包揽农村生产资料和农产品购销的全部。至于农业生产合作社，要动土地所有权，且需机械化、商品化的发展做支撑。因此，他认为应该过些年再大量地发展。

薄一波回顾，在东北的生产合作社发展问题上，高岗与张闻天争论对立，刘少奇的意见与张闻天比较一致。据说毛泽东似乎倾向高岗。在供销合作社上，刘少奇与张闻天有些思路不同，在股份分红上，吵得激烈。毛泽东赞成张闻天要分红的意见。❶ 这种政策决策上，正常地各抒己见，多么值得肯定！

父亲对供销合作社，是勤于思，敏于行；在生产合作社上，却是讷于言，慎于行。

毛主席在山西互助合作之事上批评刘少奇后，叫陈伯达在 9 月召开第一次农业互助合作会议。在会议中，确定了集体所有制。以土地入股为基础的半社会主义农业生产合作社（初级社），属于农民集体所有，

---

❶ 薄一波：《若干重大决策与事件的回顾》（上），中共党史出版社 2008 年版，第 141 页。

当然算公有制，❶并以集体所有的合作社，向全民所有制（国有制）过渡。陈伯达曾多次极力向毛主席推荐苏联的政治经济学，"即所谓'对产品的生产和分配实行全民计算和监督'"得以建立的"中间环节"，是任何一个落后国家也不能跳过的发展阶段。❷他说社会主义的标志特点，是产品经济而非商品经济，必须注重生产。

毛泽东主持起草了《关于农业生产互助合作决议（草案）》，1951年12月15日亲自批转，要求全党"当作一件大事去做"❸。毛泽东显然是偏重生产合作社。自此，合作化运动，在全国展开。燎原般的合作化高潮中，群众的热情，也感染了刘少奇。同时，他仍然强调了供销合作社的重要性：

> 商业如果组织得好，就有刺激生产的作用。"重农抑商"是我国自古以来的传统观点，我们不能再有这样的观点了。我们要重视农业、工业，也要重视商业。这三者是有机的配合，是缺一不可的。❹

父亲叙述，1951年秋，他"也就抛弃了"原来的"想法"。但笔者推敲，他还是清醒的，仍有些保留。

新中国成立初，到处可见的劳作景象：千百人挖河筑堤，人拉犁刀耕火种……人们不禁会问：消灭这样的生产方式，究竟是资本主义的任务呢，还是社会主义的任务？在如此落后的生产力基础上，可能建立起

---

❶ 刘少奇曾论述，以土地入股的合作社（基础为私有、合作为公有），所以叫"半社会主义"。这与苏联国有制的集体农庄不同。

❷ 《列宁选集》第4卷，人民出版社1972年版，第509页。

❸ 中共中央文献研究室编：《毛泽东年谱（1949—1976）》第一卷，中央文献出版社2013年版，第439—440页。

❹ 中共中央文献研究室编：《刘少奇传（1898—1969）》（下），中央文献出版社2008年版，第641—645页。

社会主义社会吗?

马克思、恩格斯、列宁的答案是明确的。

如果硬要推行,搞起来的又会是什么样的社会主义呢?

毛伯伯关于山西省委之事批评父亲,我认为有道理。但后来的合作化运动,一再加快、走了样儿,日益凸显出偏差。

推广集体所有,打压个体发家。发展到"大跃进",行政命令遍全国,大轰大嗡搞运动,公有制被神圣化到至高无上,私有制被鄙视为万恶之源,逐渐异化出"穷革命、富变修"的政治口号和导向。如此这般,怎么可能走"致富之路"呢? 一系列实践所带来的后果,显出陈伯达(产品经济姓"社",商品经济姓"资")的投机忽悠,糊弄了毛泽东和刘少奇。

毛泽东在生产合作化上,开始只是急了一些,接二连三越来越急,吹起漫天"共产风":全国都向革命战争看齐,攻山头、打战壕、拔白旗、插红旗,击退敌人反攻、不惜代价固守,哪怕尸横阵地、不惧牺牲捍卫……以战争年代的思维与行为定式,来反"和平演变"。其后果,恰恰从反面验证了刘少奇的预想,以工商带动农业生产合作的设想,确有道理。

恭请读者联想比较,"大跃进"和"文化大革命"造成大灾难,到中共十一届三中全会后的"联产大包干",又走过改革开放大发展。我们对照几十年,回看"三马一犁一车",恐怕就算个"万元户"? 即使当年,也在"不动资本主义富农而且保存封建富农"的明确规范之内;[1]拿到现在,凑合还是"小康"水平。

新中国成立前后,刘少奇就此反复说:

> 中国劳动人民……还很穷困,他们迫切地需要提高生活水

---

[1] 《毛泽东文集》第六卷,人民出版社 1999 年版,第 47 页。

平，过富裕的和有文化的生活。这是全国最大多数人民最大的要求和希望，也是中国共产党和人民政府力求实现的最基本的任务。❶

我们一切斗争的终极目的，就是发展经济 ❷ ！

一句话，我们革命的目的，不就是让人民过好日子吗？

从肯定"傻子瓜子"，提倡"劳动致富"，鼓励各种"专业户""万元户"；到"转让土地使用权""集约经营"，兴建农家乐别墅新村"富农庄园"，还有"工商兴农"产供销、机械化加市场化……至今，我们仍在"补课" ❸ ，肩负起本应是在新民主主义阶段来完成，却没有完成的任务。

"过早地消灭资本主义和资产阶级，要犯错误。消灭了以后"呢？我们还真的是"把人家请回来"了。❹ 近四十年，无论是沿海城市还是革命老区，来投资办企业的资本家，无不成为座上宾。哪个地方引进外资越多，民营企业越发达，哪个地方就越富、发展越快、功劳越大。

我们回看刘少奇的那些话，学究气、学霸气，一扫光！

历经冰霜烈火、反复淬炼，自然引发出今天的强音——要搞社会主义，我们还不够格！在"社会主义初级阶段"，"发展就是硬道理"！

隔空几十年，呼应犹在耳。

笔者自问：

"社会主义的初级阶段"与"社会主义的准备阶段"，是否一脉相承？——无可置疑！

这里再加一段，笔者觉得有趣又有深意的话，谨备参阅审思。

---

❶ 《刘少奇选集》下卷，人民出版社 1985 年版，第 1 页。

❷ 刘少奇在华北财政经济委员会上的报告，1948 年 12 月 25 日。

❸ 列宁用词，见著多篇文章阐述。实行"新经济政策"时强调。

❹ 刘少奇：《新中国经济建设的方针与问题》，1949 年 2 月 8 日。

父亲在茶余饭后，与家人交谈多次提到：

我们都认为社会主义要晚于资本主义；而社会主义理想和理论的产生，却远早于资本主义。欧洲中世纪的贵族和布尔乔亚，就创造了空想社会主义，托马斯·莫尔写出《乌托邦》时，还没有资本主义。有人甚至将古希腊柏拉图的《理想国》作为鼻祖。在封建社会和整个资本主义社会期间，都有上层阶级典型代表阐述并试行社会主义，"圣西门是一个资本家，但他也是一个社会主义者"，甚至倾家荡产去实验社会主义。

而无产阶级，还真没有这类早期遗留。历史上，有产阶级搞社会主义的劲头，绝不比我们小。

无产阶级的伟大导师恩格斯，就是个资本家。说资本家就一定反对社会主义？恐怕不能一概而论。❶

不管我们是否为刘少奇的遭际而感慨，但必须为历史上发生的不幸，来叹息。"文化大革命"中，刘少奇最后仍坚信并嘱作遗言：

好在历史是由人民写的。

历史经过大曲折，终于回归康庄道。欣看今日之路，尽管有人目之为倒退，但不容回避的事实是：中国的发展，比过去强得多了；老百姓的小日子，比过去好得多了！

今天，飞速发展的中国，与刘少奇提倡、设想的，自不可同日而语，但确实是老一辈设想的、最美好的延伸，确实是合乎逻辑的、最鲜活的注释。

请君试问东流水，别意与之谁短长？

---

❶　此段是笔者复述，若文字概念有误，是我的责任。参见恩格斯：《社会主义从空想到科学的发展》；《社会主义发展简史》，人民出版社、学习出版社 2021 年版，第 18—28 页。

第七章 改造与过渡

一

　　漫忆过往，总需按时间先后，概括出阶段性大进程和大事件，使历史明晰有序，事件分段完整；而相关人物、背景、故事等，往往随事、随机、随情回述，这就难免在大史实和小故事的时间上，重叠跳跃，穿插闪回。好在这可以使行文不致过于枯燥，敬请读者理解包容。

　　前面简述，1948 年的整党整风，以及 1950 年春开始、1951 年展开的，对中共党员标准的教育，对各级组织普遍的整顿。❶ 随着革命与建设的发展，每遇形势与自身的变

1950 年 6 月，毛泽东主持召开中共七届三中全会

---

❶　中共中央文献研究室编：《刘少奇年谱（1898—1969）》下卷，中央文献出版社 1996 年版，第 274—275、277 页。

动，中国共产党，总是不断学习教育、自警整顿，自我批评、自我提高。

1950 年 6 月，在中共七届三中全会上，毛泽东作了《为争取国家财政经济状况的基本好转而斗争》的报告。

1951 年 11 月，揭发出"刘青山任职天津地委书记和张子善任职天津专区专员期间的贪污救灾款案"，给全党敲响警钟！ 12 月 1 日，毛泽东提议并亲自领导，在全国范围展开"反对贪污、反对浪费、反对官僚主义"（"三反"）为主的运动。12 月 8 日，毛泽东再次提出：应把"三反斗争看作同镇压反革命的斗争一样重要……一样大张旗鼓去进行"。❶

随着运动进展，发现干部贪污受贿，往往被资本家收买，勾结违法的严重程度，令人震惊！就又同时开展了打击不法资本家违法活动的"五反"运动。1952 年 1 月 26 日，毛泽东起草了指示，以"反对行贿、反对偷税漏税、反对盗骗国家财产、反对偷工减料、反对盗窃经济情报"（"五反"）为主的运动，而随之大规模展开。❷

这是新中国成立以后，在土地改革、抗美援朝、镇压反革命三大运动取得胜利的基础上，采取的又一项重大举动。

这段时间，刘少奇到南方多省市视察调研。回京后，毛泽东让他"多看""各地来报"，"需要批转各地参考的，请你负责批转"。父亲一如既往，关注党的组织和干部的整肃，即令全党积极参加"三反""五反"。将他负责的、在 1951 年已开展的整党，结合一体进行。择其善者

❶ 中共中央文献研究室编：《毛泽东年谱（1949—1976）》第一卷，中央文献出版社 2013 年版，第 426—428、433 页。

❷ 中共中央文献研究室编：《毛泽东年谱（1949—1976）》第一卷，中央文献出版社 2013 年版，第 425、432、478—479 页。

而从之，其不善者而改之。

在各地各部门上报的情况中，刘少奇发现贩运毒品走私金银的问题突出。新中国成立初，中央人民政府颁布过禁毒令，但旧恶习顽疾加高利润驱使，却屡禁不绝！见此专报，刘写信给毛、周、朱、陈，建议由彭真召集公安部负责，各部委参加，统一行动，彻底根绝。刘少奇亲自起草中共中央指示，发往各地方党委，在全国打响了轰轰烈烈的禁毒运动。仅两三个月，收玉宇澄清之功！

在中国，蔓延百年的痼疾，祸害万民的毒根，根治铲除于我党之手，销声匿迹于霹雳之行！ ❶ 曾几何时，帝国主义害我中华之罪恶毒膏，被扫入历史的垃圾堆。在"三反""五反"运动中，这可能只是一小插曲、一幕过场；然一举之功，强亿万身心；定铭志史册，现中华文明！

而今，毒患死灰复燃，令人唏嘘！这可不能再怪罪英国佬鸦片贩子，该骂死中国自己的毒犯败类。

"三反""五反"的疾风暴雨，冲击方方面面，群众运动展开，高潮推涌，不可避免会有偏激和失误，而持续时间过长，将对正常生活和社会运转产生不利。在运动取得很大成绩，全民受到振奋之时，中共中央决定尽快缩短时间，转入正常经济建设。5月23日，刘少奇代中共中央起草《关于推迟县区乡"三反"和中小城市"五反"的指示》：

> 现在已经进行了"三反""五反"的地方，正在结束……并大力恢复正常的经济生活和城乡交流。对于尚未进行……一律推迟进

---

❶ 中共中央文献研究室编：《刘少奇传（1898—1969）》（下），中央文献出版社2008年版，第653—654页。

行，待秋征以后或明年再有步骤地来进行……目前应集中力量做好生产、城乡交流及土改复查等项工作。 ❶

6月中旬，进入收尾阶段；10月底，宣告运动结束。

1952年下半年，中国共产党从"土地革命时期"开始的大规模土地改革，在全国范围已基本结束。抗美援朝战争取得辉煌胜利，进入和谈阶段。恢复国民经济的任务，超过预想地快速，不到三年，实现完成。1952年底工农业总产值比1949年增长77%，国家财政收入成倍增加，收支平衡。城乡人民收入逐年增加，生活普遍改善。 ❷ 中共中央不失时机决定，1953年开始实行发展国民经济的第一个五年计划。

可以说，中国共产党和中央人民政府，在所有预定的大目标和大任务上，都取得巨大成功！国力恢复超速，国际声誉超高，民心民望超热！当然，中共没有自满于此，必然提出新的任务，力争冲向新的目标。

两个问题引人注目：尽管农业取得空前发展，农民生活空前改善，但很难满足更快发展的各业对粮食等原料的需求；更难达到为发展提供原始积累的预期。而很快出现的农村贫富分化，普遍引起党内担忧。提高生产力、要求同富裕，成为目标。另外，经过稳定物价、鼓励生产、限制投机、"五反"运动，对资本主义的本质，更为担忧；对资产阶级的可控性，也更有信心。总之，作为领导者，担忧和解忧，都自然指向加快向社会主义过渡。 ❸

---

❶ 中共中央文献研究室编：《刘少奇年谱（1898—1969）》下卷，中央文献出版社1996年版，第296、305页。

❷ 《中国共产党简史》，人民出版社、中共党史出版社2021年版，第164页。

❸ 薄一波：《若干重大政策与事件的回顾》上卷，中共中央党校出版社1991年版，第213页。

"三反""五反"运动将结束，周恩来从苏联归来，汇报新中国制定的第一个五年计划。1952年9月24日，在中共中央书记处会议上，毛泽东首先提出，过渡到社会主义的新设想。原设想先搞10到15年或更长时期新民主主义建设，再进行社会主义改造；此时更新为10到15年基本上实现社会主义。也就是说，立即开始着手改造，大大提前向社会主义过渡。

　　毛主席讲到一组比例数字：现在工业中，私营占32.7%，国营占67.3%，是三七开；商业零售是倒四六开。再发展五年，比例会更小（资小我大），但资的绝对数字仍会有些发展，这还不是社会主义。五年以后如此，十年以后会怎么样？十五年以后又会怎么样，要想一想。毛主席还说，此事只在党内小范围议论，不向下传达，还准备征求苏共中央的意见。❶

　　毛伯伯让父辈几位领导"想一想"。笔者没考证出他们怎么想的，自己反复想，却想不明白：三七开的"资小我大"，五年后二八开，十年后一九开，十五年后，资已不足半分，但"绝对数字仍有些发展"有什么不好？"还不是社会主义"？

　　由毛泽东领衔创造的，以刘少奇、张闻天等老一辈无产阶级革命家集体尽力协助推举而确立的——新民主主义，团结起全党全民，取得革命的辉煌胜利，证明新民主主义革命论，是真理！新中国初建，在毛泽东领导下，老一辈无产阶级革命家领导集体尽心协力，并勇于创造和探索实践，更凝聚起全党全民，取得建设的辉煌胜利，证明新民主

扫一扫 看视频

---

❶　中共中央文献研究室编：《毛泽东年谱（1949—1976）》第一卷，中央文献出版社2013年版，第603—604页。

主义社会论，是真理！

按说，"巩固""确立"新民主主义社会论中的"制度"也好、"秩序"也好，正当时。再迅猛发展一段，再富裕积累几十年多好！"我大"得很，"资小"到一分半分的，"改造"起来易如反掌。即使不"改造"，不也是"社会主义"？

历史中，有进退、是非、优劣的对比，而判断的标准就是实践的结果。历史不能假设，史实不容虚构。因此，人们才必须要总结经验、吸取教训、判断对错、以史为鉴，更好地设计未来。这是我们学历史、写历史、研究历史的唯一目的。

笔者的分析立意，读者自可选择取舍。而回顾当年，还得以当事人的思想方式和理论信仰，去尽量贴近他们。

社会主义改造，本应是渐进过程，目的是以社会化的生产关系，适应社会化的大生产。没有社会化大生产，全靠社会化体制的反作用，解放不了生产力，反而脱离生产力，极易滑入历史上农民平均主义空想和失败实践。显然，既背离马克思主义原理，更脱离中国的社会实际。

中国共产党、毛泽东，拨快时钟不止一次两次。新民主主义革命的胜利，快于新民主主义革命论预计的时间；新民主主义建设的成功，大于新民主主义社会论预料的程度。那么，新民主主义的创造者们，为什么不能提早向社会主义进发呢？起码，应允许设计、探索实践呀！恐怕没有谁会拒绝创新革命，愿意领受"落后反动分子"的恶名。

毛主席讲道，提前进行社会主义改造，还要征求苏共中央意见。六天以后，9 月 30 日，刘少奇率中共代表团启程飞往莫斯科，出席苏共第十九次代表大会；同时就中国如何加快社会主义过渡，受毛主席委托向苏共中央和斯大林征求意见。

1952 年 10 月 5—14 日，中共代表团参加苏共十九大。会后刘少奇即提出与斯大林面谈。但苏共接着开中央全会，加之斯大林的身体原因，难以挤出时间，他亲自打电话向刘少奇致歉，建议刘在苏联稍事休息一段时日。

扫一扫 看视频

10 月 20 日，刘少奇给斯大林写出长信，表达中共中央领导集体考虑向社会主义过渡的设想。

斯大林十分重视这封信，立即于 24 日，在克里姆林宫会见中共代表团，他说：

> 我觉得你们的想法是对的……过渡到社会主义去应该采取逐步的办法。你们对中国资产阶级所采取的态度是正确的。

接着，斯大林谈了对土地国有化，富农政策和全国人民代表大会及宪法的意见。总之，中共中央通报的设想，得到斯大林的全面肯定。这在当时，尤为可贵！

10 月 28 日，斯大林再次会见中共代表团，以他当时的健康状况，间距几天连续长时的会见，可见他的重视和愉悦。❶

第二次会见，斯大林补充答复了人民代

唇亡齿寒辅车相依

披发缨冠众志成城

刘少奇书

刘少奇为抗美援朝题词

---

❶ 中共中央文献研究室编：《刘少奇年谱（1898—1969）》下卷，中央文献出版社 1996 年版，第 304—305 页。

表大会和宪法问题。特别约上越南劳动党（时称"印度支那共产党"）总书记胡志明，交换对越南的意见。

这里，接上早前的简述。1950年1月，毛泽东和周恩来访苏，刘少奇与朱德接待突然访华的胡志明。从此，父亲一直总负责援助越南抗法抗美事宜。首先，他派出罗贵波、韦国清，援助越军，装备、整编、训练。5月23日，刘少奇调派陈赓，入越南指挥作战。

1950年6月25日，朝鲜战争爆发，打下汉城；人民军势如破竹，压向釜山。这给越南革命进程带来更大的促进，中越共同制定的"边界战役"，7月初定。9月至10月，打了大胜仗，消灭法军8000多人，解放5市13县750公里边界地区，使印度支那共产党（简称"越共"）完全与我接壤，立足站稳。

不料此时，朝鲜战局大逆转。9月15—28日，美军突然在仁川登陆，截断包围釜山的朝鲜人民军。金日成求援，斯大林请中国介入。

刚刚建立的新中国未全统一，百废待兴，究竟出战与否，确实成为极其艰难与关键的抉择。刘少奇讲，中共中央多次紧急讨论，他又与老帅们分别交换意见。因他负责援越，正值紧张作战，全线大胜，难以旁顾。考虑抗美与抗法不能比拟，所以同意大多数人见解，不想打、不愿打，但看来又不得不打，服从毛主席下最后决心。主席定后，他就尽全力支持，全力以赴保打赢！因刘少奇负责援越，毛泽东定由周恩来、高岗负责，支持抗美援朝，彭德怀入朝指挥。

接着上述的1952年10月28日，斯大林约胡志明，会同中共代表团，听取了越南报告国内情况。斯大林夸奖中国在越南、朝鲜打得漂亮！实际上是再次表示，朝鲜、越南等社会主义国家和中国周边国家的革命，应由中国负责，苏联大力支持。

在莫斯科，刘少奇巧遇宋庆龄，她出席维也纳世界和平大会归途经停，出于对斯大林崇敬要求拜谒。知情者知，斯大林从不接见女宾，苏联方面无人敢上报斯大林，中国方面也无人愿劝告宋庆龄，尴尬地等了一段时日。父亲得知，面见斯大林时，专事请求会见孙中山夫人、中央人民政府和中苏友协的宋副主席，并述及她崇敬苏联、支持中国革命和中共的重大贡献。

斯大林果真破例，第二天专场会见短晤宋庆龄，立成佳话，载入史册。❶

应斯大林专电之邀，父亲与王稼祥叔叔在莫斯科，参加纪念十月革命35周年庆祝活动，并在苏联体检疗养。毛主席通知母亲和朱仲丽妈妈，到莫斯科和黑海索契陪同。

1953年1月，父母回国。

两个月后，斯大林与世长辞。

今对斯大林，似贬多褒少。但在当年，谁人敢攀、望其项背？以致后世，谁人堪比？颂之诛之，未能灭之；神化魔化，未及实人。笔者述及，返璞归真；长者虚怀，可谓巨人。

在国际社会主义阵营中，于苏共中央领导层，对中共中央一直有种复杂的顾虑，或可称为不信任感？中国的新民主主义革命成功，没有急于实行社会主义，相似于

刘少奇同王光美在苏联黑海疗养所

---

❶ 王光美：《永恒的纪念》，《人民日报》1981年6月2日。

被视为叛徒的南斯拉夫。毛泽东与刘少奇，在历史上都因抵制并指出共产国际的错误领导，被打压处分过；解放战争，中共没理会苏联"划长江而治"的指示，靠自身实力三年打出新中国……而金日成，随苏军而立，深得信任；胡志明，一直是共产国际"宠臣"。对新中国急需的援助，确实得益于斯大林的重视、容忍和支持，特别是讲出"青出于蓝而胜于蓝"的箴言，检讨自身失误，其中也暗含对"处分"毛刘的"歉意"，很好地维护了团结。

正是抗美援朝、援越抗法的扬眉吐气、精彩纷呈，真真帮助苏联解了难，大大提升中共地位，也显出斯大林深谋练达之远见卓识。而中国，从不得已到必然，与苏联已打成铁友"一边倒"。无论中国还是苏联，社会主义这一"关"，早晚还是要过的。这种极其复杂的内涵，宋庆龄不会知道，我们后人更难体会。

因此，中共中央关于过渡到社会主义的设想，向斯大林征求意见，成为重要关节点。而斯大林的支持，肯定"逐步过渡"，再提"富农政策"，特别是赞同"和平取消资产阶级"。一方面，消除了中苏两党心中暗隐的心结；另一方面，坚定了中共中央在此问题上的决心。❶

抗美援朝，援越抗法，把中苏打到一起，这没错。但内里，是整个西方世界的冷战、热战，无理打压；是中苏两党两国内部的需要，利益需求，致求同存异，相伴共生。

至今，经过烈日冰霜、兄弟阋墙，中俄历尽西方世界的冷战、商战、舆论战，被以"文明的冲突"来仇视敌对、封锁围堵。两国出于内里变革和利益需求，仍相伴而行。

---

❶ 中共中央文献研究室编：《刘少奇传（1898—1969）》（下），中央文献出版社 2008 年版，第 665 页。

今日已是中俄，与当年之中苏，不能相提并论。然而，人民情谊长存，但愿永久不离，友好永久不弃！

二

1953 年 1 月 11 日，父母回到北京。整个上半年，中共中央主要领导和有关部门，都在就过渡到社会主义，深入实际调研探讨，寻求适合国情的方式，选择避免震荡的途径。5 月，中共中央统战部部长李维汉，写出《资本主义工业中的公私关系问题》报告。建议：经过国家资本主义，特别是公私合营这一主要环节，实现资本主义所有制的变革。

6 月 15 日，中共中央政治局扩大会议讨论这个报告，一致同意报告中的建议。毛泽东第一次明确表述，党在过渡时期的总路线。❶

之后，召开全国财经工作会议、统战工作会议和组织工作会议，刘少奇就总路线和如何过渡讲了很多话。❷1953 年底，经过党内酝酿成熟，毛泽东修改审定，刘少奇主持会议批准《总路线的学习和宣传提纲》，对过渡时期总路线，作出更为完整的表述：

> 从中华人民共和国成立，到社会主义改造基本完成，这是一个过渡时期。党在这个过渡时期的总路线和总任务，是要在一个相当长的时期内，逐步实现国家的社会主义工业化，并逐步实现国家对农业、对手工业和对资本主义工商业的社会主义改造。这条总路线是照耀我们各项工作的灯塔，各项工作离开它，就要犯右倾或"左"

---

❶ 中共中央文献研究室编：《毛泽东年谱（1949—1976）》第二卷，中央文献出版社 2013 年版，第 115—117 页。

❷ 《刘少奇选集》下卷，人民出版社 1985 年版，第 118—120 页。

倾的错误。❶

此《提纲》下发后，全国掀起学习宣传贯彻高潮。1954 年 2 月 10 日，刘少奇主持中共七届四中全会通过决议，正式批准党在过渡时期的总路线。

正值制定完善总路线，开始探索向社会主义过渡，进行大规模经济建设之时，被毛泽东斥为另一个"司令部……刮阴风、烧阴火，一股地下水"❷的暗流，汹涌回旋——党内发生高岗和饶漱石阴谋分裂中央，篡夺最高权力事件。

---

❶ 中共中央文献研究室编：《毛泽东年谱（1949—1976）》第二卷，中央文献出版社 2013 年版，第 201 页。

❷ 毛泽东在中国共产党全国代表会议所作的结论，1955 年 3 月 31 日。

高、饶主要针对的，就是刘少奇和周恩来等领导同志。

刘少奇与高岗，在历史上认识稍晚，直接交往不多。1936年初，红军长征到陕北还没进延安，父亲就深入白区"虎穴"。估计在1937年5月，延安召开苏区党代表会议和白区工作会议，才与高岗照面认识。

中共中央到陕北前，陕甘晋省委错误处理"陕北问题"。中央到陕北，毛泽东予以解脱、返正复归。陕北红军的主要领导谢子长、刘志丹先后牺牲，高岗和习仲勋，成为我党我军得以立足再生的、陕北"红区"的主要代表人。而北方局所属的陕甘晋省委书记朱理治、原红25军军长徐海东、政治部副主任刘瑞龙、保卫部长戴季英等，在延安则多有不便。

此时期，先后任北方局、中原局书记的刘少奇，急需有经验的干部。而中央也紧缺难觅，何况是前往白区、深入敌后、自愿赴险，更找不到、派不出。一天晨起登峁，巧遇禁闭窑洞……刘少奇立即找毛泽东和张闻天说：不能以更错误的方式方法，来处理犯错误的干部！ ❶ 把这类"问题不清"的干部都给我，我来做他们的思想工作。在敌后抗日，他们都会是英雄好汉！随即，先将朱理治调回北方局，任河南省委书记；带李先念到中原局，派往红四方面军的"老区"鄂豫皖。1939年，再将徐海东、刘瑞龙、戴季英带到中原局（河南确山）……从此，高岗总是揪住朱理治、刘瑞龙和戴季英不放。这时起，刘少奇与高岗，才间接认识。

父亲说，陕北的好领袖，唯有仲勋叔叔。 ❷

再就是重庆谈判时，刘少奇代理主席指挥"抢占东北"，派出大批

---

❶ 同时期，刘少奇在《论党内斗争》中指出，决不允许"用对付敌人与异己分子的办法，来对付党内的同志"，坚决反对"把监视、逮捕、监禁、审判等办法也运用到党内斗争中来"，并谴责"蛮不讲理的无理性的斗争家"。

❷ 此话是"文化大革命"中父亲对我说的。当年处理陕北红军问题前后，刘少奇不在延安。到"高饶事件"时，毛泽东说"是东北问题，不是西北问题"。因此，本书不多言错误处理陕北红军与平反之事，更不涉及反张国焘和"西路军"的问题。

干部急赴前往。许多同志争着去开辟新区，高岗说他没出过陕西，吵闹着要去，毛主席也说了话，就派高去东北局了。

短短四十天，十万"共军"入"满洲"。我军在华北华中"纠缠扭打"蒋军，迟滞了国民党军的进占、"劫收"东北。❶

在美国帮助下，国民党军强行出关，攻城掠地。苏军为撤兵，不许我军对抗蒋军。刘少奇提出"让开大路，占领两厢"。

可谁舍得，不战而拱手让出已进驻的城市？对秀才们吵不清的问题、自己断不明的官司，父亲索性让实践检验，把问题官司甩给兵，拼枪杆子说硬话，由战场打出个清明来。毛主席养病初期严格保密，刘少奇实在难言，后密电通报主席休养之事，虽冰释前嫌，却未解当务之急！❷

之后，美国总统杜鲁门发表声明，马歇尔亲自出面"调处"停战，国共两党恢复谈判；1946 年 1 月 31 日，政治协商会议通过《和平建国纲领》和《宪法草案》等等，宣布中国进入"和平民主新阶段"。❸ 前文写到，父亲说"糊涂了一下"也就十天。而他，还是最冷静的，没说什么出格的错话。

蒋介石从容签署《和平建国纲领》和《宪法草案》，根本没想执行。内战从摩擦到全面进攻，逐步升级，东北最先最烈。中共中央东北局内部发生激烈的争议，甚至酝酿改选了书记。毛主席养病，刘少奇不能擅定，对外更为难言，只好自揽豪杰众将之愤懑。诸位领导的分歧意见，迟迟得不到中央书记处批复，可想东北局之紧张，林彪之急切。

---

❶ 中共中央党史和文献研究院编：《刘少奇年谱（增订本）》第二卷，中央文献出版社 2018 年版，第 136 页。

❷ 《刘少奇选集》上卷，人民出版社 1981 年版，第 374 页。

❸ 见本书第四章第二部分。

调养中的毛主席反复看了文电，多次与各位书记商议，直到全面内战爆发前十天，1946 年 6 月 16 日，批准了东北局党委的意见。这就完全肯定了刘少奇的正确领导和得体决策。❶

彭真叔叔，对这段往事，仍萦绕于怀，念念不忘。至临终卧床时，笔者发小傅洋、傅亮引往探望，老人家见我，指着床头翻开的《刘少奇选集》说："我还在看……"❷

真正使林彪、高岗不满的，是东北局书记变更的那段事。林彪诡谲，不愿直说，就扣在"和平民主新阶段"上。这本是两档子事，林彪、高岗一直耿耿于私心狭怨，故意混为一谈。

1949 年 4 月，父亲收到东北局邹大鹏同志的信，反映对待私人资本主义和民族资产阶级的政策上，有些过左的倾向。刘少奇刚离开天津，5 月 31 日致电："据说在东北城市工作中也有这种倾向，望东北局立即加以检查并纠正。"这引起刚接任东北局书记的高岗不满。

这前后，陈云从东北调任中央财经委主任，认为刘少奇批评的正确；毛主席又接着向各地发电："据以检查自己的工作，认真克服对待民族资产阶级的'左'倾机会主义错误……"❸

高岗的不满，只能憋心中。

很快，毛主席决定刘少奇率中共中央代表团访苏，高岗为团员陪同。高向当时东北铁路总顾问柯瓦廖夫造谣：中国党内有一个以刘少奇为首（另外材料说还有周恩来）的"亲美派"，挑拨与苏联的关系。这

---

❶ 中共中央党史和文献研究院编：《刘少奇年谱（增订本）》第二卷，中央文献出版社 2018 年版，第 219 页。

❷ 指《以主要力量建立东、北、西满根据地》1945 年 11—12 月，《刘少奇选集》上卷，人民出版社 1981 年版，第 373—376 页。

❸ 中共中央文献研究室编：《毛泽东年谱（1893—1949）》（修订本）下卷，中央文献出版社 2013 年版，第 513—514 页。

位"柯兄"将此事书面报告斯大林。访苏期间，发生了前面说到的，高岗胆大妄为，胡言将东北划为苏联最后一个加盟国，斯大林斥为"张作霖同志"的事。刘少奇严厉批评，高岗激烈抗辩，借口东北有事提早回国。后有多次，高散布说，斯大林对刘少奇的报告不满意，很赏识他高岗。❷

这一时期，高岗正在谋取建国上位，刘少奇若坚决反对，当然对高极其不利，所以高还算有所顾忌。父亲带团归国时，离新中国成立不到一个月了。在沈阳，高还请刘作了重要报告，父亲在这次讲话中提出两条著名论断：

> 我们的任务一直是经济建设。

> 我们要在相当长时期内和资产阶级合作，所以中国不能够建立无产阶级专政而只是人民民主专政……"言必称希腊"就变成教条主义。我们的问题要根据中国的具体情况决定。❸

当月，中央人民政府成立，高岗成为副主席，可见刘少奇"未记人过"。但此后，高岗越来越膨胀，越来越肆无忌惮！

扫一扫 看视频

前文提到，1950 年 7 月，邓子恢提出工会工作报告，毛泽东、刘少奇重视批转，引起广泛的注意和讨论。1951 年，高岗提出反对意见，李立三则支持邓子恢的观点。父亲请他俩相商，当着朱德、杨尚昆，争论得面红耳赤，甚至对着吼：错了就割我的头！❹ 这种争论本是

---

❶ 薄一波：《若干重大决策与事件的回顾》上卷，中共中央党校出版社 1991 年版，第 311 页。

❷ 周恩来在关于高岗问题的发言，1954 年 2 月 25 日；高岗的检讨。

❸ 中共中央党史和文献研究院编：《刘少奇年谱（增订本）》第二卷，中央文献出版社 2018 年版，第 417、418 页。

❹ 王光美回忆。

好事，今天看，也是战友餐间之趣闻。

显然，父亲也准备参加这场大讨论，写了近万字的笔记，其中不乏极有创见的观点，如第一次提出"人民内部矛盾"，至今都有教益。其部分经典段落，收录于《刘少奇选集》。

观点上，刘少奇倾向于邓子恢和李立三。1951年10月，李立三就工会争论，向毛主席写了报告，并明确表示他的意见。毛主席尖锐地批评了李立三和全国总工会党组。11月，"头"倒没"割"，却"割"了职，责令李立三检讨，加以批判；12月，邓子恢也就此检讨。❶

按说，关于工人阶级内部矛盾的争论，怎么吵也没跑调、出不了大差错呀？何况是直接向主席报告，即使有错误观点，也符合规矩呀？怎么就被批判撤职了呢？总之，这场争论没展开就结束了。刘少奇的笔记，自然未能公开。之后，他还为全国总工会承担了领导责任。这场工会之争，高岗先胜一筹。

六年后，毛泽东发表《关于正确处理人民内部矛盾的问题》，层次高得多了，语言精彩多了，可思想立意相同。

前文叙述了山西省委《把老区的互助组织提高一步》的争论。对毛伯伯的批评，父亲心悦诚服。

不久后的1951年10月14日，高岗写报告给毛泽东，"继续坚持贯彻毛主席屡次指示的方针……积极发展农村互助合作组织，并有重点地发展农业合作社"。17日，毛泽东将报告批转，并嘱"印成一个小册子"广泛分送，后亲自起草了批语。这个时间点，与批李立三重合，自然让高岗倍加得意！

---

❶ 中共中央文献研究室编：《刘少奇传（1898—1969）》（下），中央文献出版社2008年版，第677页。

1952 年 12 月 31 日，政务院财经委颁布"新税制"，同天《人民日报》发表社论，提出"公私一律平等纳税"，在全国影响颇大。1953 年 1 月 15 日，毛泽东向周恩来等提出批评："新税制事，中央既未讨论，对各中央局、分局、省市委亦未下达通知，匆卒发表，毫无准备……似已在全国引起波动"，要求研究处理意见上报中央；❶后狠批"公私一律平等纳税"，违背七届二中全会决议，是"右倾机会主义"错误。

这可让政务院所有领导都紧张起来！

毛泽东认为政府工作中存在分散主义，提议加强向党中央的请示报告制度，加强党中央对政府工作的领导。

1953 年 3 月 10 日，中共中央作出决定，最后一句强调："如应向中央请示报告的事项而竟未向中央提出，则最后经手的政府负责同志应负主要责任。"决定的下面，才是实质的。中央政府领导新的分工：第一项就是，国家计划工作，由高岗负责……第五项是，外交工作，由周恩来负责……最后一项，不属于前五项的其他工作，由邓小平负责。❷

5 月 15 日，政务院根据中共中央的决定通知，所属二十个部中的八个部，由国家计划委员会主席高岗领导。毫无疑问，中央人民政府副主席兼国家计委主席，直接领导政务院近半数部委，高岗得意地称之为"经济内阁"不为过分。毛泽东的信任器重，使高岗炙手可热，越发飞扬跋扈。总理周恩来，还能领导政务院吗？无疑，遭到削权、困难重重。

5 月 19 日，毛泽东严厉指责，《对刘少奇、杨尚昆破坏纪律擅自以中央名义发出文件的批评》，言词至重，堪谕篡党。刘、杨一头雾水，立

---

❶ 中共中央文献研究室编：《毛泽东年谱（1949—1976）》第二卷，中央文献出版社 2013 年版，第 11—12 页。

❷ 中共中央文献研究室编：《刘少奇传（1898—1969）》（下），中央文献出版社 2008 年版，第 680 页。

刻对照严查。杨尚昆老主席晚年回顾：亲自组织中央办公厅和中央监察人员，彻底翻遍1949年以来全部发文档案，未见"擅自以中央名义发出文件"。即将结果上报毛泽东、刘少奇、周恩来、朱德、陈云。对此，毛没有回复。刘对杨说了一句：看来主席错认误解了，不张扬为好！

"文化大革命"中，毛主席的凭空臆断，拔高成"最高指示"，"钦定"刘少奇、杨尚昆的"极大罪状"！笔者询问，父亲慎答，十二个字：子虚乌有，无的放矢，没有的事！

此"极大罪状"，已昭鉴于史，甚至彰显于《毛泽东选集》第五卷。我无可忌讳，故澄清"张扬"。

后来的事情，跌宕起伏。高岗的忘形，利令智昏，令人作呕；刘少奇、周恩来的淡定，毛泽东之决断，更是惊心动魄！

当时，任何人都能感到毛泽东对刘少奇、周恩来的不满和批评，高岗擅长的就是窥测风向、兴风作浪。而此时，由于全国性会议召开，大批领导在京，高在家中是宴会舞会聚会，夜夜歌舞宴请，散布流言，鼓动发难，攻击刘少奇和周恩来等。高岗"鼓动"中南局第一书记陶铸等多人发动攻击，向薄一波"放头炮"、狠批猛整。陶铸没上当。

6月13日，全国财经工作会议在京召开，周恩来主持。会议主题是讨论"过渡时期总路线"。而高岗猛烈批评新税制，亲自出马，责难薄一波。"移花接木"，攻击刘少奇在土改中"保护中农""保存富农"的话，把天津的"剥削有功"，以及批示东北和山西合作社的话，统统加在薄一波头上，"希望大家能勇敢发言"，明里暗中"批薄射刘"，"批薄射周"❶一目了然。他还当众讲："我在财经会议不讲话则已，要讲就

---

❶ 中共中央党史研究室：《中国共产党历史》第二卷（1949—1978）上册，中共党史出版社2011年版，第290页。

要挖少奇的老底。"这次会议的"过渡时期总路线"主题，还有影儿吗？全被冲没了。后来，高岗在检讨中交代："指桑骂槐说少奇同志。"

在全国财经工作会议上，对高岗的表现，邓小平回顾道：

> 大大施展他的阴谋活动。他和他的追随者不但在会议上为了有意制造党内纠纷而发表种种无原则言论，并且在会外大肆传播各种流言蜚语破坏中央威信，特别是攻击中央书记刘少奇和周恩来同志，同时鼓吹他自己。他是想经过这些阴谋活动，把这次会议转变为对党中央的进攻。❶

会后，高岗收集材料，散布党内"两条路线斗争"，又南下几省，制造流言蜚语，指名道姓贬低攻击刘、周，抬高自己，说主席要换助手。林彪支持高岗，提出刘少奇的"和平民主新阶段"错误，并呼应高岗的"军党论"。说中共党内，分毛泽东为代表的"红区党"和以刘少奇为代表的"白区党"。党是红区创造的，是"枪杆子出党"，"军队的党"是主体。现在党和国家领导机关的权力，掌握在"白区的党"手里，应当彻底改组。党的历史，有"二元论"。

以上言行，就足以构成阴谋分裂党中央、篡夺最高领导权力的定性，名副其实！

1953 年下半年，毛主席提出中央分一线、

---

❶ 薄一波：《若干重大决策与事件的回顾》上卷，中共中央党校出版社 1991 年版，第 241、311 页。

二线，希望自己退居二线，其他同志主持一线工作。还提出，将来增设党的副主席和总书记；国家体制采取苏联式的部长会议形式。这又刺激了高岗的野心，他借机明面暗地，进行阴谋活动，令人匪夷所思。高岗四处捏造，说刘少奇、周恩来已不被毛主席重用，要让刘搞议会（人大常委会），让周当部长会议主席，他为党的副主席，来搞政治局。高岗还活动说，他不赞成设总书记，可以多设几个副主席，并且反对刘少奇任总书记或副主席，更不同意周恩来的任职，应由林彪担任部长会议主席。❶

扫一扫 看视频

　　居然，高岗让陈云向毛主席转达他的意见，遭陈云拒绝。后来听说中央书记处要开会把人事定下来，高又急见陈云，说要搞副主席就多搞几个，你一个，我一个。在另外场合，高又编造，是陈云告诉他，多搞几个副主席，你我都是。这令陈云叔叔很气愤，认为有大问题，必须向主席汇报。❷

　　1953 年 12 月 24 日，毛泽东准备去杭州起草宪法，召开政治局扩大会议，提议刘少奇临时主持中央工作。刘少奇提出，这一次不要代理主席了，由书记处同志轮流负责好。书记处的同志们都同意毛泽东的提议，不赞成轮流。高岗会后说："轮流吧，搞轮流好。"后来，有多位同志揭发这话：为什么会上不讲，会下乱讲？高岗不得不在《我的反省》中承认：他就是"企图把少奇拉下来，使自己成为主席唯一的助手，准备自己将来做领袖"。❸

　　时隔 27 年后，邓小平叔叔回忆说：

　　　　这个事情，我知道得很清楚。毛泽东同志在一九五三年底提出

---

❶　安子文叔叔对母亲与我的叙述。

❷　陈云叔叔对母亲与我的叙述。

❸　薄一波：《若干重大决策与事件的回顾》上卷，中共中央党校出版社 1991 年版，第 315 页。

中央分一线、二线之后，高岗活动得非常积极。他首先得到林彪的支持，才敢于放手这么搞。那时东北是他自己，中南是林彪，华东是饶漱石。对西南，他用拉拢的办法，正式和我谈判，说刘少奇同志不成熟，要争取我和他一起拱倒刘少奇同志。我明确表示态度，说刘少奇同志在党内的地位是历史形成的，从总的方面讲，刘少奇同志是好的，改变这样一种历史形成的地位不适当。高岗也找陈云同志谈判，他说：搞几个副主席，你一个，我一个。这样一来，陈云同志和我才觉得问题严重，立即向毛泽东同志反映，引起他的注意。高岗想把少奇同志推倒，采取搞交易、搞阴谋诡计的办法，是很不正常的。❶

现在，给"高饶事件"定性为：阴谋分裂党中央、篡夺党和国家最高权力。上面讲到，把党的历史分成"红白""二元论"，把打天下和坐天下分为两部分同志，这本身就足够成为"分裂党"了！而矛头直指刘少奇、周恩来，并实施行动"拱倒""替代"，"使自己成为主席唯一的助手，准备自己将来做领袖"，更是足足构成"篡夺党和国家最高权力"了。要想动摇这一结论，除非否定所有"阴谋""篡夺"的历史事实！

三

刘少奇和周恩来，在创建军队和"红区"上，功绩远比高岗大得多，资历更老得多；而创建中共和"白区"，更远非饶漱石，可望其项背！

所谓"红区""白区"，在党史上存在的时间，是从1927年八七会

---

❶《邓小平文选》第二卷，人民出版社1994年版，第293页。

议开始，到 1937 年"七七事变""国共合作抗日"为止。这十年以前，根本没有"红区"，又何来与之对应的"白区"？这十年以后，全党全民抗战，根据地有的是军队打出来的，也有不少是党的地方组织发动群众打游击战争，或在国民党溃败后的政权缺失中举旗占据的。按照老习惯，顺口叫"红区"；对我党战斗在敌占区、"国统区"的地下组织和秘密工作，习惯性仍称"白区"，也无可厚非。而华北的"红白联手"，华中的"东进东进"，都是气壮山河的"到敌人后方去"，在"白区"打出的"红区"。可以说是"白区"救红军吗？显然，这说法有问题。

同在中共中央领导下，正如军队离不开地方一样，"红区"不是仅有军队。高岗、饶漱石本人，都是地方领导又挂军职的，而刘、周在军中的实职则高得多。"红""白"有区别，又分不开。按高岗、林彪的"军党论"逻辑，1927 年以前，根本没有红军，更没有"红区"，都是"白区"才创建出党？是"白区党"创建的军队？

这不是"分裂党"，又是什么？究竟是"党指挥枪"，还是"枪杆子出党"？真伪是非，一目了然！

在中国共产党的历史中，党内斗争从未停止过。笔者说多少，都是小儿科。看来看去，毛泽东的许多著作，以及被安子文誉为"掷地作金石声"❶的刘少奇著作《论党内斗争》，再经典不过了。而毛泽东、刘少奇、周恩来一生经历之复杂，经验之丰富，别说今人未全得知，即使当年的高、饶，也似未开蒙。刘、周看高、饶，简直就像一幅大人不计小人过的视频片花！在"高饶事件"中，还真挑不出刘、周的毛病。

这里说说饶漱石。1925 年"五卅运动"时，他就在刘少奇、周恩来手下成为"上海工人领袖"。1929 年，他在满洲省委书记刘少奇领导

❶ 安子文：《把我们的党建设好——纪念少奇同志》，《人民日报》1980 年 5 月 8 日。

下工作，颇受器重。他与高岗的性格都非常鲜明特殊，但截然不同，很难恰当形容。饶漱石，可能属于那种"逆向思维"的人，没几人能合得来，更无朋友，却有反常之谋、意外之举。在新四军军部、中共中央东南局时，饶漱石与诸位领导都有不和，尤与项英顶牛。皖南事变，确凿判定项英为错误。饶一贯顶牛，皖南的突围，自然"逆向"成为先见之功……

新中国成立，饶漱石担任中共中央华东局书记、华东军政委员会主席。1952年"五马进京" ❶ 时，调任中央组织部部长。看到毛主席批评刘少奇、周恩来，就一反常态，与高岗呼应。

安子文叔叔向母亲和我回忆，1953年3月初，他是中组部常务副部长。高岗向他转达毛泽东的谈话，说为中共八大作准备，中央政治局要补充加强，高岗让先草拟个名单初稿。安回绝：这名单可不敢拿。高提示"是毛主席让你先拿出个看看"。安子文很谨慎，并极精通干部工作的规矩，不放心高岗，将此事报告刘少奇。过了一时，父亲找子文叔叔说，让你拿就好好考虑个名单。安追问是毛主席要的？刘点头说：我自然会问的！这样，安就拿出两份名单：在毛泽东、刘少奇、周恩来、朱德、陈云以外，一份写上高岗、林彪、彭德怀、邓小平、饶漱石、薄一波、邓子恢；另一份是董必武、林伯渠、彭真、张闻天、康生、李富春、习仲勋、刘澜涛。❷ 薄老回忆中说，安子文拿出名单后给高岗看过，就直发毛泽东。子文叔叔跟我说，他拿出名单直接发毛主席，口头向刘、高回报。刘说：你报主席就可以了，不用具体跟我说；高则是仔细听，复述了两遍。后来，高岗散布说，是毛主席给他看了名单。拿出名单时，安子文向饶漱石口头报过。

---

❶ 东北的高岗，中南的邓子恢，华东的饶漱石，西南的邓小平，西北的习仲勋，当时称"五马进京"；高岗"一马当先"。

❷ 薄一波：《若干重大决策与事件的回顾》上卷，中共中央党校出版社1991年版，第313页。

高岗、饶漱石私下传播这份"安子文名单"，造谣说是刘少奇授意的，说其中"有薄（薄一波）无林（林彪）"，连朱总司令都没有，还牵扯陶铸等许多同志，一时谣传五花八门，搞得乌烟瘴气！饶漱石捏造，刘少奇支持一个"圈圈"。饶要像高岗斗薄一波那样，在中组部大批大斗"圈圈"里的安子文。

1953年9月，中共中央召开第二次全国组织工作会议。饶漱石改变会议"过渡时期总路线"的主题，故意挑起批判安子文的"高潮"。中央发现后，立即叫停会议，先解决中组部内部的团结问题。饶漱石毫无收敛，拧上劲加倍指责攻击，致使会议一再拖长，10月底才结束。在小会上，饶对安子文说：其实不是指你，而是指刘少奇。这就是所谓的"讨安伐刘"。在后来的检讨中，饶也承认，目的是反刘少奇，取得高岗的信任。

知道饶漱石的非常活动后，刘少奇坦率表示反对，希望搞好团结，冷静从事，不再争吵。在继续召开的中组部会上，刘说：对于这个争吵，我也是有责任的……我对双方的帮助都不够，这是我应检讨的。在大会闭幕时，父亲还检讨了几个事，其中有富农党员、山西互助组织、生产合作社等问题，并就"半无产阶级"的提法，为安子文承担责任，说"应该放在我的账上，而不应放在安子文同志和其他同志账上"。

毛泽东知道高岗对刘少奇有意见后，让高直接找刘谈，说：少奇同志是个很老实的同志，他会有自我批评的，你跟他可以说得通的。可是高一次也没找过刘，反而是刘两次主动征求高的意见。第一次，刘登门到高家，高岗惊诧无措，否认有意见；第二次，刘请高到自家，先自我批评，高却"顾左右而言他"。这可都有案可查。之后，高岗到处吹嘘，信口造谣，说刘拒不自我批评。

这里，提示前面说到的一桩事：高岗对苏联驻华铁路总顾问柯瓦廖夫说，刘少奇、周恩来是中共党内的亲美亲欧派，"柯兄"报告了斯大林。在莫斯科，高岗说出把东北划为苏联最新的加盟共和国，斯大林重重顶回一句"张作霖同志"……❶ 可见，斯大林并不信任高岗。

近半年后的 1950 年初，毛泽东访苏，斯大林把柯瓦廖夫反映高岗讲话的报告，亲手交给毛泽东。❷ 不论从哪个角度揣摩，毛泽东会作何感想？我以小儿度尊者，毛伯伯能高兴吗？会无警觉？

高岗和饶漱石的反常举动，实在令人难以接受，当然瞒不过毛泽东。全国财经工作会议上的"批薄射刘"，全国组织工作会议上的"讨安伐刘"，耽误讨论"过渡时期总路线"，更引起毛主席的察觉和警惕。正值此时，陈云和小平叔叔向毛伯伯反映，特别是"你一个我一个"副主席的话，促使声讨止乱，揭露"高饶事件"。

1953 年 12 月 24 日，毛泽东主持政治局扩大会议，决定他外出休假同时起草《宪法》，仍由刘少奇代理主持中央工作。会上说：

> 北京有两个司令部，一个以我为司令的司令部，就是刮阳风，烧阳火；一个是以别人为司令的司令部，就是刮阴风，烧阴火，一股地下水。

毛主席当面严重警告高岗、饶漱石！又提议，起草关于增强党的团结的决议。❸

这次会后，高岗竟然还未意识到毛主席指斥的严重性，仍多处说，代理主席"轮流吧，搞轮流好"❹。可见，其自我膨胀、狂悖昏聩到何等

❶ 李轶飞：《被斯大林称作"张作霖同志"的高岗》，《世纪风采》2010 年第 9 期。

❷ 中共中央文献研究室编：《刘少奇传（1898—1969）》（下），中央文献出版社 2008 年版，第 672 页。

❸ 中共中央文献研究室编：《毛泽东年谱（1949—1976）》第二卷，中央文献出版社 2013 年版，第 211 页。

❹ 中共中央文献研究室编：《刘少奇传（1898—1969）》（下），中央文献出版社 2008 年版，第 683 页。

地步！

12 月 29 日，刘少奇主持中央书记处会议，通过"关于增强党的团结的决议（草案）"，派专人送毛主席审阅。1954 年 1 月 7 日，毛主席对"决议（草案）"作几处修改，并回了两封信。一封给中央书记处，"似宜召开一次中央全会通过"决议，"以示慎重"，并具体部署，"报告请少奇同志做"，"应尽可能做到只做正面说明，不对任何同志展开批评"。

毛伯伯还另给父亲一封信：

> 于你的报告稿宣读完毕后，似宜接着宣读你已有准备的自我批评稿，两稿各一小时左右即可。自我批评稿宜扼要，有三四千字即可，内容宜适当，不可承认并非错误为错误，如可能，请一并电告我一阅。❶

1954 年 1 月 15 日，刘少奇签发了召开党的七届四中全会通知，并将全会报告稿和自己的检讨稿上报。毛主席没有不同意见。

此时，高岗、饶漱石才反应过来，慌了手脚。高岗写信要求到杭州见毛主席面谈。毛泽东给刘少奇来信：

> 全会开会在即，高岗同志不宜来此……请你和恩来或再加上小平同志和他商量就可以了……除文件表示外，对任何同志的自我批评均表示欢迎，但应尽可能避免对任何同志展开批评，以便等候犯错误同志的觉悟。

可见当时，中央是真想挽救，并留有很大余地。

与高、饶分别谈过话后，2 月 6—10 日，中共七届四中全会在京召开。会上几十人发言，不点名地严肃批评破坏团结的行为，一致通过中共中央《关于增强党的团结的决议》。

---

❶ 中共中央文献研究室编：《毛泽东年谱（1949—1976）》第二卷，中央文献出版社 2013 年版，第 215—216 页。

　　七届四中全会第一天，刘少奇诚恳地作了自我批评。

　　父亲三省吾身，长于自我批评。那次检讨的错误，和平民主新阶段、"天津讲话"、富农党员、山西互助组织、人民内部的矛盾（总工会）、农业生产合作社等事。当年似未宜以错误视之？后世已验证，都是正确的。❶

　　会议不点名批评非组织活动，强调团结的唯一中心是党中央；团结的重要保证之一是严格遵守民主集中制和集体领导；反对把领导的地区和部门当作独立王国，反对把个人放在组织之上，反对过分强调个人作

------

❶ 《关于建国以来党的若干历史问题的决议》，1981 年 6 月 21 日。

用，反对骄傲情绪和个人崇拜。会议指定了重大事项向中央报告制度，禁止违法活动、破坏团结活动和小集团活动。会议按毛泽东的意见，对高岗、饶漱石采取"治病救人、等待觉悟"方针。❶

毛主席的秘书兼中宣部副部长胡乔木，后来回忆：

> 七届四中全会的决议，毛主席花了很大力量修改……特别是毛主席加了一段，说堡垒最容易从内部攻破，个人野心家要分裂党。认为高岗是贝利亚❷第二。有人看到这个修改马上报告高岗。这是一个重要的事实。❸

---

❶ 中共中央党史研究室：《中国共产党历史》第二卷（1949—1978）上册，中共党史出版社 2011 年版，第 289—295 页。

❷ 斯大林手下干将。斯大林去世后，作为苏联实际上的二号领导人物，实行一系列反斯大林的改革。由于苏共内部宫斗，1953 年 6 月被撤职关押；12 月判处枪决。

❸ 《胡乔木回忆毛泽东》（增订本），人民出版社 2014 年版，第 14 页。

扫一扫 看视频

提请关注："这是一个重要的事实"，直联后果。

全会结束后，中央召开了几十人参加的两个座谈会，分别对证高岗（由周恩来主持）、饶漱石（由邓小平、陈毅、谭震林主持）阴谋活动的具体言行。面对事实，高、饶承认错误，仍避重就轻、百般抵赖。高岗在会议期间自杀未遂；半年后的 1954 年 8 月 17 日，再次自杀，拒不觉悟，拒绝挽救。

"我本将心向明月，奈何明月照沟渠"。

这就成了"自绝"敌对！不得不于 1955 年 3 月，召开中国共产党全国代表会议，正式通过《关于高岗、饶漱石反党联盟的决议》，开除两人的党籍。❶

子文叔叔晚年，对我们母子回忆。关于新政治局名单问题，被批判最厉害时，他每天不知要检讨多少遍，只说名单直送毛主席，绝口不提名单是毛主席要的，也没说是高岗打着主席名义，又经父亲核实的情节。毛泽东曾问：一个常务副部长，竟敢拿出政治局的名单？当即撤了安的"常务"，子文叔叔仍然紧闭住嘴。后毛主席又说：安子文该批评，问题不在提名单的人身上，而要追查散布名单的人。少奇同志是大公无私的，是正派的，他绝不是那种搞宗派的人。七届四中全会，处理饶漱石问题后，邓小平兼了两年中央组织部部长。1956 年，父亲等与毛伯伯商量，邓小平拟任"八大"总书记，谁来接任部长？主席问：不是有个安子文吗？还活着吗？子文叔叔回忆时，坦然笑道：主席心里明镜似的，撤了"常务副"，却要我当部长！

---

❶ 中共中央文献研究室编：《刘少奇传（1898—1969）》（下），中央文献出版社 2008 年版，第 691—694 页。

在高、饶联手胡闹期间，刘少奇、周恩来正忙于重大而又繁杂党务政务，对无端飞来乱箭，似无闲心抵挡；没有任何动作，没有一句恶言；反倒不断检讨，主动自我批评，呼吁加强团结。特别是对高岗，挑不出刘、周的不妥言行。对饶漱石，刘、周作为多年老领导，均有器重提携之恩，批评纠正之余更是爱护；而饶犯起顽疾，"逆向"执拗，不认旧情，抵赖新账。相对比，刘、周真可谓，周而不比；高、饶典型是，比而不周。

然而，君子之德，往往给小人可乘之机。时隔十二年后，"文化大革命"中的林彪、陈伯达、康生、"四人帮"，搬出高、饶捏造攻击的所有谣言和罪名，打倒刘、邓、陶、彭、罗、陆、杨、薄、安……而高岗的未亡人，竟然还上了天安门，检阅红卫兵。是非公正的历史之中，同样记录有重大缺憾！

惆怅几多，懿行嘉言多蒙尘；

伤怀无度，愁云惨淡万里凝。

因载入史册，有个未解之谜。当年高岗手下所谓的"五虎上将"中的一位老人，在回忆录里讲：高岗让他查实刘少奇在满洲省委被捕的旧事，隐晦暗示是毛主席让查的。显然这位老人也知道高岗之言不大靠谱，就让后来也是"五虎上将"之一的组织部长带众人，翻查伪满档案未果；找到刘少奇之前的省委书记，叫刘少猷的自首书，[1] 模棱两可报给高岗。1929 年，饶漱石正在满洲省委，将刘少奇被捕事电报党中央周恩来，周责成饶全力营救，直接负责营救的全过程。饶知道刘

扫一扫 看视频

---

[1] 中共中央曾多次认定，被捕没有出卖组织和同志，就不是叛变；由组织同意或向组织主动报告"履行出狱手续"、签写"悔过自首书"者，不是变节。"文化大革命"，都打成叛徒。后拨乱反正予以平反。

少奇在满洲省委化名赵子琪，更直接认识那个前任书记刘少猷。蹊跷的是，"高饶事件"时，狂诬暗算中漏掉这桩旧案。这成了谜！更蹊跷的，"文化大革命"中的毛远新，组织大批造反派，翻遍四十万件敌伪档案，结果仍把那个叫刘少猷的，张冠李戴强加到刘少奇头上，制造出历史上最大冤案。这出丑剧的起端，显然就来自高岗、饶漱石。拿闹剧中丑角的台词，再去导演一出悲剧，剧中的风格，只能是荒诞！结果必然成为丑剧。

1979 年初，母亲刚出监狱，笔者陪她看望邓颖超妈妈。邓妈妈还是那么亲切，畅谈中说道：恩来临终时有一大遗憾，八届十二中全会的那个案子，从查案起，自始至终都没找少奇问过一次，决定后也没能告诉他，当然更没有他的签字。按规矩，这事站不住！不久，开始复查，邓妈妈也讲了这关键的话，促进为父亲平反。

1980 年，中共辽宁省档案馆出具一纸证明：刘少猷是另一任省委书记，不是刘少奇。❶史上最大冤案，忒荒诞不经。最终平反昭雪，竟如此简单！发人深省。

这里必须说明，父亲此案，始终与辽宁省和沈阳市无关，都是"上边定的"。而平反的关键，是辽宁和沈阳立了大功。

从"彻底否定文化大革命"至今，数次有人提出或出版所谓"真相"，其中，或心怀叵测，或当年故人，鼓噪为高、饶"平反"。这里引一段邓小平的回答：

> 高岗是搞阴谋诡计的……反对高岗的斗争还要肯定。高饶问题的处理比较宽，当时没有伤害什么人，还有意识地保护了一批干部。总之，高饶问题不揭露、不处理是不行的。现在看，处理得也

---

❶ 沈阳"中共满洲省委纪念馆"，有史，有据，有证。

是正确的。❶

当年被触及的，主要是高岗在东北的所谓"五虎上将"。周恩来到东北局传达，毛泽东派罗瑞卿代表中央督阵。东北局副书记林枫，负责整顿工作，本着批判从严、挽救从宽，"还有意识地保护了一批"，对有错误的干部处理很轻。

"文化大革命"刚结束，在林枫叔叔的康复病房，郭明秋❷妈妈告诉小女儿林星玉：

> 党中央有明确备案，高岗属于"里通外国"。这案翻不了！

毛泽东派罗瑞卿监察审干，深意或许一现？笔者恍然大悟，眼前一亮。

饶漱石牵连的人则更少，他的妻子陆璀❸，仅被隔离审查一年，就恢复工作回家了。小平叔叔讲上面的话时，陈云叔叔针对"五虎上将"指示：实际解决。此深意是，高岗的案，不能翻；牵连的人，解决实际问题。

后来有桩案件，本与"高饶事件"无关，折腾了好一阵子，仅介绍几句。被开除党籍的饶漱石，居家反省时，又因潘汉年见汪精卫事，以及潘与杨帆的集团错案受审，❹被判14年徒刑；当即保外就医，实际仍禁闭在家。另一桩旧事巧合，1938年，潘汉年、杨帆曾把蓝萍（江青）的丑闻，经项英、饶漱石上报延安，反对毛泽东的婚姻。"文化大革命"初，江青挟私报复，揪住陈伯达签字，谢富治上赶着，从家里抓捕饶，

---

❶ 《邓小平文选》第二卷，人民出版社 1994 年版，第 293—294 页。

❷ "一二·九"运动中，学联推选的主席。后隐蔽成为刘少奇的密电员，与林枫结为夫妻。

❸ "一二·九"运动中，清华大学才貌双全的著名女学生领袖。

❹ 中共中央党史研究室：《中国共产党历史》第二卷（1949—1978）上册，中共党史出版社 2011 年版，第 298 页。

关押至 1975 年，死于狱中。改革开放后，最高法院"两案"判决，笔者现场旁听目睹，给潘汉年平反；陈伯达认罪，确凿判定江青被捕变节。这两场官司，都与"高饶事件"，全无勾连。饶漱石与康生❶相像，阴诡害人、自绝于众，在党内特别在华东，几无同情者，已输得精光，自然没人在他们身上薅羊毛啦！

一去杳无踪，声断已随风？

至此，本该对饶漱石的所终，已算有个了结。偏偏后发情节，引出重要的后话。

一次，有位老主席与笔者闲聊：陆璀（饶漱石夫人）写信，要求为饶漱石平反。因为不了解当年的情况，就问陕北红区的老领袖，即听回话：现在碰这事儿干什么？——真是高明！❷

"文化大革命"后，这位德高望重的老叔叔回北京，几次与母亲和我长谈，说了很多事，其中有个情节，高岗事发，作为老红区领袖很谨慎；毛伯伯见他，亲切地说：高岗是东北问题，不是西北问题，不必紧张。并让看望、帮助高岗……

1955 年 3 月底，中共全国代表大会决议，定高、饶为"反党联盟"。回过头来，反复掂量，说他俩"反党"，我看还真没反党反毛主席；说他俩"联盟"，我看还真没故旧组织联系，只是临时联手，阴谋投机罢了。可那毕竟是党代会决议啊！况且当年对高、饶，并没有按敌我矛盾处理。❸现今无人提及"反党联盟"，早遗忘了。

"文化大革命"，把"高饶事件"上纲为党的"路线斗争"。中共十一届三中全会后，邓小平说："我看，确实没有什么路线"，也"一风

---

❶ 康生在华东局任过副书记及中央山东分局书记、山东省主席。

❷ 贾廷安将军当年经手此事。

❸ 高岗自杀后，"高饶事件"定性，还是"敌我矛盾按人民内部矛盾"处理。

吹"了。现在定义的"阴谋分裂党中央、篡夺党和国家最高权力的事件"，应是确当的。

无论出于什么动机，要翻这个公案，仅靠标新立异说狠话、信口开河骂大街，是不行的。除非拿出新的铁证史实来，更必须公正地说清道明：

怎么解释毛泽东？怎么评价刘少奇、周恩来？怎么定位陈云、邓小平？怎么说明薄一波、安子文、林枫、罗瑞卿？还有一大堆怎么说？譬如斯大林、柯瓦廖夫……高饶无罪，谁之罪？

笔者漫忆史话，难免抄录信史，叙述得随意些、提高趣味性，撰写得轻松点、添加感情化。对"高饶事件"，本书口径与正宗党史一致，总得正规严肃地摆明一句：

我作为一名老党员、历任两届的中央委员，有权利更担义务、有资格更负责任，坚决维护党的七届四中全会和全国代表大会的两个《决议》！

从历史上看，与东北的渊源、在东北的根基、对东北的贡献，高岗、饶漱石远远不及刘少奇；何谈小小的毛远新？极而言之，在中国共产党的领袖中，与东北人民血肉相连、出生入死、感情至深的，无人堪比刘少奇和周恩来了。❹

想想毛泽东的话：那是东北问题，不是西北问题！东北都没啥翻腾劲头，西北甚至香港还出书硬攀扯，不是自讨没趣？

咱们学学、想想，那位陕北红区老领袖、德高望重老叔叔充满政治智慧的话：

现在碰这事儿干什么？

---

❹ 刘少奇 1921 年赴苏俄多次路过，1929 年在满洲任书记；周恩来在东北上过中学。

第八章　民主与法制

一

　　1949 年新中国成立前夕，中国共产党召集全国各民主党派、各界代表人物及著名民主人士，成立中国人民政治协商会议。这类似于近代国家"两院制"中的上院、贵族院或参议院（俄国杜马）。❶ 通过了《共同纲领》代宪法，被称为"中国的人民大宪章"。❷ 选举出中央人民政府和主席、副主席。

　　中国共产党，早年以苏联为师，崇尚实行人民民主，仿照苏俄革命时的工农苏维埃。俄语苏维埃的意思就是人民代表会议，代表大多是由民选的。在红军建立的"红区"，成立苏维埃政权，因此称之为"苏区"。刘少奇是老"留苏"的，又是中华苏维埃选出的人民执行委员会（中央政府）的执行委员。他 1933 年到中央苏区就提出过，还是应将名称中国化，将"苏维埃"改叫"人民代表会议"好。否则，人民群众都不明白是什么机构、什么政权。

　　抗日战争时期，我党在相对巩固的根据地，建起参议机构，实行

---

❶ 欧美资产阶级革命，建立民意代议机构，上（贵族或参议院）下（平民或众议院）两院制。中国的政治协商会议和人民代表大会，在性质、权力、组成上与之有本质不同。此处只是说明，近现代国家政治体制的历史来源，便于读者理解。

❷ 《刘少奇选集》上卷，人民出版社 1981 年版，第 434 页。

"三三制"，试探性普选，做过很多可贵的尝试。

新中国成立前后，全国人民政治协商会议很好地代行了职权。随国家政治局势的稳定和经济的恢复发展，选举召开全国人民代表大会列上日程。未必确当，这（苏维埃）类似近代国家"两院制"中的下院、平民院或众议院，并制定国家的宪法。

为此，必须做大量基础工作：首先，确定选民，并由选民选举出基层代表，再逐级自下向上选举；这必须动员全民，各级行政区域，做大量工作。同时，制定宪法，也要反复全面征求意见，最后由全国代表大会通过。1952 年，这些设想列上议事日程，大致准备在社会主义改造完成后，基本施行社会主义制度的晚些时候，召开大会并通过宪法。

1952 年 10 月，刘少奇出席苏共十九大时，代表中共中央，特就加快向社会主义过渡、召开人民代表大会（苏维埃）和制定宪法，专事征求斯大林意见。受毛泽东委托，刘少奇给斯大林写了一封长信，谈了中共中央领导集体的初步设想。

扫一扫 看视频

斯大林对刘少奇的信十分重视，看后即于 10 月 24 日与中共代表团见面会谈。他对中共的想法表示高度赞赏，并建议：为了驳斥国际上敌对势力的攻击，便于更好地开展建设事业，中国应该将召开全国人代会和制定宪法的时间表提前。

"语已多，情未了，回首犹重道"。

28 日再次会见时，斯大林又补充强调这两项重要内容，希望尽早开会制定宪法。中共中央和毛泽东接受斯大林的意见。❶ 四个月后，斯大

---

❶ 中共中央文献研究室编：《刘少奇传（1898—1969）》（下），中央文献出版社 2008 年版，第 663—664、695—696 页。

林逝世。

刘少奇一回国，中共中央立即作出召开人民代表大会和制定宪法的决定。12 月 24 日，全国政协常委会第四十三次会议上，周恩来代表中共中央提出召开全国人民代表大会和各级人民代表会议的建议说明。1953年 1 月 13 日，中央人民政府第二十次会议通过了"决议"，决定当年召开由人民普选产生的地方各级人民代表大会，在这个基础上召开全国人民代表大会，并在大会上制定宪法。同时决定，成立宪法起草委员会，以毛泽东为主席，朱德、宋庆龄、刘少奇等 32 人为委员；成立选举法起草委员会，以周恩来为主席，张治中、彭真、邓小平等 23 人为委员。

2 月 11 日，中央人民政府第二十二次会议通过了《中华人民共和国全国人民代表大会及地方各级人民代表大会选举法》，按规定成立中央选举委员会，刘少奇为主席，朱德、邓小平等 28 人为委员。❶

全民选举的大量基础工作，全国和各级人代会代表的选举和会务筹备工作，以及新宪法的起草工作，三方面同时紧张展开。刘少奇投入了极大的精力。而此时，正值"高饶事件"愈演愈烈，在全国财经工作会议上"批薄射刘"。面对隔空暗箭，刘少奇、周恩来正难过，却无暇理会，全力投入空前的民主实践中。

由刘少奇主持的中央选举委员会指导，在全国范围开展了人口调查、选民登记、基层选举。有着这个星球上最古老的文明、最众多人口的民族，将第一次通过全民大选，产生自己的代表大会。为此，首先进行了全国人口普查。普查的标准时间，定在 1953 年 6 月 30 日 24 时。史料没有记载，之所以定在这个时间，是否是作为一个巨大的象征——

---

❶ 中共中央文献研究室编：《刘少奇年谱（1898—1969）》下卷，中央文献出版社 1996 年版，第 307 页。

同一个零时，也是中国共产党 32 岁的生日！这个风华正茂、雄姿英发的党是否在以此宣示，只有她，才有足够的底气、豪气、正气，在古老的神州大地上第一次实现人民当家作主，谱写出彪炳中华五千年文明史上划时代的新篇章。

空前的人口大普查，意味着空前庞杂、繁重、严密的工作。普查的结果，全国人口总数为 601938035 人。这大大超乎所有人的预料。国民党统治时期，蒋介石吹破天，居然连中国有多少民、多少人都没个数，新中国成立后，人民终于有了和平安定、稍有温饱的小日子，也绝不可能三年涨出 1.26 亿来。仅此人口大普查，就可列入中国历史上的文明之最！

这时全国组织工作会议上，饶漱石正"讨安伐刘"。父亲和周伯伯之所以"大人不计小人过"，原来正致力于如此有底气、空前的历史大作为。

空前规模的人口普查之后，紧接着开始规模空前的全民大选。从 1953 年下半年到 1954 年 8 月，新中国逐级进行普选，参加投票人数，超过 2.7 亿，占当时登记选民总数的 85.8%。这再创造历史文明之最！

在刘少奇主持领导下，全国的区、县、市、省各级先后召开人民代表大会，并在省一级人代会上，选举产生了全国人民代表。人民共和国，做到做出了最基础、最文明之举！

同时期，毛泽东主持的宪法起草工作，紧锣密鼓开场。刘少奇也倾注大量的精力，协助毛泽东做了大量的工作。

1953 年 12 月 24 日，毛主席主持政治局扩大会，决定带

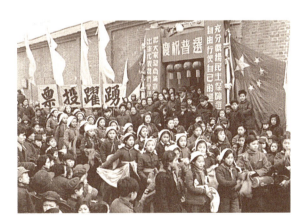

1953 年 12 月，北京市西单区群众打腰鼓、扭秧歌，庆祝普选

| 1954 年 3 月，刘少奇出席中华人民共和国宪法起草委员会第一次会议。图为委员们合影

班子到杭州起草宪法；刘少奇代理主席主持中央工作。正是在这同一个会上，毛泽东揭露高岗、饶漱石的问题。❶

　　1954 年 1 月 8 日，毛泽东发来电报，开列了个书单，有苏联、法国及波兰等东欧几国和中华民国的几部宪法，要求政治局和在京的中央委员阅读参考，作为讨论宪法草案时的准备。12 日，刘少奇主持政治局会议，讨论毛泽东的来电，布置阅读参考文件。2 月下旬，毛泽东与宪法起草小组拟出宪法初稿的三读稿，交政治局讨论。2 月 28 日—3 月 1 日，刘少奇主持中共中央政治局扩大会议，基本通过了三读稿，责成董必武、彭真、张际春加以研究修改，形成四读稿。3 月 12 日、13 日、

---

❶　中共中央文献研究室编：《毛泽东年谱（1949—1976）》第二卷，中央文献出版社 2013 年版，第 211 页。

15 日，刘少奇连续主持政治局扩大会议讨论，决定组成宪法起草委员会办公室，李维汉为秘书长，进行最后修改。17 日，毛泽东从杭州回到北京，23 日，亲自主持宪法起草委员会第一次会议，代表中国共产党正式提出《中华人民共和国宪法草案（初稿）》。会议同时决定，扩大讨论范围。之后，刘少奇在 5 月 27 日、28 日、29 日、31 日和 6 月 8 日，又连续主持了五次宪法起草委员会会议，逐章逐节进行讨论。

扫一扫 看视频

恰在此时，胡志明主席来北京。这位有趣的老友来

1953 年 2 月 11 日，刘少奇出席中央人民政府委员会第 22 次会议并讲话。会议通过了《中华人民共和国全国人民代表大会及地方各级人民代表大会选举法》，并决定成立以刘少奇为主席的中央选举委员会

访，给异常繁忙的父亲，带来些许轻松愉快？

母亲王光美回忆：

1954年春的一天下午，胡志明主席一个人走进我家。以前我从没见过他，那天他又穿得很严实，我真没认出来。他径直走进家，说要找少奇，我说他不在。他说："你是光美吧？"边说话边解开围巾，盖住的胡子露出来。我本来正纳闷，一下认出来，吃了一惊，马上让座，聊了起来。他非常随和轻松，慈祥而幽默。一会儿，他说想再去几家看看，我就陪他散步去……除了正式会谈，他有事常走来找少奇，总是兴致勃勃。

此时，还真有惊天大事——人民军大胜，占据全北越！胡志明将法国殖民者赶出印度支那！

还记得斯大林最后一次见面吧？除了建议尽早召开全国人代会和制定宪法以外，就是夸赞朝鲜战争与越南边界战役打得漂亮。那次会，胡志明主席报告了越南情况，刘少奇谈了下一步援越抗法作战的想法。

1953年冬至1954年春，中国支援越南人民军发起"西北战役"，声东击西，横扫越南西北高原和老挝！法军一触即溃，部署乱套，军心惶恐，被压制在越老边境附近的奠边府地区。大战略态势已成定局，我军穿插河内以南平原，截断通往南越的蜂腰，整个北越已揽入我方怀中。5月7日一鼓作气，奠边府大捷！一万多法军被歼灭、俘虏。西方备受震动，法国开始从东南亚全面撤出。

之后的日内瓦会议谈判，"判"定了既成事实。

抗法战争"西北战役"完胜，"奠边府战役"大捷！父亲正是负责援越的"总指挥"。 ❶ 此时，斯大林已去世一年了。

---

❶ 刘源：《梦回万里　卫黄保华》，人民出版社2018年版，第251—253页。

1963 年夏，胡志明与刘少奇家人在一起

把这场震撼世界、改变东南亚颜色、创造历史的战争，与胡伯伯有趣轻松的造访，与父亲正忙于斯大林同时建议的、中国共产党正筹备的中国人代会和制定宪法，放在一起叙述，再混搭进"高饶事件"的干扰，反差之大，实在感觉不搭调。然而，这就是历史，既波澜壮阔又泥沙俱下。确实同一时段，父亲和战友们，倾注心血奋斗——前无古人的业绩、感天动地的战争、匪夷所思的谋逆，完美古怪地融进历史为一体，更令人难忘。

　　接叙制定宪法之事。在连续五次主持，逐段逐句讨论推敲后，6月11日刘少奇出席毛泽东主持的会议，通过宪法修正稿和工作报告，

1954 年 9 月 20 日，刘少奇同全国人大代表一起，为一致通过《中华人民共和国宪法》起立鼓掌

提交中央人民政府。用毛泽东的话讲，"前后算起来，恐怕有一二十个稿子"，"全国有八千多人讨论，提出了五千几百条意见，采纳了百把十条。" ❶

6月14日，中央人民政府决定，将宪法草案交付全国人民讨论。当草案全文在《人民日报》登出之后，展开遍及全国的大讨论，持续了三个月，参加人数达到空前规模的1.5亿，对宪法草案和"五法"草案提出了118万多件意见。新中国的领袖们，不仅动员起全民修改一部宪法，也进行了一场空前广泛深入的全民普法教育。在中国五千年文明史上，这无疑又是开天辟地的文明盛举。

9月8日，宪法起草委员会会议决定，9日中共中央政治局常委会会议再修改。9日，中央人民政府通过，决定提交全国人民代表大会。❷ 刘少奇出席会议，受毛泽东委托，主持起草向全国人民代表大会作的关于宪法草案的《报告》。12日，《报告》通过后，决定刘少奇代表起草委员会向全国人代会作报告；还通过"五项组织法"（"五法"）等草案。❸

1952年底，斯大林提出建议、中共中央决定尽早召开大会和制定宪法后，待统计人

一届全国人大一次会议通过的《中华人民共和国宪法》精装本

❶ 中共中央文献研究室编：《毛泽东年谱（1949—1976）》第二卷，中央文献出版社2013年版，第248页。

❷ 《刘少奇选集》下卷，人民出版社1985年版，第133页。

❸ 中共中央文献研究室编：《刘少奇传（1898—1969）》（下），中央文献出版社2008年版，第697—699页。

口、确定选民等基础性工作结束，进行普选；再自下而上逐级召开人代会，需做大量庞杂的工作。这是一条线，另一条线则是起草宪法。两大方面工作交叉重叠，刘少奇倾注了大量的心血，全心全意、尽心尽力。

千头万绪紧张工作一年半，终于全部准备就绪。这中间，除了上述的援助越南，把法国殖民者驱逐出东南亚，还开了七届四中全会，决定加强党内团结，严肃处理"高饶事件"。第一届全国人民代表大会即将召开，高岗自杀，瀚海阑干百丈冰，龃龉不断，久难脱身。

二

扫一扫 看视频

1954 年 9 月 15 日，第一届全国人民代表大会第一次会议在北京隆重召开。

毛泽东在大会上致开幕词，充满自信地宣布：

领导我们事业的核心力量是中国共产党，指导我们思想的理论基础是马克思列宁主义。我们有充分的信心，克服一切艰难困苦，将我国建设成为一个伟大的社会主义共和国。

开幕那天，刘少奇受宪法起草委员会的委托，向大会作《关于中华人民共和国宪法草案的报告》。他首先回顾了中国人民一百多年来反对帝国主义、封建主义、官僚资本主义的英勇斗争历史，总结近代宪法问题和宪政运动的历史经验，再回顾新中国成立五年以来的巨大变化，阐述中华人民共和国宪法产生的历史意义。《报告》从国家的性质、过渡到社会主义的步骤、人民民主的政治制度、人民的权利义务、民族区域自治方面，说明宪法草案的基本内容。

《报告》开宗明义，确立我国根本政治制度的性质：

中华人民共和国是工人阶级领导的、以工农联盟为基础的人民民主国家。

最后，作出结论：

我们的宪法草案，经过全国人民代表大会通过以后，将成为我国的国家根本法。这个宪法既然是表达了人民群众的亲身经验和长期心愿，它就一定能够在我国的国家生活中起巨大的积极的作用，一定会鼓舞人民群众为保卫和发展我们的胜利成果而斗争，为粉碎一切企图破坏我国社会制度和国家制度的敌人而斗争，为促进我国建设事业的健全发展和加速我国建设的进度而斗争。

《报告》号召全国人民和国家机关必须遵守宪法的同时，特别对执政的中国共产党提出新要求：

中国共产党是我们国家的领导核心。党的这种领导地位，决不应当使党员在国家生活中享有任何特殊的权利，只是使他们必须担负更大的责任。中国共产党的党员必须在遵守宪法和一切其他法律中起模范作用。一切共产党员都要密切联系群众，同各民主党派、同党外的广大群众团结在一起，为宪法的实施而积极努力。❶

中华人民共和国第一部宪法，四章106条，人称"五四宪法"，是中国社会主义法治现代化的起始碑。对于从几千年封建社会走来的新中国，宪法体现了从三座大山压迫下解放出来的中国各族人民的意愿和意志，是以工人阶级为领导、以工农联盟为基础的人民共和国的根本法，主体是人民当家作主。刘少奇指出：

---

❶ 《刘少奇选集》下卷，人民出版社1985年版，第135—142、168页。

刘少奇在一届全国人大一次会议上作《关于中华人民共和国宪法草案的报告》

　　新中国宪法的产生是新中国社会发展的必然结果，是我国在极广泛的范围内结束了人民无权的状况，是高度的人民民主的反映，是一部符合当时中国国情的成功宪法，有着划时代的意义。

经过代表们几天的认真讨论，20 日的全体会议表决，一致通过《中华人民共和国宪法》的同时，还通过了《中华人民共和国全国人民代表大会组织法》《中华人民共和国国务院组织法》《中华人民共和国人民法院组织法》《中华人民共和国人民检察院组织法》《中华人民共和国地方各级人民代表大会地方各级人民委员会组织法》（即"五法"）。

父亲"为新中国宪法制定和实施作出贡献"❶，隔世犹荣！

在大会上，周恩来总理作了《政府工作报告》。这里特别强调：

| 刘少奇当选第一届全国人大常务委员会委员长

------

❶ 习近平：《在纪念刘少奇同志诞辰 120 周年座谈会上的讲话》，人民出版社 2018 年版，第 6 页。

我们的目标是，使我国的国民经济沿着社会主义的道路得到有计划的迅速的发展，建设起强大的现代化的工业、现代化的农业、现代化的交通运输业和现代化的国防。

这是党对四个现代化的最初概括。❶

27 日，选举产生国家机构领导人：

毛泽东为中华人民共和国主席，朱德为副主席；

刘少奇为全国人大常委会委员长，宋庆龄、林伯渠、李济深、张澜、罗荣桓、沈钧儒、郭沫若、黄炎培、彭真、李维汉、陈叔通、达赖喇嘛、赛福鼎为副委员长；

决定周恩来为国务院总理，陈云、林彪、彭德怀、邓小平、邓子恢、贺龙、陈毅、乌兰夫、李富春、李先念为副总理；

董必武为最高人民法院院长；张鼎丞为最高人民检察院检察长。❷

扫一扫 看视频

历时十四天，第一届全国人民代表大会第一次会议胜利闭幕。中国人民政治协商会议执行全国人民代表大会职权的任务宣告结束。12 月，全国政协举行第二届会议，通过"章程"，肯定人民政协作为人民民主统一战线的组织仍然需要存在。❸

两天后，秘书杨俊手持几份急件，走进刘少奇办公室，轻轻唤了一声："委员长"，仿佛没听见；又一声，父亲仍专注地批阅文件；第三声"委员长"，刘少奇抬起眼。杨俊忆述：

---

❶ 中共中央党史研究室：《中国共产党历史》第二卷（1949—1978）上册，中共党史出版社 2011 年版，第 250 页。

❷ 中共中央文献研究室编：《毛泽东年谱（1949—1976）》第二卷，中央文献出版社 2013 年版，第 287 页。

❸ 《中国共产党简史》，人民出版社、中共党史出版社 2021 年版，第 174 页。

少奇同志看着我说：你不感到别扭吗？叫同志多好。在我们党内，只有毛主席、朱总司令、周总理可以称职务，长时期大家叫习惯了。其他人都叫同志。

当时，母亲正在隔壁，她回忆：

少奇同志讲这话时，刚当选为我国第一任人大常委会委员长。他一生担任过许许多多党和国家的重要领导职务，人们始终称呼他"同志"。他最习惯、最愿意听。大家也感到很亲切，觉得这一普通称呼对于他，好像包含了更多的尊重。

直到今天，我们仍以普通得不能再普通的"同志"一词称呼刘少奇。人们或许不知道上面讲的小故事，或许也不知道少奇同志内心喜欢这一称呼，但是显然，人民已由衷地将"少奇同志"熔铸成一个崇敬而亲切的完整称谓。确实，这一称呼对于他，似乎特指着什么，意味着什么；凝结着太长太久的情感，寄寓了更多更深的尊重。

人民代表大会制度是我国的根本政治制度，作为全国人大常委会第一任委员长，父亲主持做了许多开创性工作。

首届人民代表大会，走进庄严会堂的，有各党派代表、政府干部和来自最基层的工人、农民和士兵。他们代表六亿人民管理国家，行使主人的权力。这是中国政治体制的重大变革。新中国确定人民代表大会，为国家最高权力机构和根本政治制度，但这是一个全新的组织和制度，没有现成的章法可以遵循。究竟要怎样开创工作，如何有效地行使人民赋予它的权力？怎么发挥出对中央及地方各级政府机构的监督作用？刘少奇进行了深入的思考，开展了卓有成效的奠基工作。

刘少奇认为，作为代表人民的国家最高权力机关，"能够便利人民行使自己的权力，能够便利人民群众经过这样的政治组织参加国家的管理，从而得以充分发挥人民群众的积极性和创造性"，为此，必须有利于上情下达，下情上达，有利于加强同人民群众的联系。

就任不久，刘少奇即以委员长名义，给所有人大代表发出通知，"把你在生产中、工作中、社会活动中所了解的情况，以及人民群众向你反映的问题和你的意见，随时告知常务委员会。"同时，设置若干全国人大办公室，便利展开活动及反映情况。他多次提出，组织代表分批分期到地方基层视察，建立经常的视察制度：

> 反映下面的情况和问题，看看他们有什么缺点，同时也要看看我们中央下去的东西有没有缺点，合不合情况。中央就可以改进中央的领导，也可以改进地方领导，使工作做得更好些，有什么问题也可以更快解决。❶

1955年5月16日，中共中央向各级党委、各部党组发出通知：代表们定期视察应该成为工作制度，要如实向代表们介绍情况，"应该采取是就是，非就非，好就好，坏就坏的实事求是的态度……要使代表能够真正实地进行考察，接见他们所要接见的人"。之后，这已形成了人民代表大会常态性的工作制度。

刘少奇简明地把人民代表大会的职权，归为决定权和监督权。他曾经说：

> 人民代表大会制度所以能够成为我国的适宜的政治制度，就是因为它能够便利人民行使自己的权力，能够便利人民群众经常经过这样的政治组织参加国家的管理。

> 我们国家的大事不是由一个人或少数几个人来决定的。人民代表大会制度既规定为国家的根本政治制度，一切重大问题就都应当

---

❶ 全国人民代表大会常务委员会第39次会议记录，1956年5月8日。

经过人民代表大会讨论，并作出决定。❶

只作决定没有监督，人民的权力和意志就无从体现。刘少奇又不止一次地讲，这个人民代表大会应当是"实际地而不是形式地"，"认真地而不是形式地"建立和履行权力。他强调我们党是国家的领导党，但是，在任何时间，都不应该用党的组织代替人民代表大会和群众组织，使它们徒有其名，而无其实。如果那样，就违反了人民民主制度，就会使我们耳目闭塞，脱离群众。这是很危险的。

刘少奇要求：

> 下去视察才可以看到一点问题，你们可以看出他们的假，一次掺假可以，但是每年掺假就难。视察有很大的好处，所有国家工作人员和共产党员都要群众监督。我们共产党员要有监督，党外人士也是这样，彼此互相监督一下，有好处。

刘少奇强调，对于官僚主义和腐败现象，监督更是必不可少：

> 我们的国家这样大，机关这样多，绝大多数的干部是好的，但也有少数不好，这是事实。同时，好的干部如果没有经常的监督也可能变坏。因此，对一切国家工作人员都应实行监督。除了广大人民的监督以外，还必须加强各级监督机关和检察机关，认真实行国家监督。

新中国的法制建设，可以说是从头开始。刘少奇说：

> 我们目前在国家工作中的迫切任务之一，是着手系统地制定比较完备的法律，健全我们国家的法制。❷

1955 年一届全国人大二次大会，授权全国人大常委会制定单行法

---

❶ 《刘少奇选集》下卷，人民出版社 1985 年版，第 156、157 页。
❷ 《刘少奇选集》下卷，人民出版社 1985 年版，第 253 页。

规的决议。刘少奇要求代表和委员，要以对国家和人民高度负责的精神，严谨细致地审议：

一个法律搞得不好，就会限制人民的积极性，限制生产力的发展。❶

四年多时间里，刘少奇主持，讨论通过了一大批重要的法律法规，在我国的法制建设方面，起了奠基的作用。

另外，他明确在人大讨论通过法规条例时，有关部门必须参加列席。这也成为一个制度。

扫一扫 看视频

1998年，时任全国人大常委会副委员长的王汉斌同志回忆：

五年里，在少奇同志主持下，召开了五次全国人民代表大会全体会议和109次常委会，制定了一系列重大法律、法令、法规，对建立并健全新中国的法律制度，起了奠基的作用。1957年夏季以前，在全国人大和常委会会议上，代表、委员能够畅所欲言，充分发表意见，包括不同的意见和批评的意见，工作比较活跃，发挥了最高国家权力机关的作用，可以说是建国以来人大工作最好的历史时期之一。❷

江泽民同志评价说：

刘少奇同志对我国人民代表大会制度的建立和实施进行了开拓性的工作。他强调，人民代表大会制度是我国的根本政治制度，是一个有伟大功效的制度。他作为全国人民代表大会常务委员会的第一任委员长，曾经用很大的精力来建立和健全这个制度，并制定了

---

❶ 全国人大常委会第97次会议记录，1958年6月5日。

❷ 王汉斌：《刘少奇社会主义民主法治思想的重大指导意义》，见《刘少奇百周年纪念》（上），中央文献出版社1999年版，第27页。

一套行之有效的具体工作制度，其中包括建立全国人民代表大会代表视察制度，发挥人民代表大会对国家行政机关等的监督作用。他主持制定的一大批重要法律法规，对新中国法律制度的形成和发展起了重要的作用。❶

至今，刘少奇所奠定的各级"人大"组织结构和工作方式，仍然被很好地坚持着，并在不断地完善、健全。他提出的许多深刻的观点，有的正在得到加强，有的已经或将要实现。

刘少奇是新中国法律制度的奠基人之一，也是最早提出依法治国的领袖之一。他的法制思想体现在许多方面。首先是高度重视立法这一基础性环节，强调要系统地制定完备的法律。他倾注大量心血的"五四宪法"，确立了一切权力属于人民的人民民主原则，社会主义道路的原则，公民在法律上一律平等的法治原则等，奠定了中国特色社会主义法治的基石。

刘少奇很早就阐明了公、检、法三个机关分工负责和互相制约的思想。他提出：法院独立审判，检察院应该同一切违法乱纪现象作斗争，应该服从法律、服从中央的政策。

王汉斌同志感叹：

> 在当时的情况下，少奇同志提出这样的主张，十分难能可贵，表现了远见和魄力。❷

民主与法制，可以说是刘少奇一生中最关注的问题之一。刘少奇指出，全国人民代表大会一律实行民主集中制，我们有高度的集中，但这

---

❶ 江泽民：《在刘少奇同志诞辰一百周年纪念大会上的讲话》，人民出版社1998年版，第8页。

❷ 王汉斌：《刘少奇社会主义民主法治思想的重大指导意义》，见《刘少奇百周年纪念》（上），中央文献出版社1999年版，第32、28页。

种集中是以高度的民主为基础的。一方面，我们必须更加发扬人民的民主，扩大国家民主制度的规模；另一方面，我们必须建立健全统一的国家领导制度。

王汉斌同志回忆：

> 少奇同志深刻地阐述了发扬民主的重大意义。他说，如果不充分发扬民主，就不可能建立集中制，也就不可能取得社会主义建设的胜利。他提出，要坚决纠正那种反民主的个人专制主义的倾向，放手地扩大党内民主和国家民主。

争取和维护人民的民主权利，是刘少奇革命一生、奋斗一生最重要的目标之一。早在抗日战争时期，就如何在敌后建立政权这样一个全新的问题，他提出，必须建立民主的政权，改造国民党一党专政的政府为人民的政府。[1] 新中国成立初，他反复强调：没有我们国家的民主化，没有新民主主义政权的发展，就不能保障新民主主义经济的发展和国家的工业化。反过来，经济的发展和国家工业化，又要大大地加强和巩固政权的基础。因此，他提出一个十分响亮的基本口号："民主化与工业化"。[2]

父亲曾说，经济上的现代化和政治上的民主化，是现代社会不同于以往的显著标志。这一科学的论断，深刻阐明了民主建设与经济建设的关系，把民主政治建设提到了保障国家政权和经济建设的高度。

有人讲，中国人不讲民主，不会民主，不需要民主，即使把民主放在中国人的手里，他们也不知道这东西能当饭吃，还是能当钱用。对于这种错误认识，刘少奇指出，必须进行关于民主的教育，号召我们的同志，使自己具备充分的民主精神，学习民主，在各阶层人民中

---

[1] 刘少奇：《论组织民众的几个基本原则》，1939 年 5 月 1 日。
[2] 《刘少奇选集》下卷，人民出版社 1985 年版，第 1—4、60 页。

去推行民主，并总结各地实行民主的经验，来教育党员与群众。特别是各级政府工作的同志，各级领导同志，更须加紧对民主的学习、修养和锻炼。❶

在中国共产党老一辈革命家中，父亲是对民主关注尤深、阐发最多的人之一。特别是对人民民主和党内民主的论述，他有很多深刻精彩的论述。

父亲再三强调，新中国实行的是人民民主专政。对人民的敌人实行专政，在人民内部绝不能专政，只能实行人民民主，对此，稍有疏忽就会犯大错误！他说：

> 绝不可把敌我矛盾扩大，不能用处理敌我问题的办法处理人民内部矛盾，相反，只要是没有危险的，倒是可以用处理人民内部矛盾的办法来处理敌我问题。❷

> 在人民内部只能实行民主。当然，是有领导的民主，不是有些人所讲的大民主，无领导的民主。❸

说到这里，不由想起刘少奇一段很有名的话：

> 解决人民内部矛盾，不能够用过去解决阶级矛盾的办法，必须用新的办法，新的方针新的路线，必须允许群众经常采用小民主的办法来解决他们所要求解决的问题，不允许小民主，不经常采取小民主的办法，势必要来个大民主。❹

---

❶ 刘少奇：《民主精神与官僚主义》，见《刘少奇论党的建设》，中央文献出版社 1991 年版，第 316 页。

❷ 《刘少奇选集》下卷，人民出版社 1985 年版，第 452 页。

❸ 刘少奇：《要防止领导人员特殊化》，见《刘少奇论党的建设》，中央文献出版社 1991 年版，第 645 页。

❹ 中共中央文献研究室编：《刘少奇年谱（1898—1969）》下卷，中央文献出版社 1996 年版，第 396 页。

好比自家内部，我们细想想，怪不得许多不太大、也不太复杂的家庭，还常闹"母女革命""子孙造反"呢。当然，刘少奇讲这话，不是针对一个家庭，而是对一个国家或一个单位来讲的。所谓"小民主"，就是在法制保障和制约下的民主；"大民主"，则是"造反""革命"和无政府主义了。他还说：

> 小闹不准闹，你压。压的结果，势必来个大爆发……来个大民主，问题就大了……像波兰、匈牙利要推翻政府，改组政府，那是大民主。❶

刘少奇还告诫我们：

> 平等精神和民主精神不是平均主义。现在我们的同志中，一方面表现民主精神有些不够。另方面，表现有些平均主义的要求，还有极端民主化的现象，否认组织性。这种平均主义与极端民主的要求，并没有平等精神与民主精神。❷

时下，在我们身边，既有民主不够的问题，也仍然有把无政府主义、自由主义当民主的滥用"民主"的现象。耳闻目睹腐败丑行和社会上的一些消极现象，不时听到一些人轻描淡写轻巧地说：还得再来一次"文化大革命"。至今，仍有人对那种"大民主"、大混乱，津津乐道，真让人不寒而栗。

我们千万不能忘记，惨痛的代价和教训！同时，我们是否也该检视一下，是不是哪个地方仍存在的"小民主"不够的问题？

父亲还有很多精彩典型的话语，后文会多引述。

前文叙述，关于党内民主集中制的第一个原则规定，就是毛泽东支

---

❶ 刘少奇：《在河南省委部长市委书记会上的讲话》，1957年3月4日。

❷ 刘少奇：《民主精神与官僚主义》，见《刘少奇论党的建设》，中央文献出版社1991年版，第315页。

持，刘少奇提出并主持制定，于 1938 年由全党通过的。他论述党内民主的话，几乎在每篇关于党的建设文章里都有，对这方面的感受和经验，他是刻骨铭心！

父亲知行合一，身体力行。凡是说到，就要去做，而且要做好。他既然提倡民主，便一定率先垂范。

20 世纪 80 年代，已经是国家轻工业部部长的杨波叔叔，对我亲口讲述：

扫一扫 看视频

> 1961 年少奇同志到湖南农村，调查了四十多天。我当时在全国合作总社办公厅工作，根据他的指示，在那里调查手工业和商业情况。三次向他汇报，每次都几个小时。最后一次是晚上，关于手工业合作社问题，我与少奇同志发生了争论。他一直耐心地听我争辩，并细致地讲述自己的观点，争了一个多小时，我还是坚持己见。看时钟已过零时，少奇同志既没有不高兴，也没有批评我，很和蔼地对我说："看来你说服不了我，我也说服不了你，那好，我给你五个月的时间，去搞两个点，一个按我的办法搞，一个按你的，然后再来总结，看哪个办法好，群众满意。"这语重心长的话，让我心里热乎乎的。一点多，他乘吉普车赶往长沙。到长沙上火车，已是凌晨四点了。我听一位同志说，因为跟我争论，不得不推迟到这么晚才出发，打乱了许多安排。听到这话，我的心情久久不能平静。我才三十出头，太不虚心了，还影响他老人家的休息。以后的实践，证明他的意见是正确的，我的错了。我亲身感受到少奇同志的民主作风，他的教育，我铭记在心，永生不忘。

"文化大革命"中，有人挑唆杨波：你敢顶撞刘少奇？就百般怂恿他造反。而杨波叔叔宁可自己挨斗，也没有做一件昧着良心、侮辱父亲

论共产党员的修养

刘少奇

人民出版社

《论共产党员的修养》

的事。❶

刘少奇说，实事求是，就是"坚持真理，修正错误"。这是世界上最难的一件事，必须要"有最大的革命勇敢"。他在《论共产党员的修养》中说：

（共产党人）没有任何私心，所以他无所畏惧。他没有做过"亏心事"，他的错误缺点能够自己公开，勇敢改正，有如"日月之食"。他理直气壮，永远不怕真理，勇敢地拥护真理，把真理告诉别人，为真理而战斗。即使他这样做暂时于他不利，为了拥护真理而要受到各种打击，受到大多数人的反对和指责而使他暂时孤立（光荣的孤立），甚至因此而要牺牲自己的生命，他也能够逆潮流而拥护真理，绝不随波逐流。❷

要做到这一点，最起码的条件，就是能听真话，敢讲真话。一个连事实都不敢面对的人，必定把真理拒于千里之外。

而要搞清真伪，明辨是非，必须深入群众，充分发扬民主。刘少奇曾在《论党》中写道：

扩大党内民主的中心一环，在于启发党员和干部的批评与自我批评……启发党员和干部，对党的政策与工作的积极负责精神，要使他们考虑问题，敢于与善于提出问题，发表意见。

刘少奇反对好人主义，认为只有这样，才能鉴别真伪是非，对人对事善恶分明。笔者在以上章节中写到，父亲鼓励人们批评、善于自我批

---

❶ 杨波：《民主作风的楷模》，见《缅怀刘少奇》，中央文献出版社 1988 年版，第 339 页。

❷ 《刘少奇选集》上卷，人民出版社 1981 年版，第 132 页。

评、勇于承担责任。而他"自己也勇敢地诚恳地批评别人"。

刘少奇的一生，反对封建主义和官僚资本主义，批评脱离群众、蜕化变质、打击报复、个人专制，以至骄傲自满、不负责任、放松自律等等，是很严格甚至激烈的。特别对破坏团结和纪律，拉小集团、搞宗派，他批判得极为严厉，毫不留情。在党的领袖中，确实很有特色。

1981 年春节，笔者给李先念叔叔拜年。他回忆：

> 少奇同志为人严肃，批评人很厉害，有时声色俱厉，好吓人！我们都有些怕他，躲他，不好太接近。但少奇同志也最民主，允许人家不同意他的观点，允许辩论。因此，工作上遇到问题，都愿意参加他主持的会议。特别是谁出了事情，犯了错误，又愿意首先去找他。他从不整人，从没有不求实地处理过哪位同志。❶

从愿望上，父亲确实真诚相向；从目的上，他确实出于团结，对同志负责。

赵淑君同志，农村妇女，没有文化。新中国成立前后，她参加革命工作，后由组织调到我们家里，做保姆工作。三年困难时期，她的一位亲戚因工伤砸了腿，上下班不方便，托她买辆自行车。老赵求助于秘书，看能否在陪首长出差上海时买一辆。刘少奇得知，便找她谈话。老赵一听是这事，马上说："不能买就算了，我想得通。"父亲却仍旧请她坐下来，细细地讲清为什么不能替她买，耐心和蔼地批评她。"文化大革命"时，正是这位老阿姨，承担了巨大的社会压力，带走了笔者年仅六岁的小妹妹，保下了这条小命，抚育她茁壮成长。联想到此，今天看

---

❶ 刘源：《忠直坦荡昭日月》，《中华儿女》1998 年第 10 期。2008 年，该文被选为"《中华儿女》20 年 20 篇代表作品"。

来，买辆自行车，对国家的主席又算什么呢？赵阿姨却说："少奇同志做得对！批评得对！"

她对这次耐心谈心，记忆犹新，仍很感动。

刘少奇说：

> 《诗经》上有这样著名的诗句："如切如磋，如琢如磨"，这是说朋友之间要互相帮助，互相批评。❶

对一位在身边工作多年的普通工作人员，刘少奇是既严格，又平等。对党内高级干部，他同样是这样。正如先念老主席讲的：平时，大家甚至有些怕他、躲他；可一旦有事，犯了错误、受了委屈，又都愿意去找他。

庐山会议一下山，彭德怀伯伯就先找父亲，多次倾心交谈，父亲也

---

❶ 《刘少奇选集》上卷，人民出版社 1981 年版，第 109 页。

真心实意去帮助。笔者目睹，可谓典型。

今天看来，刘少奇批评的人与事，正确的不说；失当的、批评错了，有之；违心的、附和冤枉，有之……但他从来没有，因个人偏见或私怨、为一己私利和面子，无端批评过谁，更没有失实硬行处理、无情打击过谁。如先念叔叔的话：他从不整人，从没有不求实地处理过哪位同志。

刘少奇将心比心，设身处地不苛求。为此还真原谅过不该原谅之人，犯下大错！

1983 年，笔者看望薄一波叔叔。他叙述一事：

> 在监狱里，陈伯达软骨头，私下自首出狱，我向组织反映。你父亲还有彭真同志，当面问陈伯达，说你对党必须诚实说清。陈伯达不承认，少奇同志就相信了。之后，我说不能这样就算完了。你父亲说：伯达年轻，工作积极又能写，他不承认就算了。

"躬自厚而薄责于人"，自古誉之宽厚远怨。刘少奇对党内同志，总是抱着与人为善的态度，没有确凿的证据，从不轻易做处理。然而，轻信陈伯达，却如"农夫与蛇"，错得搭上性命！一波叔叔，批评父亲"养虎为患"，可真是一语成谶呀！❶

对自己的领导毛泽东，刘少奇十分尊重，由衷钦佩，组织上完全服从，一丝不苟地认真执行毛主席的指示。但极其敬重甚至崇拜，不等于盲从，更绝非迷信；有不同意见，他也是当面提出，敢于同志式地进行批评。

刘少奇对毛泽东的信任和直言，表现出他对人民、对领袖高度负责

---

❶ 在最高法院"两案"审判中；在《陈伯达遗稿》（香港天地图书有限公司 1998 年版）中，陈承认未经组织，写"悔过自首书"出狱。

的精神，其忠直坦荡，可昭日月。

　　刘少奇曾强调，要用"法制保障民主……把民主制度化、法律化"。在党的十一届三中全会上，饱受"文化大革命"法制废弛之苦的邓小平，披着"文化大革命"的受难风尘，痛心疾呼：

　　　　为了保障人民民主，必须加强法制。必须使民主制度化、法律化。❶

　　两位老人讲出同一段话，相隔二十多年加上的，是两个斩钉截铁的字——"必须"！

　　关于民主与法制，刘少奇留给我们最后的遗产，是他在"文化大革

────────────────

❶　邓小平：《中央工作会议闭幕会上的讲话》，1978 年 12 月 13 日。

命"中，面对残酷迫害和严酷考验，那震人心魄、令人痛心疾首的一幕。于整个民族，当刻骨铭心！

扫一扫 看视频

1967年8月5日，号称百万红卫兵，在天安门和中南海批斗"刘、邓、陶夫妇"。这是最野蛮的一次，也是最后一次。

刘少奇手持党章和宪法大声地说：

> 我是中华人民共和国的主席，你们怎样对待我个人，这无关紧要，但我要捍卫国家主席的尊严。谁罢免了我国家主席？你们这样做，是在侮辱我们的国家。我个人也是一个公民，为什么不让我讲话？宪法保障每一个公民的人身权利不受侵犯，破坏宪法的人是要受到法律的严厉制裁的。❶

这一幕，给我们的文明古国，留下了深深的刻痕。每当笔者忆及，都椎心泣血。我想，每一个有良知的中国人都不能不为之动容。

另一幕，笔者插叙后话，同样载入青史！

1980—1981年，最高人民法院特别法庭审判"两案"。笔者在现场，印象最深的：

扫一扫 看视频

陈伯达，故作书呆子相、唯唯诺诺；当审到"残酷迫害刘少奇、王光美"时，他大哭不止，号啕不答……

而江青，始终桀骜不驯、咆哮法庭；当审到"残酷迫害刘少奇、王光美"时，她一下软了，低声说："这事太大了！这可不是我的事，算到我头上，可受不了啊！"

当庭质询，陈伯达坦白："少奇同志发现我，带到延安；推荐给张闻

---

❶ 刘平平、刘源、刘亭亭：《胜利的鲜花献给您——怀念我们的爸爸刘少奇》，《工人日报》1980年12月5日。

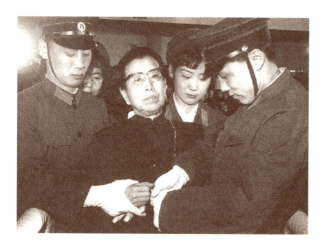

1980 年，最高人民法院法庭审判江青

1980 年，最高人民法院法庭审判张春桥

天，进马列学院；又介绍我，见毛主席。之后，他更是教诲多多，我很感恩的。"话说之事，应该为实；然而他，是否有真情？"文化大革命"，筹备"百万人斗争刘少奇大会"，陈在已批准的报文"刘少奇"之后，加上"邓陶夫妇"。法官斥责：你加四个字，斗一人就成了斗六人！陈伯达狡辩："我是怕少奇同志一人太孤单。"严肃的最高法庭，哄堂嘲骂！陈伯达浑身震颤、放声大哭！笔者联想，小平叔叔看到这一幕，会何等感愤！

接着，令人意外的是：1951 年就到父母身边工作的厨师——郝苗叔叔上庭控诉："文化大革命"，江青诬陷他是"美国特务，为刘少奇、王光美传递了 16 年情报"！同时，还把一位老帅家的亲戚，也打成"外线特务"，栽赃他们买菜时"接头联络"，"特批逮捕"，逼供关押十年。法庭上，郝苗叔叔拍案怒斥："连少奇同志身边的一个工人，都痛下狠手不放过？你江青是个什么东西！"江青低头，一声不吭。整场审判中，这是她唯一无狡辩认罪的。

"两案"审判，摆明确凿的事实，判定江青和陈伯达都曾经自首变节，康生甚至出卖叛变。在对敌斗争中，他们是怂包软蛋；在党内，正如刘少奇在《论党内斗争》中谴责的，他们是"蛮不讲理的无理性的斗争家"，是不折不扣的党内"刽子手"！他们的丑陋劣迹，终于大白于天下，永久定格于历史。

　　破坏宪法的人，终于受到法律的严厉制裁！

　　作为共和国主席，刘少奇为我国民主与法制的建设，毕生不懈努力，最终却因民主的混乱和法制崩溃而含冤逝去。中华民族走过了一条多么艰难的曲折之路。为了实现人民民主和依法治国，我们付出了多么沉痛的代价，包括牺牲了一位在任的国家主席。

　　今"念天地之悠悠"，岂"独怆然而涕下"？

　　作为一位普通的同志，刘少奇完全舍弃自己，拼死捍卫民主与法制；面对野蛮和强暴，最后以自己的抗争，为中华民族臻于民主文明之境，作出五千年文明史上，难以磨灭的贡献！

扫一扫 看视频

　　永远被我们称作同志的"少奇同志"，在政治生命的最后一刻，悲壮地对他的国家和后世之人的泣血呼唤，不能只是我们永远的心痛，而应该化为全民族坚实的行动，绝不允许这一幕重演！

　　鉴往而开来，随喜勿忘忧。后世之人起码应记住一句话：

　　在真理和法律面前人人平等。共产党人更应是模范！

　　1980年，邓小平说：

　　我们要在全国坚决实行这样一些原则：有法必依，执法必严，

---

❶　中共十一届六中全会《关于建国以来党的若干历史问题的决议》："历史已经判明，'文化大革命'是一场由领导者错误发动，被反革命利用，给党、国家和各族人民带来严重灾难的内乱。"

违法必究，在法律面前人人平等。❶

三

　　为召开全国人民代表大会，为制定第一部宪法，刘少奇殚精竭虑，倾注了极大的精力。但是，他仍没有放松对经济建设的关注。这一直是他心中的重中之重。

　　习近平总书记指出：

　　　　他（刘少奇同志）参与我国经济发展第一个五年计划的制定、审议、实施，使国家经济发展有了明确方向和目标。❷

　　1951 年 2 月，新中国还处于国民经济恢复时期。在中共中央政治局扩大会上，毛主席主持，作出"三年准备（包括 1950 年），1953 年之后即走入计划经济"的重要决策，从此，开始了第一个五年计划的编制工作。后简称"三年准备，十年计划经济建设"。❸

　　在周恩来和陈云的领导下，中财委紧张工作，1952 年 6 月拿出最初的《一九五三年至一九五七年计划轮廓（草案）》，对工、交、农、水等作出总体规划。轮廓出来后，中共中央决定由周恩来、陈云、李富春率领阵容庞大的代表团，赴苏联征求意见并争取援助。经八个多月的中苏对接谈判，1953 年 5 月签订了"关于苏联政府援助中国政府发展国

---

❶ 《邓小平文选》第二卷，人民出版社 1994 年版，第 254 页。

❷ 习近平：《在纪念刘少奇同志诞辰 120 周年座谈会上的讲话》，人民出版社 2018 年版，第 6 页。

❸ 中共中央文献研究室编：《毛泽东年谱（1949—1976）》第二卷，中央文献出版社 2013 年版，第 302、303 页。

民经济的协定"。

此时发生"新税制"事，政务院重新分工。高岗兼任国家计划委员会主席，领导"经济内阁"，飞扬跋扈欲推倒重来，计划编制实际工作陷入停滞。1954 年 2 月，解决了"高饶事件"的问题，政治局决定成立以陈云为组长的八人小组，4 月，向中央提出"五年计划纲要（初稿）"。审阅后的 6 月 29 日，刘少奇连续三天主持政治局扩大会议，听取并讨论陈云的说明。7 月，又连续五次主持政治局会议，听取邓子恢、李富春、李先念、薄一波关于五年计划的报告，并热烈讨论。在周恩来、陈云领导下，9 月正式提出《中华人民共和国发展国民经济的第一个五年计划草案（初稿）》。

之后，毛泽东、刘少奇、周恩来等到广州，对"五年计划草案"反复审议修改了近一个月，又征求各地各部委的意见。几上几下之后，于1955 年 3 月，在中国共产党全国代表大会上原则通过。7 月 6 日，刘少奇主持，在第一届全国人民代表大会第二次会议上，凝聚中共第一代领导集体心血和智慧的伟大蓝图，正式通过。❶

中国特色社会主义最重要的经济基石，就是那时奠定的，又经千锤百炼完善发展，千辛万苦不懈奋斗，延续至今，才造就今日中国辉煌于世！

上文讲述，1951 年毛泽东让陈伯达组织农村合作会议，12 月制定《关于农业生产互助合作的决议（草案）》，全国合作化加快发展。1953 年，农产品供不应求、价格剧烈波动，中央实行粮棉油统购统销。这并未减缓、反而催促了农村社会主义改造。到 1954 年形成热潮，全国的合作社从 10 万个发展到 48 万个，并计划下年发展到 60 万—70 万个。

---

❶ 中共中央文献研究室编：《刘少奇年谱（1898—1969）》下卷，中央文献出版社 1996 年版，第 334、341—342 页。

1954 年 11 月，刘少奇同周恩来（左二）、陶铸（左一）等在广州郊区视察胡椒园

在愈来愈快的发展热潮中，也暴露出不少问题。有的合作社（多为新组建的）办不好，很多农民纷纷扛走工具，牵走耕牛，闹退社。山西、河北，反映较多；尤其是浙江，因是新解放区，退社闹事最为突出。

1955年初，中共中央农村工作部部长邓子恢建议，转入控制，着重巩固一个阶段。中共中央同意，刘少奇签发《关于整顿和巩固农业生产合作社的通知》。

4月初，刘少奇在各省部会议上讲：

> 合作化的要求是又快又好，以好为第一，因为好了就可以快……目前中心问题是巩固和办好已经建立起来的这一批。这一批办好了，就给农民树立了旗帜，训练了干部，积累了经验，为今后更快地发展打下了基础……如果再像去年那样的速度发展下去，是冒险的。
>
> 合作化的快慢，决定于这一批办的好不好。

4月20日，刘少奇主持中共中央书记处会议，讨论合作化问题，他指出：今年的总方针是"停止发展，全力巩固"。原计划1954年全国发展到48万个合作社，实际已经发展到67万个，能巩固住五十几万个，即是最大胜利。❶邓子恢压来压去，实在下不了手，狠狠心只压缩了两万个办得不好的合作社，其中浙江就占一万五千个。后世评价，对"一度出现有些急躁的偏差，很快得到纠正"❷。

可以看出，无论是刘少奇还是邓子恢，都是赞成推动合作化，积极主动要将其办好的。只是把"好"放在"快"之前，先质量、后数量。这些情况和设想，开始时毛主席认同，并提出停止、整顿和巩固（停、

---

❶ 中共中央文献研究室编：《刘少奇传（1898—1969）》（下），中央文献出版社2008年版，第715—718页。

❷ 《中国共产党简史》，人民出版社、中共党史出版社2021年版，第180页。

缩、发）方针。无论如何，这还是起到短暂却又难能可贵的正面作用。

但后来，主席的思想很快起了变化。

1955 年 5 月 1 日在天安门城楼，毛泽东对谭震林说：

> 合作化还可以快一点……农民种田的积极性很高，办合作社的积极性也很高。但是，给合作社说好话的人不多。柯庆施说下边有三分之一的干部对合作化有右倾消极情绪，这和上边有关部门领导不无关系。

5 月 9 日，毛泽东对邓子恢说：

> 农民是要"自由"的，我们要社会主义……有一批是反映农民这种情绪的，据柯庆施同志说有百分之三十。不仅县区乡干部中有，上面也有，省里有，中央机关干部中也有。

5 月 17 日，毛泽东主持十五个省市汇报会时提出：

> 在合作化问题上，有种消极情绪，我看必须改变，再不改变就会犯大错误。对于合作化，一曰停，二曰缩，三曰发……社员一定要退社，那有什么办法……后解放地区就是要发，不是停，不是缩，基本是发……说大事不好。这不对！❶

——似是有变？像在警告！

6 月 10 日，毛泽东离京到杭州。因浙江闹退社最多，全国压减合作社的大部分（3/4），约 1.5 万个在浙江。柯庆施面子上实在难堪，就告状已开始大量核减合作社。毛主席立即让胡乔木收集河北、山西生产合作社发展情况（包括省委核减等数字）。随即 18 日就从杭州返京。

6 月 14 日，刘少奇主持政治局会议，听取邓子恢建议，按毛泽东 3

---

❶ 中共中央文献研究室编：《毛泽东年谱（1949—1976）》第二卷，中央文献出版社 2013 年版，第 367、370、375—376 页。

1955 年 3 月，毛泽东在中国共产党全国代表会议上致开幕词

月讲的"停、缩、发"的意思 ❶，批准到 1956 年秋收前，也就是一年半后，从现在的 67 万个发展到 100 万个！并说：发展到一百万个，关一

---

❶ 中共中央文献研究室编：《毛泽东年谱（1949—1976）》第二卷，中央文献出版社 2013 年版，第 355、367、370 页。

下门，办好了让中农自愿来敲门，关键是保证中农自愿。❶

7 月 11 日，毛泽东在中南海听谭震林、邓子恢、廖鲁言、杜润生

---

❶ 中共中央文献研究室编：《刘少奇年谱（1898—1969）》下卷，中央文献出版社 1996 年版，第 336—340 页。

等汇报，批评邓子恢自以为了解农民，又很固执。邓被批冒烟了，作检讨并辩解：主席啊，我没有说过"砍"合作社。毛说，你没有说过"砍"合作社，我就放心了。

杜润生晚年时，笔者问，这次开了五个半小时的会，都是怎么讲的？杜老陷入沉思，答非所问，自言自语：毛主席、你爸爸（刘没参加这次汇报会），领导农民闹革命，领导我们搞土改，几十年哪。那一代老哥们儿（老革命），哪个不了解农民农村？谁都是大专家呀！

1955年7月31日，中共中央在怀仁堂召开省市自治区书记会，毛泽东作《关于农业合作化问题》的报告，不点名地批评邓子恢是"小脚女人走路"，是被胜利"吓昏了头脑"，是犯了右倾性质的错误。

10月召开的七届六中全会上，展开大辩论，再批合作化中的右倾。毛泽东说："邓子恢同志犯了错误，性质属右倾的错误。" ❶ 同时，还第一次正式提出"彻底地改造资本主义工商业"。会上，刘少奇也作了检讨，对已经出现的半社会主义性质的农业生产合作社，没有认真地加以研究和提倡。

我估摸，此时的父亲或许"别是一番滋味在心头"？

"文化大革命"中，这段事被诬为"砍掉二十万个合作社"大罪，硬栽到刘少奇、邓子恢头上！实际只是计划数字核减两万，后世评价为正确的。

至今，笔者仍想不透，刘少奇和邓子恢的想法做法，与毛泽东讲的"一曰停，二曰缩，三曰发"一样呀？除非毛泽东说的是反话？67万个合作社"停"半年，"缩"2万，再"发"到103万（"百万计划"），怎

---

❶ 中共中央文献研究室编：《毛泽东年谱（1949—1976）》第二卷，中央文献出版社2013年版，第396、409—412、448—450页。——1981年，中共中央发文，为邓子恢平反，恢复名誉。

么就成了"小脚女人"？

刘少奇和邓子恢，都是合作化的最初倡导者和始终主持者，从来没有消极过，更不可能去反对。他们只是把"好"放在"快"之前，先质量、后数量。说破天也是"快"与"稳"之争，怎么就能变为"左"与右的政治错误？

更是剪不断，理还乱，是离愁。

扫一扫 看视频

但有一条，是肯定的：当时所有的中国人，都热切祈盼尽快走上社会主义的"金桥"、急切期待富强起来，而毛泽东的激情，确实完全符合了人民大众的期待与愿望。

还有一条，可以肯定：实践的结果，是检验是非对错的标准；历史的成败，会让后人得出公正结论。

毛泽东的批评，刘少奇的检讨，邓子恢的"错误"，立即在党内造成紧张：谁不跑步前进，谁就成了"小脚女人"！农业合作化成为政治运动，急而又急，快再加快。而中共上下，发动群众可是拿手，政治运动急速转向大规模群众运动高潮！不到半年，加入农业生产合作社的农户，从占全国总数的65%就达到95%！原计划10—15年的任务，一年半完成！其实，比刘少奇、邓子恢的"百万计划"，也就快了一两年。

1955年10月，中共七届六中全会上，毛泽东提出"彻底地改造资本主义工商业"后，接连两次找工商界代表人物谈话，交换意见。随即到杭州，与柯庆施、陈伯达讨论起草《中共中央关于资本主义工商业改造问题的决议》。❶

毛泽东提议，中共中央政治局在11月16日召开对资本主义工商业

---

❶ 中共中央文献研究室编：《毛泽东年谱（1949—1976）》第二卷，中央文献出版社2013年版，第465页。

改造问题工作会议，通过毛泽东起草的《决议》，部署工作。按刘少奇预先的设想，社会主义改造，工商在先农在后。现在农已经跑到前面，工商就不得不跟上。

16日，刘少奇代表中共中央讲话，统一大家的思想，提出任务：两三年内，把个体小生产小商业，改变为集体所有制；把资本主义工商业，改造为国家的全民所有制……要建社会主义，要改变资本主义为社会主义，我们不动摇就不犯大错。而用什么方法，采取什么形式，用多少时间，是根据客观条件决定的。在打倒、没收、挤垮和赎买的方式中，在我国用赎买的办法，统一战线的办法，是最好的办法。请同志们讨论，采取最有利的、与人为善的、和平的改造，变资本家为劳动者。要准备在一个相当长时间，最后来完成。

这是一个起质的变化、起决定性变化的斗争，谁战胜谁的问题还没有解决。要统一思想、积极领导，紧张起来，谨慎小心，团结一致，争取胜利。❶

会议最后一天的24日，毛泽东讲话，再次号召消除顾虑，加快改造！

1956年上半年，"公私合营"高潮遍及全国。毛泽东、刘少奇等最高领导人，在天安门接受资本家献上的喜报。最初计划"十至十五年的任务"，这次工作会议布置"两三年之内……改造搞出个头绪来"。"加快"的结果，两三个月，多半都公私合营了。❷

全国各地，锣鼓喧天、鞭炮齐鸣、喜报频传，农业合作化，手工业、资本主义工商业的改造，奇迹般地、和平地全部实现！后来有企业主回忆：白天敲锣打鼓乐翻天，晚上蒙被窝抱老婆哭。笔者觉得很可理

---

❶ 《刘少奇选集》下卷，人民出版社1985年版，第176—183页。
❷ 《中国共产党简史》，人民出版社、中共党史出版社2021年版，第181—182页。

解:小石头揣兜里三年,扔掉还恋恋不舍呢。何况舍弃倾尽心血创下的企业物产,离别一起摸爬滚打的朋友兄弟?

应该说,这是中国历史上最深刻、最伟大的社会变革!而且,完全不流血、无反抗。这奠定了我们今天一切进步发展的基础,也创出所有制和平大革命的世界奇迹!

正如陈云高度概括评价的:

企业的私有制向社会主义所有制的改变,这在世界上早已出现过,但是采用这样和平的方法使全国工商界如此兴高采烈地来接受这种改变,则是史无前例的。❶

当然,无与伦比的历史功绩,也遗留下太深刻的教训和大灾难的隐患!

---

❶ 《陈云文选》第二卷,人民出版社 1995 年版,第 309—310 页。

改造后期，确实存在：要求过急、工作过粗、改变过快。深层次上，全面取消私有制，却没有建立起"等价交换"和"按劳取酬、多劳多得"等一系列社会主义体制机制；大锅饭、平调风、共产风等平均主义产生、日益严重。

特别是，把"反保守、反右倾"，推广到方方面面；急于求成、把空想当成理想；盲目求快、脱离实际去硬干。

必须说，中国人民，可真好啊！

天地交泰，斯称盛世！

第九章　经济为中心

一

扫一扫 看视频

　　早在 1948 年西柏坡"九月会议"期间，毛泽东委托刘少奇重点思考建立新中国相关问题。父亲提出，在即将建立的人民中国，要以经济建设作为党的总任务。12月，他讲："发展经济是一切斗争的终极目的。"❶1949年，他写道："今后的中心问题，是如何恢复与发展中国的经济。"❷1950 年，他在全国政协会上说：现在人民的基本任务，是在全国范围内进行经济建设，恢复与发展社会经济。1951 年，他更为明确地再三指出：在建设时期，除开必要的国防外，一切工作和其他建设均配合经济建设，"一切以经济建设为中心。"❸抗美援朝的停战协定一签，刘少奇又反复强调这一中心。

---

❶　刘少奇在华北财政经济委员会上的报告，1948 年 12 月 25 日。

❷　《刘少奇选集》上卷，人民出版社 1981 年版，第 426 页。

❸　刘少奇：《中国共产党今后的历史任务》，1951 年 7 月 5 日，见中共中央文献研究室编：《刘少奇年谱（1898—1969）》下卷，中央文献出版社 1996 年版，第 283 页。

应该说，在 1956 年的中共八大之前，我党第一代领导集体对这一提法，已经形成共识。毛泽东虽然稍显谨慎，但对刘少奇的这些讲话，或赞扬，或默许，并无异议。

刘少奇一直把经济建设作为重中之重。1954 年，荣任全国人大常委会委员长前后，他又"参与我国经济发展第一个五年计划的制定、审议、实施"❶。

1955 年 3 月，党的全国代表会议结束后，利用各地领导在京的机会，刘少奇分别邀集几大区省市负责人座谈，听取汇报，交换了不少自己的意见和想法。

刘少奇考虑最多的是，作为新中国的执政党，究竟怎样实行正确而有效的领导。中国共产党，正处在从领导社会大革命向领导经济建设的转变过程中，各级领导和组织十分缺乏经验，处于学习、适应的过程中，甚至可以说是很不得力。必须尽快适应新的形势任务，下决心改变盲目、被动的状态。

因此，刘少奇多次提出：

> 我们熟悉的事，如打游击、土地改革等等，现在都完成了。而不熟悉的事，如基本建设、五年计划等，却强迫我们去做。我们没有经验，因而很吃力，很被动。现在要创造新的领导经验。❷

刘少奇这话之所以深刻而动人，正因为是以自己的切身体会、深刻感受而及人。从建党、建军到建政几十年，"终于开始搞建设了！"❸ 全党都面临全新的形势、局面和任务，学习全新的知识、方式和本领，思

---

❶ 习近平：《在纪念刘少奇同志诞辰 120 周年座谈会上的讲话》，人民出版社 2018 年版，第 6 页。

❷ 刘少奇同东北地区各省市委负责人的谈话记录，1955 年 4 月 9 日。

❸ 中共中央会议记录，1948 年 7 月 26 日。

考全新的问题、目标和方向，大到新民主主义社会、社会主义制度怎么建？小到工人、农民、手工匠学徒怎么分配劳动所得？全部是史无前例的。刘少奇推心置腹，把自己的体会感受，老老实实摆明；在场的听众，无不老老实实地承认。

今世的我们，评判、学习先辈，包括毛泽东、刘少奇以及领导集体，可以有不同的侧重，但是必须回到当年的历史环境中去，理解他们的处境！

革命老辈，无须相回避；四面环顾，勤奋加互助。

刘少奇说：

> 过去搞革命，现在搞建设。因之组织形式、工作方式也要随之改变，但领导人的觉悟程度没有那么高，没有自觉地随着任务的变化而改变组织形式和领导方式。这就发生各种力量与任务不相称和领导不好的现象。现在这个变化还未结束，还要有意识地完成这个转变。❶

请读者关注，讲这段话的时代背景：中国共产党，是刚赢得空前成功的大革命、大战争胜利，正取得前所未有的经济大恢复、社会大进步。刘少奇却深刻认识到，我们党政干部的不足与差距。指出不高、不好、不适应，强调必须以转变自身为己任。从这个角度，我们看前辈们的失误，走过的弯路，是不是更容易理解？要不要多汲取教训？该不该面对眼前的现实，检讨自身，放下身段，适应学习，自觉转变？

刘少奇认为，要完成转变，最关键的是实行党政分开，要改变过去由党委包办一切、"一揽子"的领导方法。在战争年代和经济恢复时期，一元化领导行之有效。而建设规模越来越大，人民信赖越来越多，经济

---

❶《刘少奇论党的建设》，中央文献出版社 1991 年版，第 626 页。

事务越来越细，群众要求越来越高，"一揽子的领导方式是不行的，要有分工，要建立各种业务机构。"他提出，企业实行一长制，以便有人负责。❶党委要监督、管思想政治和群众工作，有利于实现一长制，有利于厂长依靠党和群众，还能尽量减少脱产干部人员。刘少奇说：

> 党不管党问题……党委终天忙，不能管党，管了什么？管了征兵、统购统销、基本建设等业务；而这些事应该是由业务机构来管的。党应该管的是检查工作、政治思想工作和组织工作。

他还指出，当前党的中心任务是：

> 必须健全中央以至地方政府部门的业务机构，提高其水平，使之能负担它所应负担的任务……如果各方面工作都有得力的业务部门去做，党委就能腾出手来做自己应当做的事情了……就可以站在监督的地位来指导和帮助业务部门的工作，即管理干部、检查工作和做政治思想工作，而不必直接地管他们的业务。

父亲再三强调：

> 为了进行监督，党的干部对业务工作也要逐步地熟悉起来变成内行……今后，党对政府部门的领导方式，原则上将是如此。❷

"以党代政，党不管党"的倾向，已近七十年啦。多少次反复进退，这个问题并没有根本解决好。正因此，刘少奇的思考与观点，才更显出超前与深刻。至今，无疑具有重要的指导意义。

作为毕生为党的事业奋斗的刘少奇，绝对不会去"削弱党的领导"。无论过去、现在和将来，东西南北中，党领导一切。问题是怎么来领导，如何领导才能更好。这恐怕是永恒的课题，永远在路上、永远需改进！

---

❶ 1933年在中央苏区长汀最早提出，1948年华北军工交通会议确定。
❷ 《刘少奇论党的建设》，中央文献出版社1991年版，第626—628页。

1955年，刘少奇同皮肤病专家胡传揆（右）席地而坐，促膝交谈

父亲还讲了许多，不乏先见之言。例如，在经济建设上，他说：凡是盲目发展得多的行业，困难就大；这里有一条经验，并不是任何发展都是好的，如果发展不是有计划、有前途的，发展本身就带有破坏性。

在谈到农业合作化时，他讲：

> 目前的主要问题是要把现有的巩固好，只要巩固好现有的，就会有农民入社，为了发展，就要巩固。干部没训练，经验不成熟，再快就要发生危险。❶

---

❶ 中共中央文献研究室编：《刘少奇年谱（1898—1969）》下卷，中央文献出版社 1996 年版，第 337—338 页。

这些中肯之言，已被后世历史验证，闪耀出真理之光！

1955 年夏在北戴河，各部委汇报长期计划指标。国务院确定的年增长率，都预定在 20％以上。应该说，这样的速度，比经济恢复时期不差多少，均属史无前例。

此夏，正值前述的农业合作化运动加快推进。下半年至年底，更是加快了再加快，手工业和资本主义工商业改造开始，并迅速推向高潮。在一片战鼓擂响、红旗飘飘、捷报频传中，"反对右倾思想、反对保守主义"冲过了头，出现大偏差；举旗冲锋、攻克大捷中，层层加码、目无实际、空幻高喊，盲目追求数量和速度，不求质量地急躁冒进。

1956 年 1 月，中共中央政治局制定的《1956 年到 1957 年全国农业

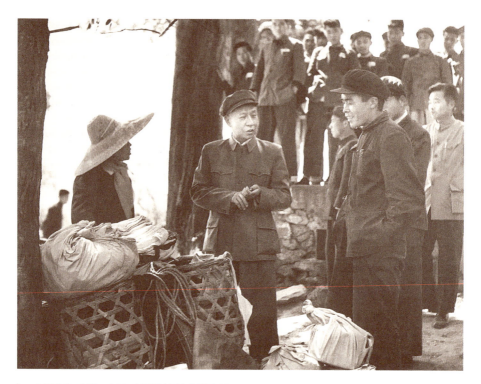

发展纲要（草案）》提出：

> 全国农业合作化高潮正在引起全国农业生产的高潮，并转而促进整个国民经济和科学、文化、教育、卫生事业的新的高潮。

这就要求各级党政机关，根据以上精神拟定新规划，或重新审定原计划。各省及部委，谁甘于落后？全都迅速修改了半年前在北戴河制定的计划，粮、棉、钢、煤四大指标提高一半以上，完成的时间又大大缩短提前。基本建设投资从原定控制的 112.7 亿元飞涨一倍，达 200 多亿元！仅一个多月后，国民经济就出现全面紧张局面。

总理周恩来、计委主任李富春、财政部长李先念，首先发现问题。周总理提出，要"压一压"，刘少奇很支持。

1956 年 4 月下旬，中央在中南海颐年堂召开会议，有相当一些领导同志持相反的意见，认为不但不能压，还要增加。但增加的意见，在多数人中又通不过，争论激烈！所以，会上只压缩了指标，经济过热没有得到根本纠正，供应紧张没有彻底缓解。❶

这引起刘少奇的高度重视，他与周恩来、陈云等领导同志冷静分析，心有灵犀、形成共识：反对经济上保守主义的同时，必须警惕急躁冒进的倾向。这关系到经济建设健康发展的重大问题，全党必须予以高度警觉。刘少奇和周恩来、陈云等都没有、也不可能想到，日后这会引发政治矛盾。

5 月，刘少奇主持中央会议提出，经济发展要实行既反保守主义、又反冒进、坚持在综合平衡中稳步前进的方针。会上，他让中央宣传部按此写篇文章，作为《人民日报》社论发表。6 月 1 日，中宣部部长陆定一在会上透露：

> 反对右倾保守，现已高唱入云，有必要再提一个反对急躁冒进。中央要我们写篇社论，把两个主义反一反。

陆定一

6 月 4 日，刘少奇主持会议，提出 1956 年国民经济预算，报告初稿写明：

> 必须全面执行多快好省的方针，在反对保守主义的时候，必须同时反对急躁冒进。

6 月 10 日，刘少奇主持政治局会议通过预算初稿，提出要加重反

❶ 中共中央文献研究室编：《刘少奇传（1898—1969）》（下），中央文献出版社 2008 年版，第 724—726 页。

对急躁冒进的分量，并指定胡乔木进一步修改后，才通过预算，报告强调：

> 在当前生产领导工作中，必须着重全面地执行多、快、好、省和安全的方针，克服片面地强调多和快的缺点……在反对保守主义的时候，必须同时反对急躁冒进的倾向……急躁冒进的结果并不能帮助社会主义事业的发展，而只能招致损失。

6月11日，《人民日报》的社论清样，由陆定一审阅修改后送刘少奇。刘多处修改，四处加重了反冒进的语气，即送毛主席审阅。毛在清样上批"不看了"三个字退回。❷

扫一扫 看视频

6月20日，《人民日报》社论发表，虽从两方面提出问题，而重点自然是纠正冒进的倾向。对此笔者简化引出：

> 一方面是在一些工作中仍然有右倾保守思想在作怪，另一方面……又发生了急躁冒进的偏向，有些太急了，有些太高了，没考虑实际的可能性。这种情况是值得我们严重注意的。之所以严重，首先存在在上面各系统的领导干部中，下面的急躁冒进有很多是上面逼出来的……都不愿别人说自己保守，都争先恐后地用过高的标准向下布置工作，条条下达，而且都要求得很急，希望很快出成绩，甚至层层加重，下面就必然受不了。中央已经采取措施纠正，希望我们在今后经常注意，只有既反右倾保守，又反急躁冒进，我

❶ 中共中央文献研究室编：《刘少奇年谱（1898—1969）》下卷，中央文献出版社 1996 年版，第 369 页。

❷ 中共中央文献研究室编：《刘少奇传（1898—1969）》（下），中央文献出版社 2008 年版，第 726—727 页。

们才能正确地前进。❶

6月15—30日，刘少奇主持召开一届全国人大三次会议，通过上年"决算"和本年"预算"。决议中写上："必须在反对保守主义的时候，同时反对急躁冒进倾向"。❷

"文化大革命"中，这被定为毛泽东"钦点"的大"罪状"。自然，刘少奇认领并公开检讨多次。那时，不少老同志，也都为此挨批斗、检讨过。李先念老主席，就不止一次与母亲和笔者描述被批斗场面。当时，可没人敢冒领顶罪！

现在很多说法，认为主要是周总理搞的反冒进。实际上，总理当然是主角之一，还有许多老领导，共同发现问题，采取措施，纠正汹涌的冒进。而这都是刘少奇赞同并主持的。

正如党的文献研究专家王双梅同志所叙述：

> 刘少奇感到，只单纯地压缩经济指标远远不够，应从经济建设的指导思想上，根据中国自己的国情来办事，打根儿上反对冒进，实事求是，而非就事论事。❸

"文化大革命"时，父亲也主动承担了领导责任。

刘少奇、周恩来、陈云、李富春、李先念、陆定一等领导同志，及时发现问题，并很快制止了急躁冒进的势头，实施了迅速高效的坚强领导，加深了对经济建设的认识程度，初定了经济建设的正确

李富春

<hr />

❶ 参见《人民日报》1956年6月20日。

❷ 中共中央文献研究室编：《刘少奇年谱（1898—1969）》下卷，中央文献出版社1996年版，第369页。

❸ 见《刘少奇与新中国》（理论文献电视片），王双梅受访视频。

杨尚昆

方针。今日公论评价，充分肯定；后世领导赞扬，立了大功；权威专家称：如果没有"反冒进"，1958年的"大跃进"，很可能就提前到1956年了。

笔者觉得，极重要的是，这保证了中共八大，出了个好党章，有了个好报告，确立了好中心——以至改革开放后的十二大，全面肯定"八大路线"，得以回归"以经济建设为中心"！

1956年时任中共中央办公厅主任的杨尚昆，几十年后作为国家主席怀念刘少奇：

在少奇同志主持下，政治局制定了"经济发展要实行既反保守又反冒进，坚持在综合平衡中稳步前进"的经济建设方针，为开好八大奠定了基础。

今天回看，当时党内领导层的认识，确实存在巨大分歧，这也反射到下面各个层次。而不久之后，毛泽东严厉批评"反冒进"，让人们不禁浮想联翩，自然会引向老人家对《人民日报》社论送审稿的批示——"不看了"三个字，以及这三个字的弦外之音。

毛泽东的秘书胡乔木，兼中宣部副部长，成为关键人物。"反冒进"的所有指示社论和文件，遵照刘少奇指令，胡乔木积极执笔。晚年回忆起这段事，他衷心认为"反冒进"正确，却没说是否都向毛主席汇报，毛主席是否赞成？只含糊提到：感觉毛主席批示"不看了"有异样，但毛主席尊重党中央集体领导的决策。这话经不住反过来推敲，毛主席半年后就不尊重了？显然不能自圆其说。❶

笔者推想，他肯定是说半句、留半句：在"尊重领导集体"的话前

---

❶ 中共十一届三中全会后，笔者陪同母亲多次与胡乔木追忆。

1956 年 5 月 1 日，刘少奇同毛泽东、周恩来、朱德、彭真等在天安门城楼

后，应加一句"因为那时毛主席正总结出《论十大关系》的光辉报告，而全世界社会主义阵营都在反个人崇拜"。

必须肯定，无论毛泽东，还是刘少奇，都想从中国的国情出发，正确领导社会主义建设事业，又都赞成多、快、好、省的方针。而面对前所未有的任务，怎么结合中国的实际？怎么闯出中国的道路？必须经过异常艰辛的探索，必须付出异常艰巨的努力。

至今，我们已经取得举世公认的辉煌成就；

仍旧，我们于守正创新之中继续砥砺前行。

二

1945 年的中共七大后，中国共产党上上下下，立愚公移山之志，干天翻地覆之业，忙得不亦乐乎。

1952 年冬，国民经济基本恢复，抗美援朝取得全胜，国计民生显著改善，社会环境安定祥和……中共中央曾经考虑，适时召开党的八大，并开始着手准备。正因此，高岗、饶漱石欲谋升迁，明里暗地闹了起来。为处理"高饶事件"，召开了中共七届四中全会和党的全国代表会议。这前后，尊重斯大林的建议，又提前召开全国人民代表大会，党的八大因而拖延下来。

1955 年夏秋，中共中央认为时机成熟，而且离"七大"已经十年，不宜再延后了。10 月召开的中共七届六中全会，主题是加快农业合作化，会议同时通过了召开"八大"的《决议》，并决定刘少奇负责大会工作报告的起草。

会后，父亲的主要精力，转向《报告》的起草工作。

此时，在"反冒进"半年前，农业合作化运动席卷全国，工商业社会主义改造迅猛发展，红旗漫卷，一派高歌。

1955年12月5日，刘少奇在中南海西楼大厅，召集在京的中央委员和党政军负责人开座谈会，传达毛主席指示并部署"八大"的筹备工作。

刘少奇说：

关于八大的准备工作谈话时，主席提出：中心思想要讲反对右倾思想，反对保守主义，提早完成我国的社会主义建设和社会主义改造的计划。主席说过，我们要利用目前国际休战的时间，利用这个国际和平时期，再加上我们的努力，就可以加快我们的发展，提早完成社会主义工业化和社会主义改造。这也是客观要求我们加快发展。我们可以设想，如果我们不快建设，农业未合作化，私营工商业未改造，工业未发展，将来一旦打起来，我们的困难就很多；如果完成了就好办。因此必须加快速度，在我们的一切工作中都要反对保守主义，一切工作要办得又多、又快、又好，要求我们在较短时间内获得更大的成绩。这不是急躁冒进，而是实际与可能的需要，是稳步前进。主席说，我们可以有几条路线前进……上、中、下三策，哪个合理，哪个正确，就选哪一个。要站在群众的前头，不要做群众的尾巴。要鼓励群众，不要泼冷水。在较短的时间内得到较大的成绩，这就是现在中央所实行的路线，这就是稳步前进。另一条是按常规走路，照老样子前进，时间拉得很长，群众没有气，成绩不大，这是保守主义路线。我们不少同志却正在走着这条路……主席说，客观事物，不平衡是经常的，平衡是暂时的，不断平衡，不断冲破，这是我们前进的规律。冲破了平衡是好事，不要怕……有人说："可不可以让农业等一下工业，不要走得那么快。"

这种说法是右的。不能叫农民等，而是工业要赶上去。农村合作化了就更有利于促进工业化的发展。准备明年九月召开八大，中心问题就是这些。希望各部门立即进行检查，发现问题……反对保守主义，迎接八大。

在讲话结尾时，刘少奇说："八大中央的报告与各部门的工作结合起来，所以我准备找各部门的同志个别谈谈，请你们准备。有材料请你们送一些来。"❶

扫一扫 看视频

会后第二天，父亲就开始，分别约请有关部门主要负责人，座谈听取汇报，仔细了解具体情况和实际问题，为党的八大报告作准备。据《刘少奇工作日志》记载，从1955 年 12 月 7 日，至 1956 年 3 月 9 日，他约请了党中央和国务院 37 个部委办的同志座谈。这一段时期，他大部分精力集中于此，记下几万字的笔记。三个多月里，中南海的西楼，人进人出，有单人独行的，有成伍列阵的，蔚为大观。每批人马最少半天，常常从白天一直座谈到次日凌晨，会议室灯火明亮，通宵达旦。

父亲关注的重点，是经济建设的现状和发展。就听、就问、就谈，挑其中几段插话：

在大力发展内地工业的同时，也要注意发展沿海工业的潜力，因为沿海地区现有企业需要的投资少，能力大，见效快，可以为国家建设积累更多的资金……今后投资的重点有两个：一个是重点建设；一个是利润大、生效快的事业。

应当重视利用中国手工业发达的特点发展中国的工业，把机器

---

❶ 中共中央文献研究室编：《刘少奇传（1898—1969）》（下），中央文献出版社 2008 年版，第 713—715、719—721 页。

工业和手工业结合起来，接受手工业的优良传统技术，同时帮助手工业机器化，提高生产率。

企业内部要高度重视经营管理工作，加强科学研究，学习和尽量采用国内外先进技术，研制新产品。

要积极发挥知识分子的作用，积极创造条件，采用多种办法培养和选拔懂技术的干部，同时要注意发挥资本家的一技之长，虚心向资本家学技术，学管理。

企业中的工人不能全招正式工，要采用合同制。

社会主义商业性质存在着不灵活性、愚蠢性，不能适应地方情况的变化，做生意的人要很灵活，很敏感。

小商贩可以组织起来，但不要完全并掉，留下百分之十也不要紧，不要改变他们的经营方法。

学习外国经验时，要从中国的特点出发，不能照搬。

要想办法把产品的质量标准定下来，多搜集技术资料，为了研究新产品，要把资本家中会搞设计的人养起来。

工业生产要根据消费者的需要生产，商品也要根据消费者的需要供应……满足人民的需要，刺激人民更高的消费欲来促进生产。❶

还有很多话，随听随议，未成文细论，却寓意深刻、回味不尽，构架出"十大关系"的思想轮廓。❷ 在以后的经济建设中，刘少奇多次强调这些思想，直到改革开放后，成为经济建设的重要方针。今天读来，仍富有启迪意义。

通过这次轮番座谈，刘少奇对经济建设的各方面现状，对发展的需

---

❶ 中共中央文献研究室编：《刘少奇传（1898—1969）》（下），中央文献出版社 2008 年版，第 721—724 页。

❷ 薄一波的回忆。

求任务，心里有了底，为起草党的八大报告打下基础。

1956 年初，毛泽东回到北京，听说刘少奇正在成系统地座谈，十分赞赏这种方法，也要如此做调查研究，让薄一波组织安排。从 2 月中旬到 4 月底，毛泽东听取国务院 34 个部委汇报，刘又多次参加座谈讨论。

先提示一句，这时段赫鲁晓夫突然作"秘密报告"，引发世界震惊，开始反思盲目崇拜和个人迷信。容后专述。

毛泽东和刘少奇这两番"车轮大战"，可以说"斩获"甚丰！毛泽东集中调查研究成果，又经过几次政治局讨论，形成了《论十大关系》的基本思想及论著。

在 4 月 25 日的政治局扩大会议和 5 月 2 日的最高国务会议上，毛泽东两次作了《论十大关系》报告，向全党全国提出："要调动一切直接的和间接的力量，为把我国建设成为一个强大的社会主义国家而奋斗！"并以此作为"历史任务"。

《论十大关系》，成为毛泽东关于新中国经济建设的、为数极少的、笔者誉之为绝无仅有的一部系统专著，对新中国探索自己的道路，对毛泽东思想在社会主义时期的发展，都具有里程碑意义。

1960 年 6 月，毛泽东在《十年总结》中说：

> 前八年照抄外国的经验。但从一九五六年提出十大关系起，开始找到自己的一条适合中国的路线。❹

从叙述中，相信众人也能看出，刘少奇为此作出了不可替代的贡献。

前文讲过，1949 年 9 月父亲从苏联归来，途经东北向干部作报告：不能照搬照抄苏联和东欧民主国家的社会主义，必须根据本国实际搞新民主主义，"言必称希腊"就犯教条主义。以后，他多次说过，学习外国的经验，要从中国的特点出发。《论十大关系》发表前后，他更强调：任何外国的经验，包括苏联的经验，可以加以改变而不能死搬。又说：社会主义制度也有缺点，必须不断改进，使之更完善，更适合于各民族经济和社会的情况。把任何一个制度绝对化都是不妥当的。

至今，被许多老同志和党史专家们津津乐道的这两番"车轮大战"，是建国领袖们对建设中的各方面问题，进行的时间最长、内容最系统的调查研究。有了各方汇报的实际情况，才得以产生符合实际的理论；而任何理论，必须联系实际，必经实践检验，才可能成为真理。

笔者认为，这也为几乎同时开始的"既反保守，又反冒进"，提供了极其难得的机遇和可能，为中共八大的召开创造了良好的思想环境和政治氛围。1956 年 6 月 20 日，《人民日报》社论《要反对保守主义，

---

❹ 中共中央文献研究室编：《毛泽东年谱（1949—1976）》第四卷，中央文献出版社 2013 年版，第 418—419 页。

中共八大政治报告修改稿
（第三稿）第六部分（节录）

扫一扫 看视频

也要反对急躁情绪》发表；10 日和 30 日，刘少奇主持中央政治局会议和第一届全国人大第三次代表会议，通过"反保守又反冒进"的预决算决议。

之后，父亲的精力几乎全部倾注于起草"八大"政治报告。6 月 30 日，刘少奇召集陈云、邓小平、彭真、陆定一等，布置"八大"报告的起草工作。7 月 23 日到 8 月 17 日，父亲到北戴河（有两天回京接待外宾），全力以赴起草报告，常常足不出户，埋头伏案，紧张思考，亲自写作。

应该说，"八大"报告的起草，由毛伯伯直接领导，父亲负责，他们密切配合，协同工作。有的部分是他们当面讨论出意见，有些段落是两位通信、递便条商量，每一稿都送毛泽东审定，甚至有的是刘少奇写一段或几页，即送、即审、即定。到"八大"前夕，毛泽东十九次主持中央政治局和起草委员会以及有关人员讨论，每次刘少奇都参加，共商定稿。

9 月 14 日，"八大"开幕宣读报告的前一天，毛泽东、刘少奇还在修改。❶

---

❶ 中共中央文献研究室编：《刘少奇传（1898—1969）》（下），中央文献出版社 2008 年版，第 728—729 页。

这期间，刘少奇还参加周恩来主持的关于第二个五年计划的报告、邓小平主持的修改党章报告的讨论。8月22日至9月13日，中共七届七中全会召开，通过了"八大"的各项日程与文件。

1956年9月15日至27日，中国共产党第八次全国代表大会在北京新建的政协礼堂隆重举行。

扫一扫 看视频

出席大会的正式代表1026人，候补代表107人，代表全国1073万党员。有50多个国家的共产党、工人党、劳动党和革命党代表团，以及国内各民主党派、人民团体和无党派人士代表，应邀列席。

9月15日，毛泽东致开幕词：

> 我们这次大会的任务是：总结从七次大会以来的经验，团结全党，团结国内外一切可以团结的力量，为了建设一个伟大的社会主

1956年9月，中共八大主席台

毛泽东在中共八大致开幕词

义的中国而奋斗。

会场肃穆，人心振奋，肩负全党和全国人民的期望！

刘少奇代表中共中央向大会作政治报告。在总结"七大"以来经验的基础上，分析国际国内形势，向全党提出了当前和今后一段时间的基本任务。

第一，把党的工作重心转移到发展社会生产力上来。刘少奇指出：

> 革命的暴风雨时期已经过去了，新的生产关系已经建立起来，斗争任务已经变为保护社会生产力的顺利发展……我们党现时的任务，就是要依靠已经获得解放和已经组织起来的几亿劳动人民，团结国内外一切可能团结的力量，充分利用一切对我们有利的条件，尽可能迅速地把我国建设成为一个伟大的社会主义国家。

第二，总结以往的经验教训，确定"既积极又稳妥可靠"的经济建设总方针。刘少奇指出：

> 坚持既反保守又反冒进，在综合平衡中稳步前进的经济建设方针。发展速度必须是积极的，以免丧失时机，陷入保守主义的错误；又必须是稳妥可靠的，以免脱离经济发展的正确比例，使人民负担过重，或者使不同的部门互相脱节，使计划不能完成，造成浪

刘少奇同毛泽东在中共八大主席台交谈

费，那就是冒险主义的错误。

刘少奇明确强调："三个主体、三个补充"思想：

> 国家经营和集体经营、计划生产、国家市场三者为主体，而以个体经营、自由生产、自由市场三者作为补充。

并且，提出一系列切实可行的具体目标，在三个五年计划或再多一点的时间内，在我国建成基本完整的工业体系。❶

后世论定，这些重要思想，符合中国实际，极具前瞻远见。

第三，为适应大规模经济建设，必须改进国家工作的任务。刘少奇指出：

> 一是扩大民主生活，开展反对官僚主义的斗争；二是调整中央

---

❶ 《中国共产党简史》，人民出版社、中共党史出版社 2021 年版，第 188 页。

与地方的行政管理职权，发挥两个积极性；三是正确处理少数民族问题，更大努力帮助经济文化进步，充分发挥积极作用；四是巩固人民民主专政，保卫建设秩序和保障民主权利，惩治犯罪分子，制定较完备的法律，健全国家法制。

第四，中国共产党作为执政党，在新的历史条件下的建设方向。刘少奇指出：

最主要的任务，就是"继续保持正确的、健全的领导"。为此，需要全党特别是各级干部努力学习，加强对实际情况的调查研究，学会"从群众中来，到群众中去"的工作方法，所有的组织执行集体领导、扩大党内民主，必须反复进行全心全意为人民服务的教育。❶

1956 年 9 月，刘少奇在中共八大作政治报告

《报告》最后的结语中，刘少奇说：

一个好党员、一个好领导者的重要标志，在于他熟悉人民的生活状况和劳动状况，关心

❶ 中共中央文献研究室编：《刘少奇传（1898—1969）》（下），中央文献出版社 2008 年版，第 730—733 页。

人民的痛痒，懂得人民的心；他坚持艰苦朴素的作风，同人民同甘苦共患难，能够接受人民的批评监督，不在人民面前摆任何架子；他有事找群众商量，群众有话也愿意同他说。只要我们的党是由这样的党员组成的，我们就永远有无穷无尽的、不可征服的力量。❶

扫一扫 看视频

在中国共产党的历史中，最著名辉煌的、最恒久为人所念的代表大会上，由毛泽东、刘少奇亲自主持执笔，由中央政治局的老革命家审改，经无数文人泰斗与平凡百姓反复字斟句酌的主题报告，又再三经过否定之否定的检验，至今屡试不爽、仍不失其指导意义的党代会主报告，结语竟以如此平易的道理、如此平凡的字句、如此平和地阐述、如此平实地号召，概括出一名好党员、一个好领导的重要标志。以此作为曲终，奏出了"报告"，也奏出报告人心目中的主旋律。可谓曲终颂雅、金韵绕梁。

这是极为隽永的。尤其是在之后，此起彼伏的各种锣鼓与战歌，惊天动地的几多惨剧与悲痛中，才越来越显示出，这段话所蕴藏着的真理与真情合鸣的感人力量。

后世梦回，前人之风采；言近旨远，平凡之贵品！

9月16日，邓小平向大会作《关于修改党章的报告》；周恩来向大会作《关于发展国民经济的第二个五年计划的报告》。朱德、陈云、董必武等也在大会上发言。

9月26日，毛泽东主持政治局常委会讨论，由陈伯达最后执笔定稿的《中国共产党第八次全国代表大会关于政治报告的决议（草案）》。

---

❶ 《刘少奇选集》下卷，人民出版社1985年版，第275页。

其中的文字，明显带有陈伯达式的晦涩，而关键一段：

　　　　我们国内的主要矛盾，已经是人民对于建立先进的工业国的要求同落后的农业国的现实之间的矛盾，已经是人民对于经济文化迅速发展的需要同当前经济文化不能满足人民需要状况之间的矛盾。这一矛盾的实质，在我国社会主义制度已经建立的情况下，也就是先进的社会主义制度同落后的社会生产力之间的矛盾。党和全国人民当前的主要任务，就是集中力量来解决这个矛盾，把我国尽快地从落后的农业国变为先进的工业国。这个任务是很艰巨的，我们必须在经济、政治、文化等方面采取正确的政策，团结国内外一切可以团结的力量，利用一切有利的条件，来完成这个伟大的任务。❶

　　9 月 27 日，大会正式通过决议，批准了刘少奇所作的政治报告。中国共产党第八次全国代表大会，胜利闭幕！

　　再次强调：在中共八大《党章》中，将"中国具有强大的现代化的工业、现代化的农业、现代化的交通运输业和现代化的国防"，确定为"社会主义建设的战略目标"。❷

　　如果说，从中共七大到新中国成立，是中国共产党历史上，中央领导集体最团结有为的第一个辉煌时期；那么，在中共八大前后的这一时期，无疑是党史上第二个辉煌时期的华彩乐章！

---

❶　中共中央文献研究室编：《刘少奇传》(下)，中央文献出版社 2008 年版，第 733—734 页；其中没有了画线的那一句。

❷　1951 年，刘少奇提出"我们的基本口号是：民主化与工业化"；1954 年第一届全国人民代表大会上，周恩来总理在政府工作报告中提出"四个现代化"目标；1956 年，八大党章将此确定为"战略目标"；1965 年第三届全国人民代表大会，周恩来政府工作报告再提出"四个现代化"，将第三个修改确定为"科学技术现代化"。

三

中共八大结束，紧接着召开八届一中全会，酝酿和选举新的中央领导机构以及成员。

"八大"之前，最初的方案设想是，党的中央委员会由毛泽东担任主席，刘少奇担任副主席。刘少奇提议，多设几位副主席。经过慎重研究，七届七中全会接受了这个建议，改为"选举中央委员会主席一人，副主席若干和总书记一人"。毛泽东在会上对这一条专作说明：

> 党章上现在准备修改，叫做"设副主席若干人"。首先倡议设四位副主席的是少奇同志。一个主席、一个副主席，少奇感到孤单，我也感到孤单。一个主席，又有四个副主席，还有一个总书记，我这个"防风林"就有好几道。"天有不测风云，人有旦夕祸福"，这样就比较好办。除非一个原子弹下来，我们几个恰恰在一堆，那就要另外选举了。如果只是个别受损害，或者因病，或者因故，要提前见马克思，那么总还有人顶着，我们这个国家也不会受影响。❶

中共八届一中全会，选举 17 名中央政治局委员，6 名候补委员。其中，毛泽东为中央委员会主席，刘少奇、周恩来、朱德、陈云为副主席，邓小平为总书记；这 6 人为中央政治局常委。

按说，从各方面看都很圆满。会后一件极不起眼的小情况，预示出截然对立的分歧，以及翻过来、倒过去的巨变后事。

大会闭幕后，服务人员收拾打扫会场。在主席台上，苏共代表团团长米高扬座位前，遗留了大会刚通过的"关于政治报告的决议"（俄文）

---

❶ 毛泽东在中共七届七中全会上的讲话，1956 年 9 月 13 日。

米高扬

文件，也就是上述陈伯达拟定的、"晦涩"的决议稿。一般情况下，大会通过的内容，当天即会公开广播，代表或嘉宾将文件留置在会场，十分常见。但这份文件引起注意，是因为在一行字下重重画了两道，即笔者在上面引文中画出线的，"这一矛盾的实质，在我国社会主义制度已经建立的情况下，也就是先进的社会主义制度同落后的社会生产力之间的矛盾"。注意，这可是米高扬画出并翻开此页展明桌面，或许还是他有意留下的？原件即上报中央办公厅主任杨尚昆，又呈报毛泽东和刘少奇。

扫一扫 看视频

　　早在中共八大前，刘少奇就说过：无论经济事业还是政治制度，"急躁冒进的结果并不能帮助社会主义事业的发展，而只能招致损失"，以及"如果生产关系跑到生产力的前头"❶等基本相同的话。陈伯达、胡乔木或许受到此类思考的影响，在大会前一小时，才在决议稿上加了画线这一句。❷主持起草的毛泽东，当时没注意到。从一系列言行可以推断，老人家是不大赞成，以至越来越反对的。

---

❶ 习近平：《在纪念刘少奇同志诞辰 120 周年座谈会上的讲话》，人民出版社 2018 年版，第 7 页。

❷ 中共中央文献研究室编：《毛泽东年谱（1949—1976）》第二卷，中央文献出版社 2013 年版，第 639 页（注②）。

| 1960 年 4 月，刘少奇同毛泽东在研究会议文件

　　三天后的 10 月 1 日国庆节，在天安门检阅时，毛泽东对刘少奇说："八大"关于国内主要矛盾的一些提法不正确，先进的生产关系与落后的生产力的矛盾，确实有问题。刘少奇惊讶："呦！决议已通过公布了，怎么办？"❶

　　以后，再发的一些文件里，就淡化回避画线的这句话了。

　　1998 年，母亲在回忆文章里写过毛、刘在天安门上的这段对话。曾经兼任笔者父亲秘书的一位老人，后来身居高位写"史录"说：他也参加过拟写"关于八大政治报告决议（草稿）"，没听陈伯达说过毛、刘的"天安门对话"，因此断定，没有此事。并明言，他知道毛泽东对以

❶　王光美：《与君同舟　风雨无悔》，《炎黄春秋》1998 年第 10 期；《永恒的纪念》，金盾出版社 2005 年版，第 66 页。

上画线的那句话有异议，但要维护毛泽东。

真是荒唐的逻辑怪论：他与陈伯达拟写草稿，是在通过决议之前，决议通过后的事还没发生，谁能知道？又能听谁说过呢？更有甚者，没听陈伯达说起，怎么就能否认毛、刘对话中刘少奇讲述的内容呢？另外，笔者画线的那句话，可是毛泽东亲自负责起草、多少次主持讨论的决议内容呀。"八大"隆重表决通过，因毛泽东后有异议就形同作废了，何来维护毛泽东？显然，这已不仅是无知，简直是位高昏乱霸道了！当时，笔者就给这位叔叔写信予以反驳，并说我也亲耳听父亲讲过这段"天安门对话"，否认不掉！

这次简单而又极其重要的天安门对话，意味深长！

笔者再补充一句，在母亲回忆时考虑再三没写上的。当时毛伯伯还问："革命的暴风雨时期"真的"已经过去了"？这句似问自答的话指向很明确，"八大"关于政治报告的决议中，有一段极其关键的话：

> 现在这种社会主义改造已经取得决定性胜利，这就表明，我国无产阶级同资产阶级之间的矛盾，已经基本解决，几千年来阶级剥削制度的历史已经基本结束，社会主义的社会制度在我国已经基本建立起来。

这可不是陈伯达和胡乔木临时加上的。后来，这段已通过的决议文字，也因毛泽东有意见而完全颠覆、推翻废弃。

中国共产党前七次代表大会，都是以阶级斗争为主题。"八大路线"，将"国内的主要矛盾""斗争的任务变为保护社会生产力的顺利发展"，以发展经济为党和人民的"主要任务"。❶ 这个根本性转变，极富历史意义。

---

❶ 《刘少奇选集》下卷，人民出版社 1985 年版，第 253、219 页。

　　说"八大"特殊和重要，还因为"八大"的精神和决定，几乎还没有来得及贯彻就逐渐被放弃了。看来，毛、刘"天安门对话"，可谓"风起于青蘋之末"！

　　直到"文化大革命"，"八大"成了"罪恶靶标"，刘少奇的政治报告，更成了"罪恶宣言"。

　　除了"革命的暴风雨时期已经过去……斗争的任务已经变为保护社会生产力的顺利发展""先进的社会主义制度同落后的社会生产力之间的矛盾""我国社会主义和资本主义谁战胜谁的问题，现在已经解决了""无产阶级同资产阶级之间的矛盾，已经基本解决"等等词句，被扣上"阶级斗争熄灭论""搞和平演变"大帽子，❶还有两条最最要命的：

一是修改党章的报告中，反对个人崇拜；二是修改后的党章中，竟然没有了"毛泽东思想"！

笔者就讲讲，这两条最最要命的"大罪状"。

现在，几乎所有的当事老人，对这两桩重大事实，或难言就里、或有意回避。起码是笔者孤陋寡闻，从没见谁解释过。当然，正规党史或党史权威，更是无法、无从着墨。相信大家会感兴趣。或许，也会引起点小议论。所以先声明，我讲述实况，复述原话。若理解或文字表达有误，是我的责任；而笔者分析，当可以推翻。但不妨先顺着导读进入，理解当年；再果断跃回现实，思考判断。

前面提示过，1956年2月14日至25日，苏共在莫斯科召开二十大。在会上，赫鲁晓夫的报告提出"三和两全"❷的新政策。24日，已宣布大会闭幕。当晚却紧急通知，赫鲁晓夫作《反对个人崇拜及其后果》的秘密报告。由深夜到次日凌晨，赫鲁晓夫控诉了苏联的肃反大清洗，谴责斯大林的暴戾专制，指责其背叛列宁确立的民主集中制，坚决反对搞个人崇拜和个人迷信，并重申"三和两全"新政。在场的1400名苏共代表，40%为新人，而苏联的大清洗，几乎给所有人都留下恐怖恶感，可以说是谈肃反色变。赫鲁晓夫作报告中间，多次赢得长时间热烈掌声和高呼……报告后的当天，苏共二十大中央委员会选举，赫鲁晓夫以高票当选苏共中央第一书记。自然，这也算认同了秘密报告。

老大哥反斯大林这一令人震撼之举，包括泄露出来的秘密报告文本、苏联肃反大清洗的内幕，在全世界引起巨大反响和动荡，尤其在社

---

❶ 刘少奇：《向南海卫东造反队的检查》，1967年4月14日。

❷ 和平共处、和平竞赛、和平过渡，全民党、全民国家，中共中央概括简称。

会主义阵营各国，更是一石激起千层浪！

我们都知道，马克思列宁主义是批判的理论，反对一切神圣崇拜，否定一切权威迷信，尊重人格人道人权，崇尚人民民主权利，信仰个人无产、全民共产，同情弱者、蔑视强权，解放自我、解放人类等等。马克思逝世后，鉴于国际社会主义政党把马克思信仰神圣化，恩格斯甚至说：我不是马克思主义者！开始组建第二国际。恩格斯逝世后，列宁反对第二国际伯恩斯坦和考茨基的修正主义权威，严厉批判，并在十月革命后，组建第三国际（共产国际）。

作为马克思列宁主义的所有信仰者和全部革命者，反对盲目崇拜和个人迷信，天经地义。

对斯大林时期的肃反大清洗，过去苏联人民讳莫如深，中共中央早已极度反感；对大国沙文主义欺凌打压引起的反弹，更增加了各国共产党反斯大林的情绪。因此，社会主义阵营各国，必然拥护效法，反对盲目崇拜和个人迷信。

中国共产党，从极度震惊到冷静思考，开始检讨自身。反对个人崇拜和迷信，必须拥护；❶对斯大林的评价，认为他有严重错误，却不应全盘否定；对赫鲁晓夫，有些拿不准，怀疑他的"三和两全"新政，但谁又能反对"和平"呢？对他给予中共的特殊尊重与特惠承诺，却赞赏有加。

这个时间，国民经济出现紧张，开始"反冒进"，压缩规模和投资，又即将召开党的八大。中共中央政治局反复商讨几次，都同意与各国共

---

❶ 1954 年 2 月，中共七届四中全会通过《关于增强党的团结的决议》，明确增强和维护党的团结，反对搞独立王国，反对把个人放在组织之上，反对不适当地过分强调个人作用，禁止党内非法活动、个人专断和破坏团结言行。见中共中央党史研究室：《中国共产党历史》第二卷（1949—1978）上册，中共党史出版社 2011 年版，第 292—293 页。

产党一样，决定反对盲目崇拜和个人迷信，索性在"修改党章的报告"中加上一段：就论述党的民主集中制时，强调"继续坚决地执行中央反对把个人突出、反对对个人歌功颂德的方针"。这个报告，分量更重，反崇拜迷信，会更加切实。

笔者揣摩，也不扎眼，不显突兀。

一次，邓小平汇报起草"修改党章的报告"，反映大家讨论的意见，说有个让人头疼的大矛盾：多位同志提到，党章的定位是进入社会主义时期的纲领。而党的指导思想，却是新民主主义革命和建设时期的毛泽东思想，没有社会主义部分。对这一问题，可真犯众难了！大家一致认为，毛泽东思想，仍可以在社会主义时期指导绝大部分工作和全体党员，特别是思想方法、工作方法和全党教育等。刘少奇补充说，《论十大关系》，已经是社会主义建设上有系统的思想了，今后会创造出很多。这时，毛泽东讲了一句：有系统的思想，并不是成体系的思想。大家提的问题都对，社会主义时期的思想，确实没有成熟。党章就不要写指导思想了。

正是因为"文化大革命"，父亲第一次遭到批斗以后，我不得不追问，他情愿说个清白，跟我讲到这次讨论。

批斗的场景，让笔者终生难忘。

1967 年 1 月 12 日，也就是毛伯伯与父亲最后一次谈话的前一天晚间，江青、戚本禹挑唆中央办公厅百十来号造反派，冲进我家，勒令父母站在一张独腿方形会议桌上，接受群众批判。那天很冷，夜黑风高，造反派命令父亲摘下棉帽，向群众低头认罪。母亲喊了一句："我摘围巾，让他戴上帽子，吹感冒了，以后你们就斗不成了！"一阵"打倒"口号后，群众中真有几声："那还是让他戴上吧。"他们自己内部争了一两分钟，决定：群众提问批判时，父亲主动脱帽；他回答质问时，自己可以戴帽。

斗争持续一小时左右，估计没人敢挑头，也就没人主持，免了宣读战书，只是杂乱提问。其中有一问：为什么"七大"党章树立毛泽东思想为指导思想，"八大"党章你竟敢取消了？

父亲回答：

> 为了对抗蒋介石提出的"一个主义、一个政党、一个领袖"，我党必须树立新民主主义、中国共产党、领袖毛泽东。新民主主义就是毛泽东思想，当时已经很成熟，在中国革命中，在我们党内，开始成为指导思想。七大上是我力荐，将毛泽东思想写入党章的，我宣传毛泽东思想不比别人少（这里少不了一阵"打倒"口号）。
>
> 八大时，建国才几年，都没有经验，刚开始社会主义改造，不可能有社会主义成体系的思想。毛泽东思想中的社会主义部分，还不够成熟，党章就没写指导思想。

可想而知，这番话立刻被淹没在震耳的打倒声浪中。漆黑寒夜，笔者被吓得毛骨悚然！在当时，这无疑是贬低毛泽东思想的黑话！不是正好让人抓住现行罪证？

只见父亲定气昂首，凛冽寒风吹乱他的白发。❶

造反派当天连夜将这次斗争会问答记录，抄成大字报。把我也拽去写毛笔字，几人抄了一夜，共三份，每份二十多张纸，第二天下午才折腾完。为使影响面更大、观看者越多越好，分别在中南海三处大灶食堂贴出。我背地悄悄观察，挤满人群，专注细看，静默异常。我还感到奇怪，为什么没有喧哗，无人声讨？更怪的是，当晚警卫团的战士，把这

---

❶ 刘平平、刘源、刘亭亭：《胜利的鲜花献给您——怀念我们的爸爸刘少奇》，《工人日报》1980年12月5日。王光美、刘源等：《你所不知道的刘少奇》，河南人民出版社2000年版，第188页。

大字报撕得干干净净。毛主席可是说"大鸣大放大字报"，当年谁竟敢撕，那就是现行反革命呀！过两天，听小道消息，造反派挨了狠批。似乎说，他们上当，帮助放毒？

我回家告诉父亲，也说我听他"放毒"，吓得呆若木鸡。他轻声安慰："我说的话，都是毛主席当年说的，你甭怕。"❶ 我大为惊讶追问，他详细做了追述。

"文化大革命"指斥：中共八大修改党章报告中反对个人崇拜，八大党章中删掉毛泽东思想，刘少奇是"罪魁祸首"；邓小平干系重大、"罪不可赦"。究其实，群众印象深的"白猫黑猫抓住老鼠就是好猫"，根本算不上个错。因此要命的两大"罪状"，邓小平才不能不被打倒，成了"党内另一个最大的走资派"！

小平叔叔，坦坦荡荡！1966年10月1日，两人在天安门上步行碰面，父亲问：还好吗？老叔叔利索答了一句："横直没事！"

毕竟毛伯伯似有不忍，或许也是欣赏加念旧？12月，小平叔叔的近亲口传一信，毛伯伯开导小平叔叔："为革命当黑帮！"无论真假，这话给我极大的安慰，即刻与我妹妹亭亭飞奔回家。母亲一再追问，这话是哪里传来的？父亲紧锁眉头，一言道破："这话，他们小孩子哪儿编得出来。"

1967年4月6日，父亲回答造反派的质问时驳斥：

> 八大报告中写不写毛泽东思想，在议论时意见也不统一。不主张写的人占多数。他们认为毛主席曾多次从宣传文章中删去这个提法，看来毛主席并不主张到处使用。另外，七大是第一次提出毛泽

---

❶ 林蕴晖：《刘少奇与探索新中国之路》，社会科学文献出版社2019年版，第291—294页。——作者为刘少奇辩护，讲毛泽东多次自谦。

东思想，那时我们还没有取得全国胜利，全国人民对毛泽东思想还不熟悉。七大至八大，形势有了根本性变化，毛泽东思想早已深入人心，不写进报告也不会影响学习和宣传毛泽东思想。事实上我们也在宣传嘛，只不过没有像现在这样宣传就是了。❶

4月14日，父亲写出书面检讨：

在八大的政治报告和决议中，都没有提出毛泽东思想是全党的指导思想，是全党全国一切工作的指针。这是错误的。是从七大的

| 1950 年 12 月，刘少奇同周恩来、蔡畅（左三）在北京方巾巷宋庆龄寓所做客

❶ 中共中央文献研究室编：《刘少奇传（1898—1969）》（下），中央文献出版社 2008 年版，第 969 页。

立场上退了一步。❶

显然，父亲是想把这事，一身全担起来！

笔者不知道是否说明白了？反个人崇拜，是中央决定加在邓小平报告中的；❷《党章》没写毛泽东思想，邓小平只提出大家讨论中纠结的问题，是由毛泽东亲定不写。刘少奇再清楚不过，替"另一个最大的走资派"说项开脱，只会害了战友。

每次批斗会场上，都要喊起打倒许多老干部的口号，父亲却纹丝不动。造反派强迫他喊口号，他都回答：

我负主要责任，要打倒，就打倒我一个人。

在中南海，我们上学出门，每天都途经李富春叔叔和蔡畅妈妈的家。一次，蔡妈妈正在门口散步，14岁的亭亭，上前请安致敬。老妈妈一如往常，拉住亲切问：爸爸妈妈都好吗？亭亭回答还好并感谢，快嘴儿顺口一句："毛伯伯说为革命当黑帮嘛。"蔡妈妈一愣，瞪大眼睛："毛伯伯说什么？再说一遍！"亭亭兴奋地完整些复述。中国共产党内，这位最坚强的女战将、最著名的老妈妈，一把抱住小女孩，泪如泉涌："孩子呀，太小了，真是太小了！什么都不懂哇！"

说到"文化大革命"，可都是围绕中共八大这个主题。

十五年后的1981年6月，中共第十一届六中全会通过的《关于建国以来党的若干历史问题的决议》评价：

八大路线是正确的，它为新时期社会主义事业的发展和党的建设指明了方向。

1982年9月，中国共产党第十二次全国代表大会郑重宣布，重新

---

❶ 刘少奇：《1967年4月14日向造反队的检查》，见《刘少奇言论集（1958—1967）》，人民出版社资料室，第734—735页。

❷ 《邓小平文选》第一卷，人民出版社1994年版，第229、235页。

回到"八大路线","以经济建设为中心"写入党章！党的十三大，提出建设"有中国特色的社会主义"。如今，又过去三十多年，我们仍然坚定地行进在这条"丹山路"上。

梦回万里，英雄无觅，江山长在！

中共党史权威著作，有段高度概括、承前启后之语：

探索在中国如何建设社会主义，是一个十分艰难的过程，需要经历复杂的考验。当时面临的主要是两大问题：一个是社会主义条件下的阶级斗争，一个是社会主义建设中的规模速度。在长达20年的时间里，党在这两大问题上一再发生严重失误。这两方面的失误又互相影响，愈演愈烈，使探索过程出现重大的曲折。❶

---

❶ 中共中央党史研究室：《中国共产党的九十年（社会主义革命和建设时期）》，中共党史出版社、党建读物出版社2016年版，第494页。

此言一语中的！错认"两大问题"，酿成几多悲剧！

母亲王光美曾说：

扫一扫 看视频

　　新中国几十年发展中的是是非非，围绕的核心分歧，就是一个"中心"、一个"纲"，即"以经济建设为中心"，还是"以阶级斗争为纲"？

　　在经济建设上的主要分歧，就是"快"与"稳"之争，即"快一些"，还是"稳一些"？"快"，是大家共同的愿望。后来，发展到不顾条件，不讲规律，脱离了实际。"稳"，是担心欲速则不达，只有按规律办事，各方面平衡地增长，稳定持续地发展，才会快。这本是工作思路上的正常分歧，却愈来愈多地混入政治因素，致使矛盾愈来愈深，异化为政治斗争。原本是发展速度问题，是为做到多快好省各抒己见，硬是激化为敌我矛盾，误入"你死我活的阶级斗争"。❶

"长达20年的时间"啊——"反右派"、反"冒进"、"大跃进""反右倾"，批"翻案"，继而又"四清""五反""社教"，一直到：

"文化大革命"，颠倒是非的内战动乱；

"十年大浩劫"，祸国殃民的惨痛教训。

对"一再发生严重失误"的"两大问题"，一定要反复地回顾，反复地汲取，反复地警醒，反复地告诫。

党的十一届三中全会，"拨乱返正"❷"划时代"！"拨"的无疑是，"文革"大"乱"；"返"的确实为，"八大"之"正"！

小平叔叔垂暮之年的遗言，绝不可忘：

---

❶　见《刘少奇与新中国》（理论文献电视片），采访视频。

❷　后改通用"拨乱反正"，似乎指向泛化，却失去那个特定年代的特定含义。

发展是硬道理！党的基本路线，一百年不动摇。

可以预见，在实现中华民族伟大复兴的新征途上，中国共产党和中国人民，一定会继续坚持以经济建设为中心的基本路线不动摇。

千古兴亡，百年悲笑，一时登览。

第十章　确认新矛盾

一

　　每天，太阳跃出海平面的一刻，雄壮激奋的国歌庄严奏响，中华人民共和国的国旗，在天安门广场上冉冉升起。

　　每当，国际赛坛上赢得荣誉的一刻，为征服自然而骄傲的一刻，神圣的旗帜升起在我们头顶，更飘飞在每一个中国人的胸中。五颗灿灿金星，成为中华儿女灵魂的北斗。

扫一扫 看视频

　　二十年前，《刘少奇与新中国》理论文献电视片的摄制组，在天安门升旗仪式现场，随机采访各地各界的群众，其中有个问题：知道国旗上的四颗小金星代表什么？能告诉我五星红旗象征着什么吗？遗憾的是，几乎所有人都没能答出。仅一名中年人说："好像是代表工农兵吧？"身边年纪稍长的一位像是学者，反问道："四颗小星象征工农兵学？"实在太尴尬，无人全答对。

　　好在，摄制组同时专访国旗的设计者曾联松。老人家介绍，1949年9月，在第一届全国政协会议讨论时说明：

　　一颗大星，代表中国共产党的领导；四颗小星，代表紧紧围绕在中国共产党周围的工人阶级、农民阶级、小资产阶级和民族资产阶级。也就是说，四颗小星，代表着组成我国人民的四个主要阶级。

至今七十年啦！不论国家的政治、社会、人民、阶级如何变化，国旗不变。国旗的图案象征，也没有新的解释。

中华人民共和国国旗图案

"文化大革命"群众大会上，造反派吵嚷：工农兵学就是咱们国旗上的四颗小星。这当然不作数，却有点小影响，传播了小一阵。难怪广大群众，不知国旗的重大象征，说不上五星特别是四小星的深广含义。我们没有宣传，即使出现杂音，也没及时纠正。

"为人民服务"，"一切以人民为中心"，"以人为本"，"人民至上"……一贯是我们党和国家，发自内心的最强音。今天，我们高举人民旗，身居人民共和国，走在人民路上，逛在人民商场，穿着人民装，花着人民币，最可爱的是人民解放军，最高殿堂是人民大会堂……说着人民，自称人民，为了人民，究竟什么是人民？细想一想，偌大中国，到底由哪些人、哪些民组成呢？

最简单、最明确的概括，仍是这四个阶级，组成人民。

翻开《毛泽东选集》，第一句话：

> 谁是我们的敌人？谁是我们的朋友？这个问题是革命的首要

----

❶ 新的"国旗法"表述四小星象征"中国人民大团结"，没有否认当初四个阶级联盟的含义。

问题。❶

新中国成立前后，刘少奇反复强调：

> 我们有三个敌人，四个朋友。敌人是帝国主义、封建主义和官僚资本主义；朋友则是工人阶级、农民阶级、小资产阶级和民族资产阶级。❷

直至今天，一颗大星，代表中国共产党的领导，四颗星代表人民，赫然标示在国旗上。五星红旗代表中华人民共和国，飘扬于五洲四洋全世界！

说起人民中的四个阶级，得先追根溯源。

阶级和阶级斗争的概念，远早于马克思、恩格斯。马克思主义的一大贡献是说明了：阶级是由人的经济地位（成分）决定的，而非主观意愿可以选择；阶级斗争是经济矛盾决定的，亦非主观意识可以改变。社会的发展进步，是由经济的发展进步，即生产力的提高，生产关系的变化来决定的；而社会的性质，则是由适应主要生产力的生产关系中，对立的两个阶级的矛盾和斗争来决定的。

极简言之，原始社会没阶级，人与自然是主要矛盾；奴隶社会，奴隶阶级与奴隶主阶级是主要矛盾；封建社会，种田的农奴、农民阶级，与封建领主、地主阶级是主要矛盾；资本主义社会，无产阶级（工人阶级）与资产阶级是主要矛盾。主要矛盾是社会基本矛盾的必然反映，同时也是生产力发展和社会进步的根本动力，而阶级斗争是主要矛盾的必然反映，并反作用于社会的进步。这决定了社会性质，推动人类社会的演进发展，故称之为奴隶社会、封建社会、资本主义社会。

---

❶ 《毛泽东选集》第一卷，人民出版社 1991 年版，第 3 页。

❷ 刘少奇：《在天津职工代表大会上的讲话》，1949 年 4 月 28 日；《刘少奇言论集（1945 年 8 月—1957 年 12 月）》，人民出版社资料室，第 251—253 页。

生产力发达到高水平的社会化大生产，必然要求生产资料为社会化所有，从而打破私有制的束缚，进化为公有制，建立社会主义社会，最终走向共产主义社会。

关于社会主义和共产主义，马克思、恩格斯没有细致描述和推断。只笼统地科学预见，生产资料的公有制使生产关系社会化，极大地解放了社会化大生产，走向物质极大丰富。社会主义实行各尽所能、按劳分配，意味着社会的物质产出和文化的丰富程度不能完全满足劳动者的需求。这就是社会进步的主要矛盾和动力。共产主义则是各尽所能、按需分配，意味着物质极大丰富，文化高度昌明，可以满足所有人的需求。

如此看，"八大"关于"主要矛盾"和"主要任务"的那段话，理据充分，符合马克思主义。这证明，我国在改革开放后回归"八大路线"，不仅为现实发展所需要，不仅是依据实践验证的经验，在理论上也是进一步正本清源，完全顺理成章。更重要的是，纠正了苏联的理论教条和实践缺陷，在世界上，走出不同于欧美帝国主义和苏联社会主义的、第三条成功的、后发型现代化之路——中国特色社会主义！

早在 1914 年，列宁就表达了这样的观点：

> 一切幻想绕过民主革命而直接搞社会主义的人，都只能是"梦呓之谈"。

第一次世界大战中，列宁看到推翻沙皇的机遇，1917 年"二月革命"后，列宁和斯大林等继续革命，提出首先建成社会主义。这可是有理论，有实践。长话短说，在苏共领导下，建立工农苏维埃体制。所有工商企业国营，废除农业封建体制，建立国有的集体农庄，农民变为工人。彻底废除私有制的空前大革命，打倒沙皇封建制度和资产阶级政府，剿灭国内分裂势力，抗击外来帝国主义干涉，不论付出多大代价、牺牲，经历多少苦难、艰辛，苏俄政权总算是站住了。

列宁在极端困苦的战乱时期，力行"新经济政策"，取得立竿见影的效果。这时期党内不乏反对之声，列宁也说出许多精辟之言。中共二大的"最低纲领"，就是由此而来。

列宁去世后，斯大林继承，依靠聪明伟大的苏联人民，依托得天独厚的"生态底盘"，基本实现了社会主义制度，举国体制发挥出的巨大优越性，使苏联的工业迅速攀升到世界老二！同时，缺陷和先天不足也显现出来。起初的"各尽所能"，发挥出巨大积极性；而"按劳取酬"，却做不到。全民所有制，体现不出每个劳动者能力与权益的差别，全民分配制度自然固化为平均主义，"按劳取酬"没有了"多劳多得"，必然会变为"鼓励懒汉"。刚当主人之初的积极性，维持不久便怠惰下来，只能不断地发动劳动竞赛、"斯达汉诺夫"（中国工人讽刺为"似打鼾懦夫"）运动，给予精神鼓励。而集体农庄的经济和生活，本来就低且差；同属国家工人阶级的庄员们，大批涌入城市工厂商店。尽管国家投入巨大，快速实现机械化，农业却始终不振，粮食和农产品紧张异常，一直没达到沙皇时期的最高产出。轻工业本来也非重点，农产品原材料没有，发展受到很大制约。

突出成就是，国家强大了；人民衣食住行基本有了保障（大革命和战争时期除外）。明显的不足是，人民生活水平长期低水平徘徊，几乎所有劳动者都找不到自我提高的途径和动力，精力转向教育训练、竞赛战斗、恋爱追求、文化娱乐。

经济上的平均主义，反映在社会地位上，平等一致。没有了沙皇、领主、地主、富农、资本家、商人商贩，大家都是"公民"。这似乎就成了社会主义的明显标志。

而"一切权力归苏维埃"，则必然伴随管理者与被管理者的差别而产生矛盾。一来，出现新官僚特权分子，以至官僚阶层；列宁在世时，多次激烈痛斥历史上"最恶劣的官僚主义"，甚至在"遗嘱"中，称斯大林几近粗暴的官僚！ **❶** 二来，"一切权力归"谁，被管理者有问题、有意见，当然就找谁；解决不解决，怨气怒气无名气，就发泄向谁。**❷**

提请注意，在苏联一切归公，社会中已经没了私有资产，大家都是无产阶级。没有了敌对阶级，新官僚分子和民间反对者算什么？怎么出现的？这本来是经济问题，引发出社会矛盾，再导致政治上的理论教条和脱离实际：凡敌对分子，来源于世界帝国主义和资本主义的阴谋与渗透。从党内到党外，从领袖到小民，凡是敌对反对者，都成了国外间谍或内奸，成为"人民公敌"！斯大林驱逐托洛茨基出境（后被刺杀），处

| 1956 年 11 月 20 日，《人民日报》发表新华社讯《苏波两国党和政府发表联合声明》

---

❶ 见列宁遗嘱和列宁为克鲁普斯卡娅致斯大林的信。

❷ 刘少奇说过：由于我们是领导党，什么事情办不好，群众就怪在我们身上。

布达佩斯街头上的苏联坦克

决布哈林、加米涅夫和季诺维也夫， 导致上下左右的攀咬，此起彼伏的肃反，刑讯逼供的大捕杀、大清洗！

按我们现在的话说，完全混淆了党内矛盾、人民内部矛盾和敌我矛盾，错误地斗争。当然，这是后世的评价。

前面述及，1956年2月的苏共二十大，赫鲁晓夫作"秘密报告"，控诉大清洗，否定斯大林，反崇拜迷信。这在国际上引起巨大震荡，特别是在东欧社会主义国家，无论党内还是社会民间，立即爆发反苏联、反专制的震荡和高涨民众运动。

1956年6月，波兰西部波兹南工人起事，发生流血

扫一扫 看视频

---

❶ 列宁遗嘱中推荐接班人，依照顺序是托洛茨基、布哈林、季诺维也夫、加米涅夫，最后是斯大林。

波兰首都华沙

事件。统一工人党内部，自发严重分歧，出现公开脱离苏联、脱离社会主义阵营倾向。

苏联与东欧各个社会主义国家，都有极深的历史纠葛和恩怨；作为世界大战的占领国，苏联理所当然在多国驻军。社会主义阵营的分裂，对于苏联，无论在国际地位上讲，还是在自身安全上看，都绝对不能容忍。10月，苏军三个坦克纵队包围波兰首都华沙，舰队进逼波兰港口。10月19日，波兰统一工人党紧急召开全会。赫鲁晓夫带三位政治局委员和十多位元帅、将军，未通知波兰突然飞抵华沙，要求波兰党中断会议，立即接谈。波兰党只好休会，连夜与苏联会商，但是并没有屈服于赫鲁晓夫的蛮横打压。

中共中央极其重视社会主义阵营的裂痕和各国的动向。苏联紧急来电，请派出高规格代表团到莫斯科，点名刘少奇或周恩来率领。中共中央立即开会，坚决反对苏联武装干涉波兰，并派刘少奇、邓小平、王稼祥、胡乔木组团赴苏。毛泽东在京接见苏联驻华大使尤金，转达中共中央的意见。同时，刘少奇已率团启程，飞赴莫斯科。

10 月 23 日晚，刘少奇一行抵达。赫鲁晓夫到机场迎接，与父亲同车，一路疾言到驻地，连夜介绍情况。刘少奇简单表达意见后，赫鲁晓夫接受中共中央的批评，承认对待波兰党的粗暴态度不对。同时，还是对波兰党深表疑虑，但又没有确凿依据，诚恳要求中共对波兰党多做工作。已至深夜，谈锋正健，收悉加急电报：匈牙利首都布达佩斯，发生动乱！

与波兰事件起因相同，匈牙利的情况更复杂严重。

第二次世界大战初起，波兰是德军首先侵占的国家，人民始终在地下抗击法西斯；匈牙利原属奥匈帝国，两次世界大战都与德国同盟。虽然波匈两国都是苏联坦克攻占解放的，但社会基础有很大差异。匈牙利劳动人民党内和社会上大部分闹事者，明确要求摆脱苏联，致使党内严重分裂。西方势力借裴多菲俱乐部多年渗透，积极插手干预。10 月 23 日，布达佩斯出现群众示威，队伍越来越大，同保安部队冲突占领政府，夜晚，流血事件控制不住，局势继续恶化，社会动荡不安。

24 日，应苏共中央邀请，中共代表团出席苏共中央主席团会议，讨论波匈事件。刘少奇发言，再次强调毛泽东在北京同尤金大使谈话的看法，专门就波兰以及匈牙利为什么发生严重事件的原因，坦率批评苏共中央。按不久之后刘少奇在党的八届二中全会上所说的：

> 批评了他们在国际关系中间，特别是在对兄弟党的关系中间的大国主义、大民族主义的倾向，并且指出了他们在一些具体事情上的缺点错误。

> 我们算是比较坦率地这么讲了一次。

最后，他表示：尽管发生了一些问题，但无论如何，我们还是拥护苏联做社会主义阵营的中心。❶

在莫斯科的刘少奇等，与在北京的毛泽东、周恩来等，保持着热线联系。每日会谈及各方面复杂多变的情况，及时沟通，并征询指示。

26—30 日，中共代表团与苏共中央讨论，互相尊重，探讨对策。经中共迅速联系波兰党和政府做工作，打消误解，大大缓解了苏、波之间的对立。当然，也就制止了苏军占领华沙的决定。不久，波兰党掌控住局面，形势稳定下来。

后发动乱的匈牙利，情况则迅速恶化，全国陷入无政府混乱状态，反政府势力主导乱局走向，明显占优势；外国势力挑唆群众抗议，围困苏军营地，威胁苏军家属。苏共中央对匈牙利态势已陷绝望，准备下令迅速撤出苏军。

得知此情，30 日中共代表团内部紧急讨论一整天，将结论电话报告北京。当晚，在苏共中央主席团会议上，刘少奇强调，尊重苏共中央意见，出于维护社会主义阵营的大局，反对苏联现在撤军，认为把匈牙利轻易交给无政府反动暴徒，不妥当！据说，有句话很关键：那么强大的法西斯军队，不是苏军消灭的吗？匈牙利人民才有了安定和平。苏军什么时间撤走都可以，消灭暴徒给人民安定和平后，也不迟！

拿现在的话注解一句：波匈事件中，波兰是党内斗争，人民内部矛盾，因此中共力阻苏联出兵；匈牙利是大动乱，敌我矛盾，所以中共力阻苏联撤兵。

第二天晚，刘少奇、邓小平率代表团回国。赫鲁晓夫及苏共中央主席团主要成员到机场，破格隆重送行。赫鲁晓夫告诉中共代表团：苏共

---

❶ 刘少奇：《在中共八届二中全会上的报告记录》，1956 年 11 月 10 日。

中央已经决定，尽全力挽救匈牙利局势，夺取主动。中共的意见起了重要作用，感谢支持！

几年后，中共与"苏修集团"决裂，波兰、匈牙利的党政人民，仍然感念情谊，一直保持友好。后世的苏联、东欧改旗易帜，早已物是人非。

旧事已湮灭，情谊永续存。

二

1956年11月1日，刘少奇一行回到北京，连夜向毛泽东详细汇报，直到次日清晨。当天，又接着向中共中央政治局常委汇报，讨论东欧局势后作出决定：在即将召开的八届二中全会上，刘少奇作国际形势报告，详细通报东欧情况和经验教训。

11月10—15日，中共八届二中全会召开。在全体大会上，刘少奇详细报告波匈事件和苏联处理的情况，以及我们自己应加以警觉的教训。举一反三，对照自己，引我自警。

刘少奇分析波匈事件发生的主因是：东欧社会主义国家建设，死搬硬套苏联的一套，偏向重工业，牺牲农业轻工业，人民生活改善不大，基层大量百姓生活，还不如战前的水平，对比西欧中欧，差距越来越明显；另一方面，国家、地方领导者学苏联搞特权，引发群众不满。照搬苏联的一套，搞了十年不灵，就产生反感，更丧失信仰。而苏联搞大国沙文主义，颐指气使，罔顾人家的国情，不许自主来建设，损害民族尊严，激起群众反对。恰逢此时，苏联释放出反斯大林信号，结果一哄而起，自然导向否定过去的一切，谁能明确区别，加以褒贬？波匈事件之初，苏联又处理不当，用粗暴办法对人，以逃跑办法脱己。

刘少奇接着指出：对待各兄弟党和社会主义各国，我们应采取更加谨慎的态度，要特别保持中苏两党两国的关系，这也是决定整个社会主义阵营的关键。更重要的，我们要认真把中国的工作做好。只要中国的工作做好了，就可以影响其他一些国家。

话锋转回我们自己：

> 要特别注意一个问题，就是我们党的以及我们国家的领导机关和各级领导人员，无论如何也不要脱离工农劳动群众。这是一个根本问题。

这里，刘少奇讲出一段发人深省的话：

> 在工人阶级执政的国家里面，就是说在我们社会主义国家里面是不是也有一种可能，也有一种条件，产生工人贵族这种阶层？如果我们不注意，让其自流的话，在我们这些国家，也可能产生一种新的"贵族阶层"。在工人阶级里可以产生，在共产党里面也可以产生。我想是有这种可能性的。但是如果我们注意了的话，如果我们采取一些办法的话也不一定产生，是可以避免的。

> 因此，我个人想了想，昨天在政治局常委会上也谈了一下，对这个问题，我们要采取一些办法，采取一些措施，要提起注意，在党内、在人民中间进行教育。此外，还要规定一些必要的制度，使我们这个国家发展下去将来不至于产生一种特殊阶层，站在人民头上，脱离人民。

父亲还提出了一些具体的限制、教育的办法和建议。❶

这些年，有的同志引用这段话，说等同于毛泽东的"党内存在一个

---

❶ 中共中央文献研究室编：《刘少奇传（1898—1969）》（下），中央文献出版社2008年版，第741—742页。

关于建国以来党的若干历史问题的决议

（一九八一年六月二十七日中国共产党第十一届中央委员会第六次全体会议一致通过）

建国以前二十八年历史的回顾

资产阶级""党内走资本主义道
路的当权派"的提法。

笔者请大家仔细推敲文字
词句，应可以辨别：在工人阶
级内部和党内，产生"贵族阶
层""特殊阶层"，是完全可能
的；刘少奇说过，贵族和特权
等级，是典型的封建产物，而
中国确有几千年封建主义遗留。

然而，党内产生"资产阶级"和"走资本主义道路的当权派"，是完全不可能的。刘少奇也说过，党是阶级的产物，党内不可能反过来产生阶级；中国历史上从来没有过资本主义阶段，社会主义改造后，公有制一统天下，消灭了资本主义生产方式，也就消灭了资产阶级，党内怎么会出来"走资派"？

实践已经验证是非，党中央《关于建国以来党的若干历史问题的决议》指出，当年毛泽东错误地判断了中国的主要矛盾和中共的党内矛盾。

今天，社会的经济基础和上层建筑巨变。从"无产阶级专政"回到"人民民主专政"，重温毛泽东的话，对照刘少奇的话，更觉一语中的。置身现实，笔者感慨万千！这里先做个铺垫，看后面的章节，读者自然会深思。

1956 年下半年，中国的农业、手工业、资本主义工商业的社会主义改造基本完成，建立起全新的社会主义制度。按马克思列宁主义的最基本原理，资产阶级和小资产阶级，失去生产资料的所有权，资产不再为其所有，就不再属于原阶级。

因为中国共产党实行"与人为善"的和平"赎买"方式，原企业主按时拿定息。马克思在《资本论》里，专称其为"食利者"，就是说吃了部分剩余价值，但没有直接参与剥削，只有生活资料所有权，没有生产资料所有权，所以明确界定，他们不是资产阶级。

正如地主，没有了土地就不成其为"地主"。而全国土地公有，企业公有，地主、富农、资本家、小业主都没有了，又何来的地主阶级、资产阶级、小资产阶级呢？敌对阶级没有了，"对抗性"阶级斗争自然消失，社会进步和发展的动力，进化为全体人民向"物质极大丰富"而奋斗。

在生产资料公有制的社会，靠劳动(体力和脑力)致富，按劳分配、多劳多得，就是地地道道的社会主义原则！

笔者猜想，专家读者或有疑惑？以上观点，可是毛泽东、刘少奇亲手起草，又主持几十次（毛）、近百次（刘）大小会议讨论，最后定稿的《报告》和《决议》的精神呀。此处仅极简叙述当年的依据和理论大意，若能引起人们兴趣，切望核查原文史料。

而笔者讲的，可都是马克思列宁主义最基本的常识。

原来的地主、富农、资本家、小业主，按其新从事的就业，归属职业所在的阶级，基本上都成了劳动阶级的成员。剩一点点老人儿，不能就业了，勉强算个旧残余分子罢了。

中国共产党，本来就是这样设计社会主义的。"八大"时宣布："我国社会主义与资本主义谁战胜谁的问题，现在已经解决了。"无产阶级同资产阶级之间的矛盾，已经基本解决，几千年来阶级剥削制度的历史已经基本结束。"革命的暴风雨时期已经过去了"，因此，确定党和全民的"主要任务"已经变为"保护社会生产力的顺利发展"。

而后来，走向"以阶级斗争为纲"，已经消亡或被消灭的敌对阶级早没有了，却又错误地拽出原先是地主、资本家、富农、小业主"成分"的老人儿当靶子。"文化大革命"时，江青索性把"黑崽子""出身"，也一体归为敌对"阶级残余"。扩大化还没到头，自始至终，将封建主义、资本主义的文化思想意识，都归为"敌对阶级残余"。思想罪的帽子满天飞，可以随意扣，扣到谁头上，谁就成了牛鬼蛇神！

这恐怕是我们几十年中走过的最大弯路，犯过的最大错误，付出了极大牺牲。

下面，我们仍旧回到中共八大的设想，接着续写。

全新的社会主义制度建立，大变革中原有的阶级矛盾、经济矛盾、社会矛盾基本解决了，而新的矛盾和问题产生，并日益突出。

造成波匈事件的起因，同样也在中国凸现，受其感染，也出现群众性闹事。无论从国际还是国内来看，我国发生的事件不大不重，闹得不凶不烈；虽先后同期，且散布面广，却互无联系。从 1956 年下半年到 1957 年春，城市约一万工人罢工、一万学生罢课，农村也有不少农民闹退社、分社，再就是上访告状。

然而，这可是从来没遇到过的全新课题，引起毛泽东和刘少奇及中央政治局的高度重视。

1957 年初，毛主席总结一句：

> 一九五六年这一年，无论在国际上还是国内，都是一个"多事之秋"。

1951 年，刘少奇就创造性思考出"人民内部的矛盾和关系"这一理论命题。在邓子恢与高岗为工会工作打笔墨官司时，他写下近万字的笔记，就预见道：

> （人民内部的矛盾和关系）已经在中国建立起来，在今后还会长期大量地发展……应该用同志的、和解的、团结的办法来处理这种矛盾和关系。

1956 年 4 月，刘少奇在一次大会的祝词中提出：

在社会主义社会里，仍然有先进和落后的矛盾，但是这种矛盾不是对抗性的矛盾。社会主义社会解决这种矛盾的基本方法，就是通过劳动群众的自觉的努力，通过教育和批评的方式，不断地把落后提高到先进的水平。❶

1956 年，毛泽东在《论十大关系》基础上，开始研究人民内部矛盾。12 月 4 日，他给黄炎培的信中写道：

社会总是充满着矛盾。即社会主义和共产主义社会也如此，不过矛盾的性质和阶级社会有所不同罢了……我们国家内部的阶级矛盾已经基本上解决了（即是说还没完全解决，表现在意识形态方面的，还将在一个长时期内存在。另外，还有少数特务分子也将在一个长时期存在），所有人民应该团结起来。但是人民内部的问题仍将层出不穷，解决的方法，就是从团结出发，经过批评与自我批评，达到团结这样一种方法。

1957 年 1 月，毛主席再提：

就我国的情况来说，现在的阶级斗争，一部分是敌我矛盾，大量表现的是人民内部矛盾。

怎样处理社会主义社会的敌我矛盾和人民内部矛盾，这是一门科学，应该好好研究。❷

2 月 27 日，毛泽东作《如何处理人民内部的矛盾》❸讲话，指出人民内部矛盾，是在人民利益根本一致的基础上的矛盾，正确处理人民内部矛盾，是推动社会主义社会发展的动力。这些话说明，毛主席没有放

---

❶ 《刘少奇选集》下卷，人民出版社 1985 年版，第 93—94、196 页。
❷ 中共中央文献研究室编：《毛泽东年谱（1949—1976）》第三卷，中央文献出版社 2013 年版，第 42—43、71 页。
❸ 后作为文章发表时，改标题《关于正确处理人民内部矛盾的问题》。

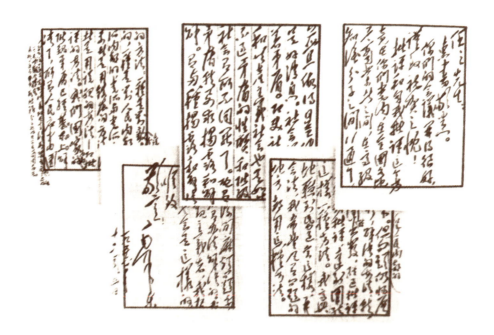

弃"八大路线"，尚未回归阶级斗争的路线。

母亲回忆，父亲在外地听到毛伯伯的讲话，非常高兴。我想，一来是他早有思考，多与毛伯伯探讨，听闻此言自然引发强烈共鸣；二来是讨论修改"八大"党章时，他说过毛泽东思想的社会主义部分，还会出现有系统的文章；三来正确处理人民内部矛盾，不仅对解决当前出现的新问题有现实意义，而且对将来的中国乃至世界，会产生普遍的深远影响。

毛泽东思想，是"集体智慧的结晶"。创立新民主主义时，刘少奇倾注心力，多有贡献。在社会主义时期，发展毛泽东思想，其奠基性"有系统的著作"，就是《论十大关系》和《关于正确处理人民内部矛盾的问题》。可以看出，父亲对这两部著作，同样有大贡献存焉。

后来的历史发展证明，毛泽东自弃初衷，改弦更张。由此，作为"集体智慧"中的杰出代表，刘少奇更显出一以贯之，实至名归。

正如习近平总书记高度评价的：

> 刘少奇同志深刻总结和提炼我们党领导革命和建设的历史经验，深刻总结和提炼我们党治党治国的历史经验，为毛泽东思想形成和发展作出了重大理论贡献。❶

扫一扫 看视频

1957 年 1 月，毛泽东提出，人民内部矛盾是一门科学，应该好好研究。刘少奇决定抓住机会，抽出一段时间到基层深入广泛调查，并约请全国总工会、共青团中央、教育部等干部。2 月 18 日，一行人乘专列，沿京广线南下，到保定、石家庄、邯郸、新乡、郑州、许昌、武汉、长沙、株洲、广州，一路调查研究，一路解决问题。重点就是正确处理人民内部矛盾。

历时近两个月。每到一处，父亲听当地领导汇报，交换意见，到工厂、下农村、走街道，考察座谈，掌握大量第一手材料；与大家共同研究问题，提出独到见解，解答干部群众中存在的模糊认识，正确处理现实中的人民内部矛盾问题。

第一站是保定，农村群众反映强烈的就是，合作社统一分配，把好生产队的粮食一车车拉到差的队，好队的群众揪心疼，又不敢说，差队的群众开心笑，更没人干活。基层干部说：过去自己干自己的，民主少一点影响群众生活还不大，现在搞集体，不注意民主非坏事不可。

刘少奇感叹：

---

❶ 习近平：《在纪念刘少奇同志诞辰 120 周年座谈会上的讲话》，人民出版社 2018 年版，第 14 页。

这就是人民内部矛盾啊，大集体小集体，领导农家千百口，上下左右的矛盾，需要我们认真对待。

对于各地群众闹事，较为敏感紧迫，当然成为重点。

到河南新乡，一家工厂工人闹罢工。刘少奇深入调查解决，亦是非常典型生动的。

刘少奇说：

现在发生工人、农民、学生闹事情，我们要好好研究一下，他们如何才能不闹或少闹？对那些闹事的群众采取什么政策？为什么闹事情？

现在地主阶级已经消灭，反革命已基本肃清，帝国主义也赶走了，因此，和敌人的矛盾已经不是主要矛盾，人民内部的矛盾突出了，这是主要的了。由于我们是领导党，什么事情办不好，群众就怪在我们身上。群众怪我们的原因有两条：一是我们的官僚主义，二是我们的政策有错误。当然，某些情况下可能有敌我矛盾。对于闹事者，我们的政策不是高压，也不是退让，而是采取说服教育的办法。要求正确的就接受，不正确就解释和批评。

人民内部闹事是个新问题，我们不想好办法，将来要吃大亏。❶

所到之地，刘少奇深入听取罢工、罢课的情况，找工人代表、师生代表座谈，认为：

现在出现的闹事，几乎都是在经济的切身利益上，没有带政治目的的活动，当然属于人民内部矛盾，可以通过说服和教育调解的。

---

❶ 中共中央文献研究室编：《刘少奇传（1898—1969）》（下），中央文献出版社 2008 年版，第 746—749 页。

1957年，刘少奇率调查组，沿京广铁路南下，到河北、河南、湖北、湖南、广东五省调查研究。图为刘少奇在河北清苑县农村视察

谈到原因，刘少奇说：

除了群众中存在过高的不切实际的要求外，很大程度上是由我们领导机关的主观主义和官僚主义造成的。

群众闹事，既是坏事，又是好事，可以纠正我们工作中的官僚主义，纠正我们的错误。要使群众不闹或少闹，除了对群众说服教育，更重要的是必须克服官僚主义。了解群众的一切情况，克服了官僚主义，问题就解决了。对群众的过高要求，耐心地解释清楚，群众会通情达理的。

刘少奇特别告诫，官僚主义不能彻底肃清，群众闹事就不会完全杜绝，我们要有充分的准备，总结出经验来。

　　这里，刘少奇再三现身说法，以己达人。我们大家都知道，他作为最老资格、最著名的群众运动领袖，领导过无数罢工、罢课、游行、示威运动。现在年轻的工人、学生，不是看老辈事迹，慕先辈风采，由共产党教育出来的？这次，群众不是学我之道，向我请愿发声？这里面，要么是我们的教育有问题，要么就是我们自身有错误！我们可不是买办、把头，不是军阀、宪兵，而是"为人民当牛做马打长工"！人民拥护我们夺得政权，我们怎样报答人民？群众有意见找我们，我们如何对待群众？是我们自身的错误，立即改；是我们的教育出问题，再教育！

　　首先，要接受群众给予的教育。刘少奇强调：

　　　　以人民闹事教育我们的干部，教育我们的同志，也教育我们
　　　　党。我们是没有受过这个教育的，如果经过几次，我们党会成熟

　　| 1957年3月，刘少奇视察河南郑州国棉三厂时同工人交谈

起来。❶

刘少奇不是就事论事、头痛医头、脚痛医脚，而是就反映的问题作深层次思考：社会主义制度基本确立后，对抗性阶级矛盾基本解决，人民内部矛盾已成为主要矛盾。说明我们在生产力和生产关系、经济基础和上层建筑方面，存在诸多不适应的地方，需要各级领导机关认真对待，加以解决。

如一些农业社，不顾条件一味追求办大，农民不积极、闹退社。父亲说：

> 生产力只是那么个水平，就适宜于生产单位小一点，特别是分配单位小一点好，太大了则生产关系超过了生产力。

对分配问题，父亲一直十分关注，他说：

> 所有制问题基本解决了，分配问题就大量地、突出地产生出来了。❷

扫一扫 看视频

这是一个很重要的问题，反映生产力和生产关系、经济基础和上层建筑之间的矛盾。包括群众中敏感的住房、工资、待遇，国家的积累与消费比例，国家财政分配比例，都是复杂的新问题，理顺了才能减少矛盾，调动积极性。分配问题搞好了，就能发展经济建设，搞不好，就损害了经济基础。

要把经济搞活，既有计划性，又有灵活性，再加多样性。

有些地方主张关闭自由市场，刘少奇不同意：

> 社会主义经济的特点是有计划性，是计划经济，但是实际社会

---

❶ 中共中央文献研究室编：《刘少奇年谱（1898—1969）》下卷，中央文献出版社 1996 年版，第 386—389 页。

❷ 中共中央文献研究室编：《刘少奇年谱（1898—1969）》下卷，中央文献出版社 1996 年版，第 389—392 页。

经济生活，包括各行各业、各个方面，有几千种、几万种、几十万种，国家计划……只能计划那么多少类，结果就把社会经济生活搞简单了，呆板了。这方面，苏联就是一个教训……

如何使我们的社会主义经济同时具有这样几个特点：既有计划性，又有多样性，又有灵活性，这就要利用自由市场。一方面自由市场可以补充当前我们社会主义经济的不足，另一方面它可以帮助我们在经济上搞多样性和灵活性……地方、企业以及个人必须有一定范围的经济活动的自由。

1956 年底，刘少奇在全国人大常委会上说：

有些资本家，每年分的定息几百万元，一家子用不了，如果他们要盖工厂，可以的……我们国家有百分之九十几的社会主义，有百分之几的资本主义，我看也不怕……有这么一点资本主义，一条是它可以作为社会主义经济的补充，另一条是它可以在某些方面同社会主义经济作比较。❶

父亲这次南下，调研中就手解决一些群众切身的实际大问题。其中，最突出的是学生升学和就业问题，牵涉千家万户，特别是青年的切身前途。再一个突出问题是，工人待遇，特别是住房问题，也是关系千家万户，人民群众切身利益。这两个问题，正是引起罢工罢课的直接原因之一。刘少奇从全国层面到具体办法，从思想引导到制订规定措施，解决群众正当利益问题；拿出办法、宣传教育，很快见效。他提出的思路和采取的方针政策，在相当长的一段时期被全国沿用。❷

到广东，遇到一桩特殊的严重事件。本不具有普遍性，但有典型

---

❶ 刘少奇在全国人大常委会第 52 次会议上的发言记录，1956 年 11 月 29 日。

❷ 中共中央文献研究室编：《刘少奇传（1898—1969）》（下），中央文献出版社 2008 年版，第 749—753 页。

性，或可举一反三？穿插在此，讲个故事。

扫一扫 看视频

　　当地农村麻风病流行多少年，人们谈"麻"色变。一来，群众无医疗知识，避之不及；二来，患者挨打受骂被驱赶，极其悲惨。当地几级政府，痛下决心出大钱，要为百姓办大事，建麻风病院。大家全都拥护称赞，但院址建在哪里，哪里就强烈反对。土地已经公有，权属不是问题，只恐麻风俩字，怕沾染坏风水。拖了两年，在几村之间的小山包上隔离动工。保密总是长不了，附近几村百姓，举着锹锄耙杈阻止驱赶，像过去的农民暴动一样，公安开了枪，流了血。这事可真闹大发了！

　　刘少奇得知，随即赶往。了解情况后，亲自主持，把当地干部、公安、医生和几村农民代表，甚至已经没传染性的老麻风，召集到一个大堂屋。先由医师讲常识，说建医院、防传染、积大德。再让当事的干部谈来由、作检讨。这位干部，从为群众建医院、到隔离选址隐名声，边说边哭、委屈悔恨，成了泪人。开始，农民兄弟很拘谨，耳闻目睹此言此景，对立情绪顿时化解，纷纷上前安抚那位干部，也陪他掉泪。在场的公安、记者、随行工作人员，无不动容。独坐门边者、抽泣始终，低头向暗壁、老麻风矣。

　　会已不用开下去了，父亲指老麻风：医院要建吗？大家点头。又指泪人：理儿讲清了，错儿承认了。该建的还建下去，错了的一定赔偿。

　　绝无仅有的会散了。刘少奇把公安留下来，说道：过去你们抓特务罪犯反革命，很有经验很出色。可你们还有一大部分任务，老百姓要找你们，告状调解、解决纠纷等等，这是更重大的任务啊。将来，敌人愈来愈少，群众的信任愈来愈多，绝不能用对敌斗争的办法，来解决人民群众的矛盾啊。你们应成为这方面的专家，各级政府都靠你们哪！

之后，父亲多次对公检法同志，讲这样的话。

在这次五省调查中，最引起刘少奇关注的是，人民内部矛盾大量表现在群众与领导者的矛盾上。他反复提醒：

扫一扫 看视频

> 人民内部的矛盾，现在是大量地表现在人民群众同领导者之间的矛盾问题上。更确切地讲，是表现在领导上的官僚主义与人民群众的矛盾这个问题上。

> 我们是在领导国家，站在领导的地位，社会上一切不合理的现象，一切没有办好的事情，领导上都有责任。

> 人民会来责问我们国家、党、政府、经济机关的领导人，

而我们对这些问题应负责任。

针对有些干部与群众对立、站在群众之上、指责命令群众，刘少奇严肃批评：

> 恩格斯讲过，要防止国家和国家机关由社会公仆变为社会主人。我们党、政府、国家、经济机关的领导人，本来是人民群众的公仆，社会的公仆。现在我们有的同志已经变为老爷，把人民群众当仆人，自己还不自觉。这是错误的。我们所有的领导人都是为人民服务的，是人民的公仆，是人民的勤务员，没有权利当老爷。因为不这样，他就不能把群众当作跟自己一样的人来看待。我们要信任群众，群众才会信任我们。不信任群众，群众是不会信任我们的。

针对干部脱离群众搞特殊化，刘少奇厉声指责：

> 我看在这个地方是不是开始萌芽了一种等级制度，在社会主义之下的等级制度。等级制度是一种封建制度，我们抄袭了封建制

----

① 王光美回忆。

1957 年 5 月，刘少奇同毛泽东、苏共领导人伏罗希洛夫在天安门城楼

度。如果有这种制度开始萌芽，我看应该废除。那些生活待遇上要求很高的人我看是危险的，将来会跌交子。❶

毛泽东很重视这次调查。4 月 19 日，他召集中央政治局和书记处成员，听取刘少奇五省调查情况和想法的汇报。

4 月 27 日，刘少奇陪同苏联最高苏维埃主席团主席伏罗希洛夫元帅访问上海时，在上海党员大会上，对南

扫一扫 看视频

---

❶《刘少奇选集》下卷，人民出版社 1985 年版，第 304—305 页。

下五省调研作系统总结。他明确讲道：

> 中华人民共和国成立以前，中国人民与帝国主义、封建主义和官僚资本主义的矛盾是主要矛盾。中华人民共和国成立以后，特别是在土地改革以后，主要矛盾就转了，帝国主义赶走了，地主阶级经过土地改革也消灭了，官僚资产阶级也消灭了，主要矛盾就变成无产阶级与资产阶级的矛盾。公私合营以后，无产阶级与资产阶级的矛盾也基本上解决了。党的第八次代表大会讲了这个问题……应该讲，现在人民内部的矛盾已成为主要矛盾。❶

经过社会主义改造，消灭了私有制，私有阶级也就逐渐消亡。地主、资本家让出生产资料，当然就不成为地主和资本家了。对立阶级中失去了一方，阶级的矛盾自然也不存在了。哪里来的大规模的、激烈的阶级斗争？

显然，"人民内部矛盾已成为主要矛盾"！

消灭了剥削制度，剥削阶级也必然消亡。即使还有遗留，只能是残余分子和思想。刘少奇说：

> （既然是残余）只能藏身于人民内部，敌对活动，也不是以明火执仗，武力叛乱的方式，而是以合法方式，即以人民内部的方式表现出来，应该采取对人民内部矛盾的合法手段处理，不能采取阶级革命时期对敌斗争方式。
>
> 切莫把人民内部问题当成敌我矛盾，打击了好人。
>
> 只要是没危险的，倒是可以用处理人民内部矛盾的办法来处理敌我问题。❷

---

❶ 《刘少奇选集》下卷，人民出版社1985年版，第296页。

❷ 刘少奇：《在湖南省委书记座谈会上的讲话》，1957年3月4日。

而处理人民内部矛盾，"不能采取处理对抗性矛盾那样的办法"，不能采取"一棍子打死"的办法，而应当采取说服教育的办法，"和风细雨""小民主""小小民主"的办法。❶ 刘少奇说：

> 对人民群众不能采取专政的办法，只能实行民主的、说服的、教育的办法。❷

> （至于思想嘛）什么是非无产阶级思想？非无产阶级思想在哪里？表现和反映在人民内部，也是人民内部矛盾……首先就是共产党内部的矛盾。不是什么敌我矛盾。❸ 对人民内部思想的斗争，必须以解决思想矛盾的办法来处理。

刘少奇曾经论述：因为矛盾的斗争是绝对的、无条件的，即使是非敌对的、可以和解的矛盾，如果任何一方处理不当，也可能发生一时的敌对现象。"没有对抗性矛盾，处理得不好，也会冲突起来的"。❹ 促发矛盾的斗争，只要一方面就可以，是无条件的、绝对的。最重要的，就是要在根源上预防这些事件的发生。

而任何矛盾的和解与合作，都是相互的、有条件的。"合"与"和"，并非否认矛盾，而是宽容、妥协。比"斗"与"争"，更复杂、更难做工作。他耐心叮嘱：

> 如果双方都采取使矛盾和解的方针，那对于促进矛盾的和解是更有利的。

> 我们站在工人阶级和人民的立场上，利用矛盾的统一性……来

---

❶ 《刘少奇选集》下卷，人民出版社1985年版，第300页。

❷ 《刘少奇论党的建设》，中央文献出版社1991年版，第645页。

❸ 在上海市党员干部大会上的会讲话，1957年4月27日，见《刘少奇言论集（1945年8月—1957年12月）》，人民出版社资料室，第589—590页。

❹ 中共中央文献研究室编：《刘少奇年谱（1898—1969）》下卷，中央文献出版社1996年版，第468页。

推动和促进……矛盾的和解和妥协，达到双方团结一致。

因此，行动上要以团结为目的，调解人民内部矛盾。

刘少奇再次明确：

人民内部矛盾是国内的主要矛盾。

请注意，刘少奇特别警示批评：

现在我们有些同志总想搞一个敌我矛盾是主要矛盾才好，以便于"一棍子打死"……采取粗暴的态度来解决人民内部的思想问题，解决党内的思想问题，那是错误的。

我们共产党人不是斗争的嗜好者，我们在主观上没有必要去故意地、人为地使斗争激烈化，使斗争紧张起来，似乎非要斗一下我们才舒服，不斗一下就不过瘾。❷

回望历史，这些话不失为醒世恒言；

检视今天，值得共产党人时刻铭记！

三

扫一扫 看视频

1957 年 2 月 27 日，毛泽东作了《如何处理人民内部的矛盾》的著名讲话，肯定了正确处理人民内部矛盾是推动社会主义社会发展的动力，是国家政治生活的主题。并强调：革命时期大规模疾风暴雨式的群众阶级斗争基本结束，"我们的根本任务已经由解放生产力变为

❶ 《刘少奇选集》下卷，人民出版社 1985 年版，第 95、96、94 页。
❷ 《刘少奇选集》下卷，人民出版社 1985 年版，第 300、302 页。

| 毛泽东在青岛

在新的生产关系下面保护和发展生产力"。❶立即，全党全国掀起学习热潮。毛主席亲自号召，"百花齐放、百家争鸣"群众运动，轰轰烈烈展开。❷

4月27日，老人家再亲自发动，针对党内思想和作风上缺点错误的整风运动。毛泽东主持起草《中共中央关于整风和党政主要干部参加劳动的指示》：

> 即以正确处理人民内部矛盾为主题，发扬正确的思想作风，纠正主观主义、官僚主义、宗派主义的错误作风。

笔者认为，毛泽东与上下左右，都对整风抱着良好的愿望和殷切的期望。

---

❶ 《中国共产党简史》，人民出版社、中共党史出版社 2021 年版，第 191 页。

❷ 同上书第 187 页。1956 年，党中央、国务院为繁荣和发展科学文化事业，提出"百花齐放、百家争鸣"的方针。"大鸣大放"是 1957 年民主党派人士提出的口号之一。

5月10日，上海《解放日报》以《大胆揭露矛盾，帮助党内整风》为题，刊登22位中小学教师座谈发言摘要，反映了领导机关工作中的一些问题。14日，毛泽东专批给刘少奇、周恩来、陈云、邓小平、彭真阅：

> 这一整版值得过细一看，不整风党就会毁了……请你们注意看（几家报纸），集中看人民内部矛盾和我党整风消息，这是天下第一大事。❶

5月22日，刘少奇在中央政治局会议发言：

> 我们党实行整风很有必要。现在党外有很多意见，党内也有意见，相当严重地脱离群众，不整风，我们党会慢慢毁掉。党外人士的意见，百分之九十是正确的。有些不正确的意见，不要忙，不要一下子顶回去。❷

之前，毛泽东多次讲过与此相同的话。出乎意料，正是因为极个别"不正确的意见"，有"恶意向党进攻"之嫌，使毛泽东对阶级斗争形势作出过分严重的估计。"大鸣大放"三个月，中共整风才十多天，毛泽东致信刘少奇"注意""天下第一大事"的第二天（5月15日），"难以理解的各种复杂因素交织"，毛泽东突然决定，"针对极少数资产阶级右派对共产党和社会主义的猖狂进攻"，写出《事情正在起变化》一文。

6月8日，毛泽东亲自拟就的"反击右派进攻指示"发出，《人民日报》发表社论《这是为什么?》对资产阶级右派，进行群众性的、疾风暴雨式的反击。"天下第一大事"，由解决"人民内部矛盾和我党整风"，变为敌我斗争性质的反右派政治运动！

---

❶ 中共中央文献研究室编：《毛泽东年谱（1949—1976）》第三卷，中央文献出版社2013年版，第139、140、154—157、172页。

❷ 中共中央文献研究室编：《刘少奇年谱（1898—1969）》下卷，中央文献出版社1996年版，第403页。

"文化大革命"时，父亲抗议那些无端栽赃，说："党内斗争从来没有这么不严肃过！"  据理反驳中，对"抵触反右，包庇右派"，未置可否。他只跟我说，当年毛伯伯猛然出手打击，"双百运动"即刻变为反右派运动，他很诧异：

　　　　始终没想明白，为什么变化如此之快，后果如此严重。

　　可想而知，这是实话。

　　三十多年后，陈丕显叔叔在福州和武汉，与笔

丕显

者母子多次叙旧，讲到反右运动，认为柯庆施起了大作用。与"砍合作社"那次相似，活脱复制：初始，柯向毛主席建议，在上海发动批评"领导机关"，促进"上边"整风，颇得欣赏。《解放日报》首先刊登22名中等初等教师的意见，毛主席推荐，将整党推向全国。与"大鸣大放""双百运动"不同，整党整风必须追究到具体的人和事。上海的教师，接触不到"上边"的"领导机关"，指责都回落上海，逐人调查向"上边"追，全部"卡壳"在上海领导层。三天两夜，柯庆施受不了了，转而又向毛泽东进言，说"右派"借机"向党进攻"！

　　丕显叔叔的回忆，无疑解答了上述父亲说的"如此之快"疑问。现在，几乎所有官方记载和史评都认为，开始时毛主席确实是接受"大鸣大放"，真诚整党，见到极端言论受不住，生气啦！结果犯了"反右扩大化错误"。丕显叔叔讲的，似乎确证如此。笔者没有理由怀疑以上推论。

　　然而，最关键的是，毛泽东本人，否定了我们的以上认知。谨推荐

---

❶　王光美：《与君同舟　风雨无悔》，《炎黄春秋》1998 年第 10 期。

细看《毛泽东年谱》。

1956 年，毛泽东分析苏联反斯大林以及波兰、匈牙利事件时，谈到国内出现的连锁反应和群众"闹事"。12 月 29 日，他说道：

> 人民内部的矛盾可以而且应该从团结的愿望出发，经过批评或者斗争获得解决，从而在新的条件下得到新的团结……在特定情况下，人民内部的某种矛盾，由于矛盾的一方逐步转到敌人方面，也可以转化成为对抗性的矛盾。到了最后，这种矛盾也就完全变质，不再属于人民内部矛盾的范围，而成为敌我矛盾的一部分了……我们认为，斯大林的错误同他的成绩比较起来，只居于第二位的地位。❶

1957 年 1 月 18 日，主持省市自治区党委书记会议，毛泽东说：

> 前年反右倾，去年反冒进，反冒进的结果又出了个右倾……在学校里头也出了问题，好些地方学生闹事。在一些教授中也有各种怪议论……这是党内的动摇分子，一有机会他就要动摇。从前拥护斯大林非常积极的，这时候也反得积极。我看这种人缺乏道德，马克思主义也包括道德。

> 百花齐放、百家争鸣一来，不敢去改造知识分子了。我们敢于改造资本家，为什么对知识分子和民主人士不敢改造呢？……农民需要年年跟田里的杂草作斗争，我们党的作家、艺术家、评论家、教授，也需要年年跟思想领域的杂草作斗争。

在当年反右派时，在"文化大革命"中，老人家公开宣传多次讲，无人不知反复说：是"引蚂蚁出洞"❷、故意引蛇出洞。首次讲出这话，

---

❶ 中共中央文献研究室编：《毛泽东年谱（1949—1976）》第三卷，中央文献出版社 2013 年版，第 57—58 页。

❷ 毛泽东：《在省市自治区党委书记会议上的讲话》，1957 年 1 月 18 日。

就在 1957 年 1 月 18 日的会上。

之后几个月里，毛泽东说了许多堪称经典的名言，例如：

共产党的知识分子的缺点，恰恰是对于反面的东西知道的太少……在放香花的同时，也必然会有毒草放出来……对于少数人闹事，第一条是不提倡，第二条是有人硬要闹就让他闹……要揭露矛盾，解决矛盾。

只允许香花，不允许毒草，这种观念是不对的。香花是同毒草作斗争中出来的。香花与毒草齐放，"落霞与孤鹜齐飞"……我们要充分收集材料，不打无准备之仗，不打无把握之仗。

在 2 月 27 日，毛主席作了《如何处理人民内部的矛盾》的讲话。内容主旨之高明、社会反响之重大，人所共知。

之后，毛泽东不断提出：

要见世面，要经风雨，不要藏在暖室里头，暖室里头长大的东西是不牢固的。

过去我们搞阶级斗争，是一种攻势。现在搞经济建设，知识分子就出来讲话，批评我们的官僚主义。他们的批评是好的。我们为什么不可以把尾巴夹起来呢？"百花齐放，百家争鸣"，各有各的目的，其结果是我们的目的能够达到。

教育者首先应当受教育，这是马克思讲的。我们这些人应当受教育，说不用受教育是站不住脚的。

在党的第八次全国代表大会上，刘少奇同志的报告和大会的决议都说到，大规模的群众性的阶级斗争已经基本结束了。但是，至今还有许多同志对于这种形势不很清楚。

现在知识分子像惊弓之鸟，怕的厉害，他们要看一看，他们是一定要看的……八大已做了结论，大规模的阶级斗争已经基本结束，提出"百花齐放、百家争鸣"正是时候。党与非党之间有堵墙，墙不拆，如何争取群众？

八大决议关于先进的生产关系与落后的生产力的矛盾的说法，是犯了个错误，理论上是不正确的。

共产党的缺点可以批评，人民政府的缺点可以批评，言者无罪。❹

这是一场大规模的思想战争和政治战争，我们必须打胜仗，也完全有条件打胜仗。党内团内一部分右倾分子叛变出去，是极好的事，切记不要可惜。

还有很多"闪光之言"，可供人们深思。

5月15日，正是在毛泽东批示给少奇、恩来、陈云、小平、彭真等阅上海《解放日报》22位教师座谈会记录，强调这是"天下第一大事"（即5月14日）的第二天。针对"极少数资产阶级右派对共产党和社会主义制度发起的猖狂进攻"，毛泽东写出《事情正在起变化》一文，指出：

最近这个时期，在民主党派中和高等学校中，右派表现得最坚决最猖狂。现在右派的进攻还没有达到顶点。我们还要让他们走到顶点。他们越猖狂，对于我们越有利益。人们说：怕钓鱼，或者说：诱敌深入、聚而歼之。现在大批的鱼自己浮到水面上来了，并不要钓……这一次批评运动和整风运动是共产党发动的。毒草共香花同生，牛鬼蛇神与麟凤龟龙并长，这是我们所料到的，也是我们所希望的。

这篇文章，原题《走向反面（未定稿)》。玩"诱敌深入"！搞兵以

---

❶ 中共中央文献研究室编：《毛泽东年谱（1949—1976）》第三卷，中央文献出版社2013年版，第67—68、70、77、88、93、101、122、127、129、145、155、156、158、162、165、168—172、174页。

诈立？军事术语，对敌作战，绝无贬义。在人民内部，蔑视为虫蛇，究竟何解？

这前后，毛泽东多次修改《关于正确处理人民内部矛盾的问题》。5月27日，加改多处，其中彪炳于世：

> 在我国，虽然社会主义改造已经基本完成，在制度方面说来，大规模的疾风暴雨式的群众性的阶级斗争已经基本结束，但是被推翻的地主买办阶级的残余还是存在，资产阶级还是存在，小资产阶级刚刚在改造，阶级斗争还没有结束。无产阶级和资产阶级之间的阶级斗争，各派政治力量之间的阶级斗争，无产阶级和资产阶级以及资产阶级知识分子之间在意识形态方面的斗争，也就是意识形态方面的阶级斗争，还是尖锐的，长期的，有时甚至是激烈的，表现为一种你死我活的斗争。在这一方面，社会主义与资本主义之间的谁胜谁负问题还没有解决。

6月8日，毛泽东起草发出《中共中央关于组织力量准备反击右派分子进攻的指示》；同日，《人民日报》发表毛泽东审定的《这是为什么？》社论，全国开始转入反右派斗争。6月10日，毛泽东为中共中央起草《关于反击右派分子斗争的步骤、策略问题的指示》，其中说到：

> 继续登载一些突出的反动言论，使人民得到警惕……我们的任务是揭露和孤立他们。他们的臭屁越放的多，对我们越有利……在这次运动中，一定要使反动分子在公众面前扫脸出丑。我们一定要团结大多数，孤立极少数，给扫脸的更是极少数。

6月17日，《关于正确处理人民内部矛盾的问题》最后修改定稿，在6月19日《人民日报》全文发表。

7月1日，毛泽东起草的《人民日报》社论发表。其中指出：

> 1957年"整个春季，中国天空上突然黑云乱翻"，民主党派的

一些头面人物"有组织、有计划、有纲领、有路线","呼风唤雨，推涛作浪，或策划于密室，或点火于基层，上下串连，八方呼应"，"其方针是整垮共产党，造成天下大乱，以便取而代之"。他们就是"反共反人民反社会主义的资产阶级反动派"，"不但有言论，而且有行动。他们是有罪的，'言者无罪'对他们不适用"。而党对他们采取"聚集力量，等待时机成熟，实行反击"的策略是"阳谋"，因为事先告诉了敌人；牛鬼蛇神只有让它们出笼，才好歼灭它们，毒草只有让它们出土，才便于锄掉……"不管共产党怎样事先警告，把根本战略方针公开告诉自己的敌人，敌人还是要进攻的。阶级斗争是客观存在，不依人的意志为转移的。就是说，不可避免的"。这篇社论标志着反右斗争升级。❶

7月2日晚，苏联大使尤金紧急通报，苏共中央发生重大事件。❷刘少奇连夜召集中央政治局扩大会，讨论《苏共中央关于马林科夫、卡冈诺维奇和莫洛托夫反党集团的决议》，并于凌晨一点五十分，电话急报在杭州的毛泽东。此事，占用刘少奇不少精力，着实忙乎了一段时间。❸ 斯大林与莫洛托夫，在世界大战中，对战后的世界，影响颇为深远。因此，国际国内、众说纷纭、纠葛再起。或许，也对我国的反右派运动，多少起了刺激加温作用？

7月17—21日，在青岛召开全国省市委书记会议，毛主席亲自主持，讨论反右斗争，来回十次修改《一九五七年夏季的形势》，将人民

❶ 中共中央党史研究室：《中国共产党历史》第二卷（1949—1978）上册，中共党史出版社 2011 年版，第 452—453 页。
❷ 中共中央文献研究室编：《毛泽东年谱（1949—1976）》第三卷，中央文献出版社 2013 年版，第 183 页。
❸ 中共中央文献研究室编：《刘少奇年谱（1898—1969）》下卷，中央文献出版社 1996 年版，第 405 页。

内部不同见解，错定成敌我矛盾，"是反动派、反革命派"！ ❶

同时，毛主席亲自起草中共中央反右斗争指示：

> 右派中的极右分子，即骨干分子，登报的人数，也应适当增加，不是百分之几，也不是百分之十，而是要按情况达到极右派的百分之二十……或五十。

> 必须实事求是……摆事实……讲道理……切不可以强词夺理。 ❷

8月1日，十次修改形成《一九五七年夏季的形势》，由刘少奇在北京主持中央政治局讨论通过。

从1957年6月，全国的"大反击"展开。"趁热打铁""乘胜追击""宁左勿右""深挖猛打"……6月29日中央预估全国右派约四千人，十天后就增到八千；9月已打出六万，估计运动结束时，最多会有十五万；结果至1958年夏，这场大规模政治运动"宣告胜利"，共打出了五十五万多名"右派分子"（数以万计的共产党员、共青团员被开除），斗争严重扩大化。 ❸

"文化大革命"中，张春桥专文写出：柯庆施指使他组织22名教师"向上提意见"，并精心安排《解放日报》报道，预先就是故意引蛇出洞。 ❹

确实，毛泽东开始推荐赞扬的22名上海教师，后多被打成右派；

---

❶ 毛泽东：《夏季的形势》，1957年8月1日。

❷ 中共中央文献研究室编：《毛泽东年谱（1949—1976）》第三卷，中央文献出版社2013年版，第190—195页。

❸ 据公布资料，1957年、1958年共划右派552973人。1978年"改正"552877人；"不予改正"，中央级的章伯钧等5人，全国林希翎等91人，共96人。

❹ 《一个惊心动魄的政治大阴谋——揭露姚文元"评新编历史剧海瑞罢官"黑文出笼经过》，《人民日报》1979年1月6日。另见李慎之（中国社会科学院原副院长）：《毛主席是什么时候决定引蛇出洞的》。

而被定为"恶意向党进攻"之最者，不乏之前也是毛泽东鼓励表扬的。从毛泽东说"引蚂蚁出洞" ❶，到主动出击，确实精心布置，时近半年、步步深入。

当年盛传一成语，公开传达广宣传，"文化大革命"之中，无人不知反复说——引蛇出洞，果其然哉？

按规矩，评价历史伟人于某时某事的动机和作为，我们必须首选领袖本人的叙述。反右派斗争前后，毛泽东一以贯之，说是主动而为，想听取群众意见改进工作，是真的！"整个春季""事先警告"，待机反攻，勿谓言之不预，也是真的！笔者查寻不出，由"善良愿望"翻转为"被迫反击"的确凿依据。况且老人家在世，亦无人敢持此说！

毛主席自称"等待时机成熟，实行反击"是"阳谋"，是对敌斗争，"诱敌深入""聚而歼之""不打无把握之仗""是我们所希望的"，明摆着欲擒故纵。笔者斗胆存疑，后世主流推论，起码是显得唐突牵强，恐怕迟早难站住。

今日评价作古伟人，人人皆有错。言而无信错上加错，不仅不能掩饰过失，反倒失信理亏、徒增疑窦，对领袖折损太大。如毛泽东所言："马克思主义也包括道德！"笔者遵毛泽东所言推断，莽撞提请专家读者慎思，想必应允海纳吧？恐怕还真没有——"难以理解的各种复杂因素交织"。

无疑，父亲对毛伯伯的深知理解，远胜于今人。连"文化大革命"中的刘少奇，都"始终没想明白""后果如此严重"，也就难怪后世的我们，不论官方还是民间，生出各种结论与想定。

归根结蒂，汲取教训为要。

---

❶ 见毛泽东：《在省市自治区党委书记会议上的讲话》，1957年1月18日。如果预先将工人、学生称为"闹事"，还算无可厚非的话，蔑视为"蚂蚁""鱼""蛇"，显然确有不妥。

"反右派运动"，严重扩大化。把大量的人民内部矛盾，甚至是真心为共产党好，想帮助共产党整风的好人、好党员、好干部，当作敌我矛盾处理。其中太多知识精英、国之栋梁，长期受委屈、被压抑、遭荒废，甚至蒙冤抱憾辞世、灵肉湮灭无迹。实践的恶果之重，没必要由我多言。

1957年9月20日至10月9日，中共八届三中全会在北京召开，毛泽东讲话提出标志性转折之言：

> 八大决议说，目前的主要矛盾是先进的社会制度与落后的生产力之间的矛盾……从长远讲也对，但现在看则不适当……现在就不必去改它，否则引起麻烦和争议。

> 无产阶级和资产阶级的矛盾，社会主义道路与资本主义道路的矛盾，毫无疑问，这是当前我国社会的主要矛盾。❶

这根本改变了仅一年以前，"八大"正确的结论和路线。

刘少奇出席这次会议，没说过感想。笔者琢磨，他会想起一年前在天安门上，两位老人家的对话。父亲后来说的，始终没想明白，后果如此严重，暗示明指的，或许就在这儿？

毛泽东对社会的主要矛

1957年5月1日，《人民日报》公布中共中央《关于整风运动的指示》

---

❶ 中共中央文献研究室编：《毛泽东年谱（1949—1976）》第三卷，中央文献出版社2013年版，第218、223、118、217—218页。

盾，作出截然相反的论定，显然是改变了初衷。

仅半年前，他还明确说：

> 现在处在转变时期，由阶级斗争到向自然斗争，由革命到建设，由过去的革命到技术革命和文化革命。许多人还不认识，还企图以过去的方法对待新问题。

> 正确处理人民内部矛盾，是社会主义社会发展的动力。

这恰恰是，毛泽东思想的社会主义部分中，最有价值的重要内容！怎么就自己抛弃了呢？

遵循马克思列宁主义，纯粹从理论上审视，八届三中全会的新路线，也有大硬伤。经典常识告诉我们：无产阶级与资产阶级的矛盾，是资本主义（新民主主义）社会的主要矛盾；社会主义道路与资本主义道路，是资本主义（新民主主义）社会阶级斗争的主题。1957 年我国的社会，莫非还处于资本主义阶段而非社会主义阶段？

1957 年，社会主义改造已告完成，社会的主要矛盾怎么会"停留在原来的地方"？"革命性质"已"改变"，原来的阶级斗争和道路斗争，能不变吗？毛泽东当时说：

> 所有制解决了，政治上、思想上还没有解决……阶级斗争，十年、十五年以后还会有（后说甚至几百年）。❶

经济基础已经没有了，与上层建筑的老旧矛盾，却还会长期存在？悖论导致混乱，谁人能不迷失！❷

---

❶ 中共中央文献研究室编：《毛泽东年谱（1949—1976）》第三卷，中央文献出版社 2013 年版，第 217—218 页；第五卷，第 126 页。

❷ 这一错误论断，被再三强调、迅速蔓延、不断拔高，后冠名为"无产阶级专政下继续革命理论"……"文化大革命"时，在中共九大上，林彪吹捧其为"全世界马克思列宁主义发展史上的第三座里程碑"，并写入《党章》。因背离马列理论又脱离中国实际，党的十一届三中全会后将其剔除，"恢复毛泽东思想的本来面目"。

对此，《中国共产党历史》郑重总结警示：

> 在党内，包括党的领袖，在短短的七年里完全改变战争年代阶级斗争的思维方式，是相当困难的……❶ 由于长期激烈的阶级斗争历史形成的政治经验，党的领导人还是习惯地作出有很大一批右派分子向党向社会主义猖狂进攻的判断，从而走上开展对敌斗争的大规模群众性政治运动的熟路，把思想和言论有着某些片面性但却是真诚地帮助党整风的人错当成"右派分子"来处理，把历史转变时期新出现的大量人民内部矛盾特别是意识形态领域的人民内部矛盾，误判为敌我矛盾加以错误的处理，造成了不幸的后果。它告诫我们：在任何时候任何情况下，都不能轻易改变党对社会主义主要矛盾的科学判断，都必须毫不动摇地坚持以经济建设为中心。这是一个动摇不得的关键所在。如果发生丝毫动摇，党的指导思想、理论基础以及工作方式，都将发生改变，造成严重后果。1957 年以后党的指导思想发生向"左"的方向偏转，就说明了这个问题。这是新中国成立以后党的历史上的一个沉重教训。❷

新的战斗号令，带领中国人民离开"八大路线"。生硬搬回列宁反对修正主义的口号："千万不要忘记阶级斗争！"与"从未爬上过政权"的、作为一个阶级已经不存在、已经消失的"资产阶级"，斗过来、争过去；越斗"敌人"越扩大化，越争自己越孤立。更离谱的是，祭起"反复辟"大旗！反"中国历史上"从"没有过的资本主义阶段"❸，斗从未见过的

---

❶ 这符合本书"序言"中的许多战争思维方式和逻辑推论，也是笔者提出三"问"之初衷。

❷ 中共中央党史研究室：《中国共产党历史》第二卷（1949—1978）上册，中共党史出版社 2011 年版，第 460、462 页。

❸ 刘少奇：中国历史上没有过资本主义阶段，资产阶级从未爬上过政权，因此也无须乎推翻。见《新中国经济建设的方针与问题》，1949 年 2 月 8 日。

中国式"资本主义道路"，反不完斗不胜，越反越贫穷，直至国民经济濒临崩溃边缘，越斗越觉得，真需要"补课"。❶

脱离出实际，南其辕而北其辙；偏离了方向，离目标就越走越远。

正如《中国共产党的九十年》延伸叙述的：

> 反右派斗争扩大化的最严重后果，是动摇和修改了党的八大关于我国社会主要矛盾的正确判断……1958 年 5 月召开党的八大二次会议，❷ 根据毛泽东的意见断言：在整个过渡时期的社会主要矛盾，始终是两个阶级和两条道路的斗争。这不仅偏离了八大的重要论断和工作重心，"成为后来党在阶级斗争问题上一次又一次犯扩大化甚至无中生有、一直到'以阶级斗争为纲'错误的理论根源"。这次会议还宣布，我国社会有"两个剥削阶级和两个劳动阶级"，知识分子一般地被列为资产阶级，归入第二个剥削阶级的范围。这种离开经济基础所作的阶级划分，不符合当年的社会实际，不利于国家建设和社会发展。❸

反右派斗争扩大化，发展为"长达 20 年""在阶级斗争问题上一次又一次犯扩大化甚至无中生有"的错误，更导致灾难和内乱！

"东风一定压倒西风"，冲向"大跃进"，自撞得头破血流；

"要以阶级斗争为纲"，"文化大革命"，自战内乱大灾难！

父亲啊，怎么会想明白？后果如此严重！

毛泽东放弃了初衷，不影响《关于正确处理人民内部矛盾的问题》是光辉著作。当年中共对人民内部矛盾的理论探索终止，也没能阻止刘

---

❶ 参见列宁的《中国的民主主义和民粹主义》《两种乌托邦》。

❷ 标志"反右斗争运动"结束，"大跃进"进入高潮。

❸ 中共中央党史研究室：《中国共产党的九十年（社会主义革命和建设时期)》，中共党史出版社、党建读物出版社 2016 年版，第 493—494 页。

少奇在以后的工作决策中，继续思考运用发展，并在"文化大革命"中，坚持真理，修正错误！

扫一扫 看视频

讽刺的是，"文化大革命"批判刘少奇是"阶级斗争熄灭论"，还算八九不离十。父亲从未否认过阶级和阶级斗争存在，只是在新中国，主张"与人为善"多阶级合作；在"八大"前后，批评把"一棍子打死"作为主要矛盾；❶主张"和解妥协"以团结为重，"熄灭"人民内部的"对抗性斗争"。不幸的是，批判刘少奇的"文化大革命"，颠倒了是非黑白！

历史，就是一部人类社会关系的演进交往史，一部文明碰撞和交流互鉴史。马克思、毛泽东说其是阶级斗争史。冲突也好，斗争也好，结果是统一、融合。你中有我，我中有你，更加丰富多彩。然而，往往偏到只讲冲突，不讲融合：只讲排斥，不讲和谐；只讲谁战胜谁，不是你死我活，也是"轮流坐庄"。没完没了地斗，斗到实在斗不下去了，物极必反，又蹦到另一极端：只讲统一、团结、融合，空有"合"的良好愿望，视而不见矛盾、冲突，甚至否认斗争的存在，后果只能是事与愿违。只有既讲矛盾，又讲统一，既讲斗争，又讲和谐，才是人间正道，才有命运共同体。

中国共产党，不得不完成本该由"资产阶级来完成的任务"。这被马克思称作"不能跳过也不能用法令取消自然的发展阶段"❷；列宁称之为"补课"。而毛泽东也曾斩钉截铁地断言："只有经过民主主义，才能到达社会主义，这是马克思主义的天经地义。"❸

党的十一届三中全会以后，无论说"共产党创造"，还是叫"共产

❶ 《刘少奇选集》下卷，人民出版社1985年版，第300页。
❷ 《马克思恩格斯选集》第2卷，人民出版社1995年版，第101页。
❸ 《毛泽东选集》第三卷，人民出版社1991年版，第1060页。

邓小平（右）和陈云

党请回"，不管是名之为"改革开放"，还是称之为"允许鼓励"，曾被过早消灭的中国资产阶级和小资产阶级，再加上国际大中小资产阶级，都被"请回来"了。❶ 标志性开端，就是请出荣毅仁和王光英，成立中信公司和光大公司。再往后，荣老高就国家副主席；王老荣任全国人大常委会副委员长。不言而喻，"中国特色的社会主义"，必须"补"上本该是"资本主义阶段"应上之"课"。

新中国成立前夕，刘少奇反复说道：

中国因为帝国主义的威胁，资产阶级和我们合作……我们要在相当长时期内和资产阶级合作，所以不能建立无产阶级专政，而只是人民民主专政……"言必称希腊"那就变成教条主义，我们的问题要根据中国的具体情况决定。❷

在今天我们中国，反帝反封建任务，远没有彻底完成！

古今轮回多拧巴，令人玩味付笑谈：美西方"川建国"之流，百般打压中国企业、加征中国商品关税，抵赖国债降息负利、关闭领馆刁难记者，肆意挑衅他国内政，无理扣押我国公民，毁约退群"孤立主义"（闭关锁国）、强制企业"美国制造"（自力更生）……闹起"红脖子"

---

❶ 刘少奇：过早地消灭了资产阶级，你还要把人家请回来的。见《新中国经济建设的方针与问题》，1949 年 2 月 8 日。

❷ 刘少奇：《在东北局干部会议上的讲话》（1949 年 8 月 28 日），见中共中央党史和文献研究院编：《刘少奇年谱（增订本）》第二卷，中央文献出版社 2018 年版，第 418 页。

（红卫兵）运动、镇压"黑命贵"（黑崽子）❶抗争，新冠疫情"鬼唱歌"、亿万民众遭灾祸，"自由平等"全掉底，"民主人权"大破灭！"打砸抢烧""破四旧"，"天下大乱""闹夺权"！

而久经沧桑之中国，却成功制止了疫情，恢复民生经济活力，吸引更多国际资本和企业，组建最大的"自由贸易区"，"一带一路"扶弱济贫好红火，构建人类命运共同体，走向新的全球化！

在今天极其重要，又往往被忽视的，请各位看官留神：

国家政权的性质，从"无产阶级专政"，回归"人民民主专政"。"社会主义初级阶段"，无缝连接上"社会主义准备阶段"；以国有为主体，多种所有制经济竞相发展，多种分配方式并存。五星红旗高高飘扬，中国共产党领导四个伟大阶级，干成了惊天大奇迹，创造出惊世大成就！

忆往昔，看当下，我们绝不能讳言事实，真有了阶级、阶级矛盾与斗争。可是，却很少有人提及，习以为常、焉不察乎？或有意似是而非，闭目塞听、讳莫如深乎？中共中央的反腐败，赢得广大民心和群众欢呼，而贪官污吏、不法巨贾是怎么来的？都心知肚明，却说不清楚。是否也会有脱离实际的新危险？

似朦胧初醒，听晨钟回响——刘少奇曾对斯大林说道：

今后中国的经济建设必须反对以下两种倾向：

一种是资本主义的倾向。就是把中国今后经济发展方针，看作是发展普通的资本主义经济，把一切希望寄托于私人资本主义经济的发展，向资本家作无原则的让步，对小资产阶级的弱点表示迁就，自觉或不自觉地要把中国建设成为资本主义共和国，这就必然会是半殖民地半封建的旧统治的复辟。这是在新民主主义经济建设

---

❶ "黑崽子"是"文化大革命"中特指出身不好的专用词。

中放弃无产阶级领导地位的资产阶级的或小资产阶级的路线。另一种是冒险主义的倾向。就是在我们的经济计划和措施上超出实际的可能性，过早地、过多地、没有准备地去采取社会主义的步骤，因而使共产党失去农民小生产者的拥护，破坏城市无产阶级与农民的联盟，这就要使无产阶级领导的新民主主义政权❶走向失败。因此，我们必须在今后的经济建设中，经常地进行两条战线斗争，反对上述两种倾向，以保证正确的经济建设方针的贯彻执行。❷

此可谓："隐恶而扬善，执其两端，用其中于民"❸。

当年，包括以上两段话的整体论述，被斯大林连批十五个"对"字，更当面赞誉为"青出于蓝而胜于蓝"！

小平、陈云叔叔，晚年的讲话，已深刻阐明。笔者简要罗列：必须坚持"经济建设为中心"！必须坚持"四项基本原则"！坚决反对"资产阶级自由化"，但决不搞"反和平演变"运动，以免再堕入"以阶级斗争为纲"的怪圈！"不争论"，"两手都要硬"！"基本路线一百年不动摇"！一步一步，"最终达到共同富裕"！

老人家们的话语，极具深刻的智慧，"社会主义初级阶段"，可否视作"社会主义准备阶段"的逻辑延续？其衔接就在中共八大。

特别抓眼球、开脑洞，让后人百思不竭、敬佩不已的——小平、陈云等老人家们还提出，坚决改掉"糟糕透顶的"封建遗存和某些惯例，倡导运筹社会主义政治体制改革！"要警惕右，但主要是防止'左'"！❹

---

❶ 我国新民主主义政权与现在的政权和制度，均属人民民主性质。

❷ 《关于新中国的经济建设方针》（1949 年 6 月），见《刘少奇选集》上卷，人民出版社 1981 年版，第 430—431 页。

❸ 战国时期子思所作《中庸》。

❹ 《邓小平文选》第三卷，人民出版社 1993 年版，第 374、375 页。

| 伟大历程　辉煌成就

　　笔者叙述的，没有任何假设，都是真实历史。历史验证，这绝对是老一辈革命家扭转乾坤，作出的划时代大贡献！

　　彻底的无产者，有最大的革命勇敢，有最彻底的理论勇气。正是有矛盾，才能有统一；有斗争，才提倡合作。承认阶级和矛盾的存在，才能弥合分歧，达到安定团结的目的。

　　和而不同，中庸为德。

　　"文化大革命""无中生有"，对已经没有了的资产阶级和小资产阶级，滥批乱斗株连；更错打"莫须有"的"走资本主义道路当权派"，冤枉了多少人？即使那时，真没人敢摘掉国旗上的两颗星！

扫一扫 看视频

改革开放后，这两位"朋友"❶，荣归人民行列，对中国的发展，作出多么巨大的贡献！

置身辉煌念旧符，"桐花万里丹山路"。

寄予厚望嘱今人，"雏凤清于老凤声"：

我们在欢呼胜利、赞颂成就的同时，必须正确处理好人民内部的矛盾，达成中华民族最广泛、最巩固的大团结！

千万不要忘记，国旗上的四颗星——那是人民！

时刻不能忘记，国家中的四阶级——有你和我！

---

❶ 刘少奇曾说，我们有四个朋友，是工人阶级、农民阶级、小资产阶级和民族资产阶级。这是国旗上的四颗星。

附　录

本书音视频由作者本人提供，其内容引自多部获全国影视专业大奖的电视台播出作品：

中央电视台十二集文献纪录片《刘少奇》

中央电视台十一集电视剧《少奇同志》

中央电视台四十六集电视剧《共产党人刘少奇》

北京电视台八集纪录片《走近少奇》

河南电视台五集纪录片《缅怀刘少奇》

广东电视台八集文献纪录片《刘少奇与新中国》

……

向以上多家宣传单位及出品单位致以诚挚谢意！

同时，感谢中国税务杂志社、北京合众智创文化传媒有限公司等大力支持。

另外，书中音视频使用，如有未联系到著作权人的情况，请与出版社联系，奉上酬劳，真诚感谢。

特约编辑：王双梅

责任编辑：刘　伟

理论校勘：卫　灵

装帧设计：汪　莹

责任校对：吕　飞

视频编辑：周家戎　杨其华　詹学鹏　陈超睿

图书在版编目（CIP）数据

梦回千古　少奇永在：漫忆父亲刘少奇与新中国．上集／刘源　著 . —北京：
　人民出版社，2021.7（2023.8 重印）

ISBN 978－7－01－022619－4

I. ①梦…　II. ①刘…　III. ①刘少奇（1898-1969）－生平事迹　IV. ① K827=7

中国版本图书馆 CIP 数据核字（2020）第 228476 号

梦回千古　少奇永在

MENG HUI QIANGU SHAOQI YONG ZAI

——漫忆父亲刘少奇与新中国（上集）

刘　源　著

人民出版社 出版发行

（100706　北京市东城区隆福寺街 99 号）

北京华联印刷有限公司印刷　新华书店经销

2021 年 7 月第 1 版　2023 年 8 月北京第 3 次印刷

开本：710 毫米 ×1000 毫米 1/16　印张：24.5　插页：5

字数：303 千字

ISBN 978－7－01－022619－4　定价：99.00 元

邮购地址 100706　北京市东城区隆福寺街 99 号

人民东方图书销售中心　电话（010）65250042　65289539